U0136140

近代中日關係研究 第二輯 8

紐約・東京・臺北

陳鵬仁 著

LITERARY TIMES
蘭臺出版社

自序

『紐約、東京、臺北』一書，於一九七二年九月，由臺北鑽石出版社出初版。後因該出版社關閉，乃於一九七七年七月，改由臺北正中書局出新版。那時我人在東京，服務於亞東關係協會東京辦事處。

一九八六年一月，我回國出任中國國民黨中央黨史委員會副主任委員，這是應主任委員秦孝儀先生之邀請回國的。四年前，我接任主任委員。今年九月，我將轉任中國文化大學日本、政治學、歷史學三研究所專任教授，故決定於八月中由中央黨部退休。

『紐約、東京、臺北』於一九八七年三月，由正中書局印第二刷，以後就不再出版了。我徵求正中書局同意，收回版權，自行刊印，以贈送朋友和學生。因為有時候我會接到陌生的學生向我要這本書。

事實上，這本書是我年輕時代所寫有關我讀書、工作、生活的隨筆，由現今的年輕人看來，還有一點「新鮮」的緣故吧。因此我才決定予以重印。

原版上冊用的是，去參觀自由女神回曼哈丹船上以摩天樓為背景的照片，下冊是在東京鐵塔前面拍的像片。這次我用今年六月六日，我前往東京參加我老友，前日本首相小淵惠三公祭，七日上午往訪小淵夫人千鶴子女士於小淵公館，並於小淵靈堂前面合照，以紀念小淵前首相。

最後，我要由衷感謝政陞印刷公司負責人徐素鳳小姐幫我印這本書，希望此書能激發各位年輕讀者的向上心，為國家社會貢獻其心力。

陳鵬仁　二〇〇〇、六、廿七、臺北

目次

紐約・東京・臺北

七年前，我離開臺北到東京求學；月前，又來到紐約，繼續進修。不消說，臺北是中華民國政治、經濟、社會、教育、文化等的中心；東京是日本政治、經濟、社會、教育、文化等的中心；而紐約卻不祇是美國政治、經濟、社會、教育、文化等的中心（美國首都雖然在華盛頓），而且是世界政治和經濟的中心。

臺北人口一百二十萬；東京一千一百萬；紐約大約八百萬，但交通最亂的卻是臺北，其次是東京，紐約最有秩序。一般人往往以為美國尤其是紐約車子最多，車禍一定要比其他地方為多並且厲害，但事實並不然。這似與都市計劃和交通道德大有關係，而在美國，車子撞人是罰得很嚴的，你如果開車撞死人，恐怕賠一輩子也賠不完。臺北的交通秩序，實大有改善的必要。這是邁進文明都市的第一步。

然而，治安最好的卻是臺北，其次是東京，最令人不能安居的是紐約。前十幾天，在紐約西八十六條街白天發生了持槍搶劫；一位日本小姐晚間回家途中，被黑人毆打，並被搶去身上所有的錢。常聞人家說紐約是『犯罪都市』、『黑暗都市』，確有這種跡象。晚間走路，尤其是走特定的地區，需要特別小心。由於這種原因，紐約晚間到處有警察。治安雖然臺北最好，但警察人員的服務態度，臺北卻是最差，其次是紐約，東京似乎好些。不過最有威嚴的是美國警察。東京和臺北的警察，據我個人的感覺，在社會上並有很高的權威。許多人往往以為不怕警察，是民主自由，表示他勇敢。怕警察就不是民主，但這種想法是錯誤的。我們固然不應該也不必要怕警察；但我們卻應該怕執法的警察。譬如美國人就很怕警察。前幾天，我在地下鐵月臺上，看到兩個青年人在打架。他們看見警察來了，馬上握手，表示他們已經和好；但一看警察走開，便又打起來了。這樣反復兩次，結果這兩位仁兄遂被那位警察帶走，罰鍰。（這或許可以說，美國人不是怕警察，而是怕罰鍰。）

現在，我們來談談三地的人情味。我覺得，最富於人情味的還是臺北；其次是東京；紐約最沒人情味。這也許我們所謂的人情味，與西方人的人情味感覺有所不同，所以纔有這種結論。不過，就一般而論，越工業化的社會，是越沒有人情味的。我個人喜歡富於人情味的社會（我相信人人如此），因此，隨工業的進步，我們亦應保持這種富於人情味的氣氛。我認為，已經工業化的國家應如何恢復這種人情味，以及正在工業化的國家該怎樣保持這種人情味，將是人類的一大課題。

由於國家大小的不同，以及工業化的差異，臺北、東京和紐約（也就是中華民國、日本和美國）的生活程度也就顯示著相當的懸殊。從臺北松山機場和東京羽田機場一起飛，便是滄泱大海；但從美國西海岸到東海岸，一直要飛五個小時的大陸（從臺北到東京不過三小時）正因為這種地理的和工業的因素，美國的國民所得將近四倍於日本，兩倍於英國，恐怕要七倍於臺灣。但是，生活費最貴的卻是紐約，臺北最便宜，東京居於其中。紐約和東京的生活費用雖然要比臺北高，但在紐約和東京找事情容易，待遇又好，所以紐約和東京比臺北容易謀生。尤其在紐約，如果自己做菜燒飯，以所得之比例計算，其生活費並不高於東京。這等於說，要剩錢紐約最快，東京次之，臺北最沒有辦法。好多留學生之不想回國，這恐怕是主要原因之一。

美國生活費用之高也反映在大學學費上面。聞名於世的哈佛、耶魯、普林斯頓、哥倫比亞等私立大學，其學費之高實在驚人。哈佛大學一年學費要一千七百二十美元，耶魯大學一千六百美元（自今年秋季起將漲至一千九百美元），普林斯頓大學一千七百七十美元，哥倫比亞大學一千四百六十四美元。東京著名的私立大學，如早稻田、慶應、明治、中央等大學，其學雜費每年也不過二百五十到三百美元。臺北的私立大學，最貴的恐怕也不會超過二百美元吧（以上是就研究院人文、社會科學研究科而言）。所以在美國，想上著名大學，實在很不容易。若臺北的大學，能在教授陣營和圖書設備方面加強，我相信臺北將是求學最好的地方（這衹能就人文、社會科學而言）。

居住這三個城市，我覺得臺北和東京的人比紐約的人好談政治，尤其是東京。東京的出版事業特別發達，電視非常普遍，所以接觸政治的機會較多。紐約的人，好像祇管改善自己生活，對於政治鮮有興趣。臺北位於反共陣營的先端，不得不談政治。選舉時最熱鬧的是臺北；東京次之；紐約又次之。半個月以前紐約曾補選一名聯邦眾議院議員，但在當時並不覺得在舉行選舉。

以上所寫，是我來紐約一個多月的雜感。由於來這裏祇一個多月，所感覺或許有些不夠深入。我希望我的觀察與事實沒有太大的距離。

（原載一九六六年三月廿五日臺北『政治評論』）

聯合國大會傍聽記

十一月下旬的紐約，已經相當寒冷了。筆者居所附近河邊公園的樹葉，早已落地淨盡；暑期中由那蒼翠的樹木遮蔽著的哈特遜河，又露出它的面目了。

秋天，在紐約，這是聯合國的國家聚會的季節。從九月二十日起，聯合國又開始了它今年的大會——第二十一屆大會。而在這屆大會中，最引人注目的，莫過於所謂中國代表權問題。

所謂中國代表權問題的辯論，從十一月十八日起，到十一月二十九日結束，一共花了整整八天的工夫。（星期六和星期天休息）參加辯論也就是在大會發表演說的國家一共有五十六個；投票前做補充說明的有十七個國家。而中華民國兩次都由魏道明外交部長親自發表演說。在前者魏部長用國語；在後者魏部長用英語。在進行辯論的第二天，義大利等六國提出要求設立一個委員會研究所謂中國代表權問題的提案。這樣，這個問題便有三個提案。第一個提案是，認為這個問題是重要（實質）問題，其改變需有三分之二以上票數，於十一月十四日由澳洲、比利時、玻利維亞、巴西、哥倫比亞、加彭、義大利、日本、馬拉加西、紐西蘭、尼加拉瓜、菲

律賓、泰國、多哥和美國等十五個友邦所提出。（義大利和多哥是以後參加的）

第二個是於十一月十六日由阿爾巴尼亞、阿爾及利亞、柬埔寨、剛果（布拉札）、古巴、幾內亞、馬利、茅利塔尼亞、巴基斯坦、羅馬尼亞和敘利亞等十一個親共國家所提出，擬排斥中華民國，由中共取代中華民國在聯合國的合法席位，並要求祇以二分之一的多數通過這個問題的提案。

第三個提案，就是前述的義大利等六國的提案，由比利時、玻利維亞、巴西、智利、義大利和千里達托巴哥等六個國家所提出。

對於第三個提案，大家一致認為這是擬造「兩個中國」的先聲；更有人說這是美國的授意。而由其六個提案國當中的四國（比利時、玻利維亞、巴西和義大利）是第一個議案的提案國，以及美國首先公開聲言支持這個提案的事實看來，「美國的授意」之說，似非空穴之言。實際上，美國代表在大會所做的演說，其重點並不在反對中共之參加聯合國；而在堅決維護中華民國在聯合國的地位。這種轉變是值得我們警惕的。

關於所謂「兩個中國」，大會第二天，有人傳說加拿大或許將正式提出這種議案。但是他們終竟沒有提出，而僅由其外長在大會做這種主張而已。

由於中共在大陸上的亂搞，以及在國際間的胡鬧，其聲譽一落千丈，而這種空氣自始就充滿了大會的每一個角落。正因為這種理由，大部份親共國家的代表，自認中共入會沒有希望，乃轉移目標，大罵所謂『美帝國主義』之類的話，以暢一時之快。也正因為如此，所以在辯論的第二天，大家都認為：第一個提案之將獲得通過，以及第二個提案之將被否決，是沒有問題的；問題是第三個提案的命運。但是，經過幾天的辯論，事實證明反對者遠比贊成者為多。換言之，第三個提案正在被大部份的中華民國友邦和親共國家夾攻中。於是在十一月二十四日左右，記者們遂得出它將被否決的結論。

在這次辯論當中，給筆者印象最深的是，非洲國家如尼日代表之嚴斥和暴露中共在該國的顛覆活動；蘇聯代表之不甚情願支持中共入會的態度；和魏部長在投票前做最後一個補充說明的場面。

一九四九年十月一日，中共在大陸建立政權，那年蘇聯代表便向聯合國安全理事會提出排斥中華民國，由中共取代中華民國在聯合國一切合法地位的議案。這是今日所謂中國代表權問題的開始。表決結果，蘇聯的無理議案被否決。橫蠻的蘇聯代表繼宣稱；中華民國代表在安理會一天，蘇聯代表將永遠不出席安全理事會。此時，蘇聯代表竟擺出了流氓的臉孔。

一九五〇年六月二十五日凌晨，北韓南侵。聯合國安全理事會隨時召集緊急會議，蘇聯代表仍然缺席，於是在其缺席下通過派遣聯軍制裁北韓侵略的決議。（事實上，也祇有在這種情況之下纔能通過此種決議）否則韓戰究竟如何演變和結束，恐怕又是另一種景況了。在這種意義上，所謂中國代表權問題，實挽救了自由韓國生死存亡的危機。

狡猾的蘇聯代表，看情形不對，遂跑回安全理事會。當蘇聯代表擔任主席的時候，竟不承認中華民國首席代表蔣廷黻先生的合法代表權，並提出表決，結果蘇聯大鼻子還是碰了一鼻子灰。面對這種現實，蘇聯代表遂不得不轉變其戰術，於是自一九五〇年起，便把所謂中國代表權問題提到大會去討論。

十六年前，最早倡議中共參加聯合國，而且為其實現堅決奮鬥，甚至不惜與聯合國為敵的蘇聯，今天已不再是排斥中華民國，由中共取代中華民國在聯合國一切合法地位議案的提案國，並且又是那麼消極，勉強做象徵性的支持，這真確有隔世之感。當然，這種轉變，決非蘇聯之趨善良；而是中共之自掘墳墓所致。

前面說過，在辯論的過程中，有若干國家（都是影響力有限的國家）隨便漫罵和侮辱中華民國。其非禮之狀，不要說身為中國人的筆者聽得不順耳，舉凡稍懂得禮貌的人也都覺得太不應該。對於這些損害國際禮貌和污衊中華民國的國家，魏部長藉在投票前補充說明之便，予以指斥，這本來是很普通的事情。但是，大會主席（親共的阿富汗代表）竟加以阻止。魏部長仍然繼續。又被阻止。此時，會場充滿了緊張的氣氛。而對於主席的這種態度，筆者愈覺氣憤，更覺得主席誰屬是如何地重要。然而，魏部長卻仍一本初衷堅持下去。這是非常值得我們大書而特書和敬佩的。

這時，跟筆者坐在一起的美國康涅狄克州（Connecticut）某報老女記者對筆者說：『中華民國代表不聽主席的阻止將對中華民國不利』，筆者回答她說：I don't think so.（我並不以為然）。是即這位老女記者實在太沒有政治常識了。因為每一個國家的代表對於那一個提案將投什麼票早已由其政府所決定，縱令對於魏部長未聽主席的阻止而不滿，也不可能依其好惡的感情來投票。因此，筆者不但不同意她這種說法，並且在心理深為魏部長的毅然態度而歡呼。這是個永遠不能忘記的場面。

繼而主席宣佈開始投票，這是採取點名方式的。

第一個提案，也就是認為所謂中國代表權問題為重要問題，其改變需三分之二以上票數的議案，其投票結果如左：

贊成者六十六國：阿根廷、澳洲、比利時、玻利維亞、波札那、巴西、加拿大、中非共和國、智利、中華民國、哥倫比亞、剛果（金夏沙）、哥斯達黎加、達荷美、多明尼加、厄瓜多、薩爾瓦多、加彭、甘比亞、希臘、瓜地馬拉、蓋亞那、海地、洪都拉斯、冰島、印尼、愛爾蘭、以色列、義大利、象牙海岸、牙買加、日本、約旦、寮國、黎巴嫩、賴索托、賴比瑞亞、利比亞、盧森堡、馬拉加西、馬拉威、馬來西亞、馬爾代夫、馬爾他、墨西哥、荷蘭、紐西蘭、尼加拉瓜、巴拉圭、秘魯、菲律賓、盧安達、沙烏地阿拉伯、南非、西班牙、泰國、多哥、千里達托巴哥、土耳其、英國、美國、上伏塔、烏拉圭和委內瑞拉。

反對者四十八國：阿富汗、阿爾巴尼亞、阿爾及利亞、保加利亞、緬甸、蒲隆地、白俄羅斯、柬埔寨、錫蘭、剛果（布拉札）、古巴、捷克斯拉夫、丹麥、衣索匹亞、芬蘭、法國、迦納、幾內亞、匈牙利、印度、伊拉克、肯亞、科威特、馬利、茅利塔尼亞、外蒙古、摩洛哥、尼泊爾、奈及利亞、挪威、巴基斯坦、波蘭、羅馬尼亞、塞內加爾、星加坡、索馬利亞、蘇丹、瑞典、敘利亞、突尼西亞、烏干達、烏克蘭、阿拉伯聯合共和國、坦薩尼亞、葉門、南斯拉夫和桑比亞。

棄權者七國：奧地利、喀麥隆、查德、賽普勒斯、伊朗、葡萄牙和獅子山國。

第二個提案也就是排斥中華民國，由中共取代中華民國在聯合國之一切合法的地位，並要求以過半數通過的議案，其點名投票結果如左：

贊成者四十六國：阿富汗、阿爾巴尼亞、阿爾及利亞、保加利亞、緬甸、蒲隆地、白俄羅斯、柬埔寨、錫蘭、剛果（布拉札）、古巴、捷克斯拉夫、丹麥、衣索匹亞、芬蘭、法國、迦納、幾內亞、匈牙利、印度、伊拉克、肯亞、科威特、馬利、茅利塔尼亞、外蒙古、摩洛哥、尼泊爾、奈及利亞、挪威、巴斯斯坦、波蘭、羅馬尼亞、塞內加爾、索馬利亞、蘇丹、瑞典、敘利亞、烏干達、烏克蘭、蘇俄、阿拉伯聯合共和國、坦薩尼亞、葉門、南斯拉夫和桑比亞。

反對者五十七國：阿根廷、澳洲、比利時、玻利維亞、巴西、中非共和國、智利、中華民國、哥倫比亞、剛果（金夏沙）、哥斯達黎加、達荷美、多明尼加、厄瓜多、薩爾瓦多、加彭、甘比亞、希臘、瓜地馬拉、蓋亞那、海地、宏都拉斯、冰島、愛爾蘭、以色列、義大利、象牙海岸、日本、約旦、賴索托、賴比瑞亞、利比亞、盧森堡、馬拉加西、馬拉威、馬來西亞、馬爾他、墨西哥、紐西蘭、尼加拉瓜、尼日、巴拿馬、巴拉圭、秘魯、菲律賓、盧安達、沙烏地阿拉伯、獅子山國、南非、西班牙、泰國、多哥、土耳其、美國、上伏塔、烏拉圭和委內瑞拉。

棄權者十七國：奧地利、波札那、喀麥隆、加拿大、查德、賽普勒斯、伊朗、牙買加、科威特、黎巴嫩、馬爾代夫、摩洛哥、荷蘭、葡萄牙、星加坡、千里達托巴哥和突尼西亞。

缺席者一國：寮國。（去年寮國也缺席）

表決第三個提案以前，主席請敘利亞代表發表其所提出這個問題是重要問題，其通過需三分之二以上票數的臨時動議。義大利代表提出反對，剛果（布拉札）和巴基斯坦代表出來附議。表決（非點名）結果贊成者五十票，反對者三十七票，棄權者三十票。通過。於是進行點名投票，其結果如左：

贊成者三十四國：比利時、玻利維亞、巴西、加拿大、智利、哥倫比亞、剛果（金夏沙）、厄瓜多、布臘、瓜地馬拉、冰島、愛爾蘭、以色列、義大利、牙買加、日本、賴比瑞亞、利比亞、盧森堡、馬拉威、馬爾他、墨西哥、摩洛哥、荷蘭、紐西蘭、尼加拉瓜、巴拿馬、秘魯、千里達托巴哥、突尼西亞、土耳其、美國、烏拉圭和委內瑞拉。

反對者六十二國：阿富汗、阿爾巴尼亞、阿爾及利亞、澳洲、波札那、保加利亞、緬甸、蒲隆地、白俄羅斯、柬埔寨、中非共和國、錫蘭、中華民國、剛果（布拉札）、古巴、捷克斯拉夫、達荷美、丹麥、衣索匹亞、芬蘭、法國、甘比亞、迦納、幾內亞、匈牙利、印度、伊拉克、象牙海岸、約旦、肯亞、馬拉加西、馬利、茅利塔尼亞、外蒙古、尼泊爾、羅馬尼亞、盧安達、尼日、挪威、巴基斯坦、巴拉圭、菲律賓、波蘭、塞內加爾、星加坡、索馬利亞、南非、西班牙、蘇丹、瑞典、敘利亞、泰國、多哥、烏干達、烏克蘭、蘇俄、阿拉伯聯合共和國、坦薩尼亞、上伏塔、葉門、南斯拉夫和桑比亞。

棄權者二十五國：阿根廷、奧地利、喀麥隆、查德、哥斯達黎加、蓋亞那、海地、宏都拉斯、印尼、伊郎、科威特、寮國、黎巴嫩、賴索托、羅馬尼亞、馬爾代夫、奈及利亞、葡萄牙、沙烏地阿拉伯、獅子山國、英國、賽普勒斯、多明尼加、薩爾瓦多和加彭。

主席宣佈：『本大會關於中國代表權問題的辯論至此結束。』

時為中午十二點五十分正。

把以上的投票情形，與去年的投票情形相比較，我們可以知道下面幾個事實：

一、對於重要問題的議案，沒有一個國家由贊成中華民國而改變為反對者；

有兩個國家（中非共和國和盧安達）由反對中華民國而改變為贊成者，有四個國家（達荷美、牙買加、馬爾代夫、沙烏地阿拉伯）由未參加投票或棄權而變成支持中華民國者；新的三個國家（波札那、蓋亞那和賴索托）都是中華民國的支持者；獅子山國由反對中華民國改變為棄權；有兩個國家（蒲隆地和科威特）由棄權而改投中共的票；「浪子回聯合國」的印尼一變以往的態度支持中華民國。這樣，支持中華民國者比去年（五十六票）增加十票；反對中華民國比去年（四十九票）減少一票，形成六十六票對四十八票之比。

二、對於拉進中共的議案，中非共和國和獅子山國由支持中共變成反對中共；

摩洛哥和星加坡由支持中共變為棄權；蒲隆地和塞內加爾由棄權改為支持中共；加拿大由反對而棄權；智利、剛果（金夏沙）、達荷美、冰島、利比亞、盧安達和沙烏地阿拉伯七國由去年未參加投票或棄權而反對中共；新的三個國家，蓋亞那和賴索托反對中共，波札那棄權；「浪子回聯合國」的印尼還是支持中共。這樣今年支持中共者比去年（四十七票）減少一票；反對中共者比去年（四十七票）卻增加十票，形成四十六票對五十七票之比。

以上兩個提案的投票內容雖然不同，但投票的結果，支持中華民國者卻都增加十票；支持中共者則都減少一票。

三、對於義大利等國的提案，投贊成票者都是非共產主義的國家。換言之，在反對「兩個中國」的問題上，共產集團國家遠比自由陣營的國家堅決。這等於說，共產集團的國家，要比非共產集團的國家團結。新的三個國家，波札那投反對票，蓋亞那和賴索托棄權。而在亞洲，對這個提案投贊成票者祇有日本。

四、在原則上，贊成第一個議案者，應該反對第二個議案，至少不應該贊成第二個議案。但是，「老油條」英國和印尼則這樣做。而且，這兩個國家，對第三個議案也都是棄權。

因此，由以上諸事實，我們似可以得出如下的結論：

一、贊成第一個議案，反對第二個和第三個議案的國家是我們最忠實而最可靠的友邦。如澳洲、菲律賓、泰國等許多國家。

二、贊成第一個議案，反對第二個議案，第三個議案棄權的國家次之。如蓋亞那、賴索托、沙烏地阿拉伯等國家。

三、贊成第一個和第三個議案，反對第二個議案的國家再次之。如比利時、日本、美國等國家。

四、贊成第一個議案，第二個和第三個議案棄權的國家又次之。如加拿大、牙買加、荷蘭等國家。

五、第一個和第三個議案棄權，反對第二個議案的國家應排第五。如獅子山國。

六、贊成第一個和第二個議案，第三個議案棄權的國家排行第六。如英國和印尼。

七、反對第一個議案，第二個和第三個議案棄權的國家應為第七。如科威特。

八、反對第一個議案，第二個議案棄權，贊成第三個議案的國家應列第八。如摩洛哥、突尼西亞等國。

九、反對第一個和第三個議案，而贊成第二個議案的國家是對於我們最不友好的國家。如阿爾巴尼亞、柬埔寨、蘇俄等共產集團的份子。

從以上的初步結論，我們當可知道，我們以後的外交工作，應向那些國家去求進一步的發展了。

總之，第二十一屆聯合國大會有關所謂中國代表權問題，經過一個多星期的辯論，在中華民國獲得輝煌的戰績中結束了。而中華民國之所以獲得勝利，主要的是因為中共之自討沒趣和中華民國自強不息所導致。今日，中共在大陸上幹些什麼，全世界的人都看得清清楚楚；至於臺灣的一切，祇要聽六年前在香港絕對反對和不承認蔣總統的三任，而今日，不但擁護蔣總統的四任，並且訪問臺灣和報導臺灣之進步情形的某青年黨領袖的話，便夠了。此外，中華民國在亞、非國家做農業技術的援助也是個很大的因素。

但是，不管臺灣的政治怎樣進步，經濟怎麼繁榮，社會如何安定，軍事何等強大，祇要中共盤據大陸一天，聯合國的所謂中國代表權問題便會存在一天。因此，欲解決這個問題，無他，唯有反攻大陸，光復大陸，消滅中共。

最後，筆者之所以能夠自由出入聯合國大會採訪，是承蒙『中央日報』駐美特派員兼紐約『美洲日報』總編輯陳裕清先生、中華民國駐聯合國代表團林侔聖博士和中央社記者林徵祁先生的幫忙，特此致謝。

（原載一九六六年十二月廿五日臺北「政治評論」）

中華民國在聯合國的地位

筆者曾在「政治評論」第十七卷第八期「聯合國大會傍聽記」一文報導了第二十一屆聯大討論和表決所謂中國代表權問題的經過和結果。現在筆者想就此問題再作兩點補充。

前年，筆者尚在東京的時候，由於第二十屆聯大有關所謂中國代表權問題排我牽毛案的表決結果竟是四十七票對四十七票，所以日本的許多報刊便說第二十一屆聯大或將通過准許中共參加聯合國的議案；而大部份日本人也似乎大多相信這種說法。但事情並不是那麼簡單。第二十屆聯大排我牽毛案的表決結果雖然是四十七票比四十七票；但反對中共參加聯合國的第一個議案的表決結果卻是五十六票比四十九票。而最重要的是，聯合國憲章第五章第二十三條的規定，使所謂中國代表權問題自動地變成其變更必需三分之二以上票數的重要問題。詳而言之，聯合國憲章第五章第二十三條明文規定中華民國是聯合國安全理事會的常任理事國，因此，欲變更中華民國在聯合國的任何地位，則非修改聯合國憲章該條文的規定不可。而根據聯合國憲章第十八章第一百零八條的規定，聯合國憲章之修改，必須經過大會三分之二以上多數的通過和三分之二以上會員國的批准始能有效。所以，欲變更中華民國在聯合國的任何地位，無論如何是實質的重要問題。這等於說，就是反對中共參加聯合國的第一個議案的表決沒有獲得過半數的支持，所謂中國代表權問題還是個不折不扣的重要問題。一句話，聯合國憲章本身的規定自動地保障了所謂中國代表權問題是個實質的重要問題。

其次，義大利等六國擬造「兩個中國」的提案，在實際上是不能成立的。因為敘利亞代表提出這個問題是重要問題，其通過必需三分之二以上票數的臨時動議並獲得通過；而贊成中共參加聯合國並堅決反對「兩個中國」的共產集團的國家一共有四十八個，所以在一百二十一個聯合國會員國當中，欲獲得三分之二亦即八十一個以上國家的支持，在實際上是不可能的。因此，這個提案在聯合國大會根本就通不過。

基於這兩種理由，筆者認為政府當局除需把握時機實現反攻大陸，光復大陸以外，在積極方面應努力加強對於或將唾棄中共的所有國家的外交，以鞏固和提高我在聯合國的地位。

（原載一九六七年三月廿五日臺北『政治評論』）

美國大學教育的危機

具有兩百一十四年歷史傳統的美國哥倫比亞大學，自四月二十三日起，因為學生罷課鬧得紐約滿城風雨，雞犬不寧，至今學校還沒有全完恢復正常狀態。

發動罷課的核心是美國新左翼團體「民主社會學生社」（Students for Democratic Society）哥大支部的學生；而他們推動罷課的正面理由雖然說是反對哥大在黑人區傍邊的Morningside公園建築體育館。但據我個人見解，這不過是一種藉口而已。他們的真正目的是在要脅學校當局拒絕協助政府做國防政策的研究。

美國政府曾與十二所著名大學簽訂設立「國防政策研究院」機構，撥款請各大學的學者協助研究其有關國防事項。上述這些左翼學生如祇以此目的發動學生罷課未必能獲得成功，遂以反對黑人區傍邊公園建築體育館為藉口。

本來，建設體育館是一件好事，不應該有人出來反對纔對。但哥大跟紐約的黑人中心區相鄰，哥大為遷就黑人區的黑人，曾決定建設兩座體育館，一座給哥大學生；另一座供給黑人區居民免費使用。這一來問題發生了。左翼學生馬上一口咬定這是哥大當局進行種族差別的鐵證，並動員黑人學生和黑人區的黑人，展開反對學校建設體育館的運動。

一個月以前，馬丁．路德．金（Rev. Matin Luther Jr.）黑人牧師被暗殺時，黑人曾威脅哥大於出殯日放假一天，哥大除校慶外，向來不隨便放假的，它連華盛頓的生日（這是美國全國性的假日）也不放假。惟因黑人的要脅，結果還是放假了。可是黑人仍抱恨在心，於是隨響應左翼學生的罷課要求。

四月廿四日約三百名學生佔領了四棟校舍和校長的辦公室，更監禁了哥倫比亞學院的教務長達廿四小時以上；是晚，哥大當局不得不宣佈暫時停課。推動罷課的學生，手腕上都帶著紅布，他們的樣子，正如流行一時的所謂「嬉皮」，完全不像學生，有如流氓。他們口口聲聲叫罵著柯克校長和杜魯門副校長的辭職。而這批左翼學生及其同路人，也就是大力支持麥加錫反對詹森越南政策的人們。

隔天，他們又佔領了另一棟校舍，參加罷課的學生似在增長。到了第七天下午，大約有三百名反對罷課的學生，為阻止罷課學生接濟佔領校舍的「同志」以糧食，包圍了法學紀念圖書館，於是彼此之間發生正面衝突，動起武來。

柯克校長看情形日趨嚴重，終於請求紐約市警察局動員一千名警察，於四月三十日凌晨二時，進入被佔領的校舍逮捕這七百二十名非法佔據校舍的學生。根據當地報載，其中百分之八○是真正的哥大學生，百分之一○是其他大學的學生，其餘百分之一〇為哥大畢業生和外邊人，包括黑人區的黑人。

但是，柯克校長請求警察驅逐罷課學生，卻引起了更多學生和一部份教職員的不滿，哥大的學潮為之更加劇烈，宛如火上加油。一萬七千五百名哥大學生中，竟有四千名參加罷課。雖然哥大當局早於四月廿三日宣佈取消體育館的建築，但學生還不干休。他們現在要求的是整個學校基本方針的改革，因此，哥大的學潮是會繼續鬧下去的。警察把罷課學生帶走之後，在他們所佔領教室的黑板上，竟發現了畫有俄國國旗斧頭鎌刀的圖畫。這似為左翼學生與共黨有關係的證據，我認為新左翼學生充當共黨工具，以擾亂美國社會為職志，而其他純粹無知的學生為其所利用，誘騙而不自知，應該是這次哥大學潮鬧起來和至今未能收拾的主要原因。天真的哥大當局和一般美國人的看法不清，共黨份子和其同路人在哥大學生間煽惑的真相，乃是今天哥大悲劇之所由來。

五月一日下午，我在哥大附近遇到大約兩百名自稱紐約大學的學生，由禿頭的教授帶頭，在哥大東邊校門，叫喊著：「我們支持哥大的罷課！」和「柯克該辭職！」等口號。此外還有耶魯大學等學生來聲援。這無異是「統一戰線」。

從開始罷課到現在，我曾進哥大五次，參加過罷課學生的大集會和教授們與罷課學生們的討論會。我預感哥大的罷課是整個美國的大學鬧學潮的開始，是日本全學聯的美國版。美國的大學教育當局如果不及早針對此症下藥，美國的大學，恐怕要比日本的大學鬧得更厲害，美國或因此而將出現中國大陸淪陷前的局面。加以黑人問題夾在其間，我敢斷言，美國的學潮祇會增加不會減少，並且必將跟黑人的民權運動成正比例，互為策應，共同作戰。這是美國的悲劇。

我聽哥大罷課學生的主張和看他們的行動，真為今日美國年輕一代者痛心。他們有的要求學校功課的成績不必註名ABC（亦即甲乙丙丁），而祇寫P（pass及格）或F（fail不及格）。他們至今還在阻擋教職員的上班和學生的上課。他們要求著大學當局無條件投降。

亞東方面的課程，教授們現在大多在其家裏上課，學期至本月底就要結束，但卻還無法恢復正常。罷課學生佔領校長辦公室時，竟把掛在牆壁上一張價值四十二萬美元（合新臺幣一千六百八十萬元）的名畫損傷。這斷非民主主義，而是流氓作風。學生說學校當局應拒絕接受協助研究國防政策的補助費，但學生個人卻拚命申請國防部給的獎學金。真是胡鬧、自私。

可能是受了哥大學潮的刺激和鼓勵，普林斯頓大學的學生，也在遊行反對學校當局協助做國防政策的研究；紐約郊外，長島大學，也正在罷課。

哥倫比亞大學是美國排名第六的古老學府，在美國社會，甚至在國際上有其相當的地位。今天竟為一小部份的左翼學生這樣胡鬧，鬧得學術尊嚴掃地，實在可惜。在近日中，哥大是否能步上正軌，不得而知，但願它能早日恢復正常。

五十七年五月七日於紐約

（原載一九六八年五月廿日臺北『中華日報』）

一群迷途的留美學生

九月三日至五日，在密歇根州的阿那堡，繼勃朗大學「美東討論會」之後，「保衛釣魚台行動委員會」又舉辦了幾乎是全美性的「國是大會」，我跟兩位朋友曾經前往參加。會場設在離開阿那堡城大約五十英里，開車去需要五十分鐘左右的地方。它是給人家露營的一個場所，有教堂、飯廳、宿舍、停車場等設備。周圍是小森林，傍邊有個小湖，風景不算好，但空氣還不錯。報到者前後一共有四百三十七人，經常參加大會者大約二百五十人。會場內，除特准者外，不許攝影和錄音。

負責單位是：

波士頓保釣會、威斯康辛大學、耶魯大學、普渡及阿爾伯特大學、印大及印州大、伊利諾大學、各地保釣會、堪薩斯大學、愛我華大學、芝大、西北大，及費城保釣委員會、各立場發言人、紐約中國同學會籌備會、中國萬里行、匹茲堡及卡乃基大學。

三日議程如下：

九月三日：上午：中共建國簡史、社會主義在中國、中共對自治區的處理、中共的社會福利。下午：中共的外交及其對臺政策、從保釣運動的經驗檢討我們的缺點和改進的方法、中共的科技、行動中的毛澤東思想；我們還應為釣魚台做些什麼？

九月四日：上午：臺灣問題（從政治、經濟、社會、教育及國際局勢分析臺灣的現況）。下午：臺灣的前途（臺獨、統一、改良現狀、各立場的討論）、留學生的組織問題，聯大席位立場行動討論會。

九月五日：上午：中共對知識份子的態度及對留學生的政策。下午：如何改變臺灣。

從這個議程，我們很明顯地可以看出，這是共黨份子不甘寂寞，便到阿那堡這個地方，互相認同，互為印證的聚會；而它給我的印象是：

我彷彿參加了共產黨黨務訓練班或共產主義講習會，因為它是一個完全一面倒歌頌中共的會議。正因為它的一面倒，第二天一早，便有四、五十位同學，退出會場表示抗議。

九月三日晚上，大會放映了「一定要把淮河治好」的電影。電影完了之後，一位左派人士向我說：「看了這部電影，還有什麼話說，我覺得今天的討論是多餘的。」他的意思是說，毛共的建設既然那麼「偉大」，還有什麼辯論的呢？同時問我的意見。我說：「我不相信它是真正的紀錄片，它是為宣傳而特別拍攝的。」

大家都知道，治淮河不是一天兩天或幾個月的工夫可以治好的，而按照那部電影，它化了三年光陰。在這三年的過程中，幾十萬的人，像在遊玩似地，從頭到尾笑嘻嘻地在那裏繼續不斷地工作。這是可能嗎？這是毛共為了宣傳而製造的神話片，而居然有人相信它，既可笑亦復可憐。每天下午六點到七點是自由活動的時間。這時有很多人參加歌唱，他們唱的有「義勇軍進行曲」、「游擊軍」、「國際歌」、「團結就是力量」、「大刀進行曲」、「救國軍歌」、「松花江上」和「釣魚台戰歌」等等。

大會最重要的議程，當然是「聯大席位立場行動討論會」。由於議程排得過於緊湊，所以，第二天下午三點半以後，許多人便提不起精神來了。

六十年十一月三十日

（原載一九七一年十二月十一日香港『新聞天地』）

黑人美國白人美國

最近在美國新澤西州的一個小鎮，發生了一件非常令人難以置信和同情的事情。那就是有位出身臺灣的醫生，被一個十三歲的白人女孩和她的媽媽誣告「強姦」這件事。在「女人萬歲」和「女性至上」的美國，強姦罪如果成立的話，那還得了；根據新澤西州法律的規定，最少得乖乖坐牢十三年！

以前在加州，曾有一位來自非洲的留學生跟美國小姐發生了性關係，其後這個美國小姐竟翻臉告非洲仁兄一狀，指他「強姦」，把他搞得焦頭爛額，走投無路，結果自殺了之。所以在美國，弱者的名字並不叫做女人，而叫做男人！

被誣告的這位醫生，不但被醫院免職，更被警長帶去拘留一天。他被迫得無路可走，終於請求我駐紐約總領事館協助，總領事館即通知紐約臺灣同鄉福利會會長的我去幫助他。一月二十日晚，在那小鎮的一所中學的圖書室，開了一次對外不公開的法庭，由原告白人女孩說明「被強姦」的經過。從頭到尾，包括法官的質詢，以及被告之律師的反駁，整整兩個小時。中間只有十五分鐘的休息。

而從那女孩的證詞，我即斷定她在說謊，在製造故事。因為她始終拿不出一件證據來。被告醫生給她做一次普通住院病人所應經過的身體檢查，這是他的職責，何況醫院的護士小姐也在場，那裏有強姦之可言？開庭當晚，從不出面的被告的主任醫師也露面了。他說這個女孩的媽媽壞得很。而由主任醫師這句話，我心裏猜想，這個媽媽也許想利用她無知的女兒做搖錢樹。擔任速記的先生，利用休息時間對我們說，他做速記已將近十年，他有自信斷定任何原告或被告所說的話是真的或者是假的，而這個女孩無疑的在撒大謊。被告的律師請求法官判此案不成立，但法官卻宣佈將再開庭一次，暫定於二月九日。當天十時許，我們（被告、其夫人和我）回被告家裏，即接到原告女孩父親的恐嚇電話，說要殺死被告，他的夫人哭起來了。我極力安慰和鼓勵他們夫婦，我說他要殺你們不會告訴你們的，……並吩咐他們特別小心。

二月二日晚，被誣告的這位醫生打電話告訴我說，二月三日下午將開陪審員法庭。三日的天氣也極壞，上午下雨，黃昏開始下雪。陪審員的法庭，我和醫生夫人都不能進去。首先由原告的那女孩上場；被告的主任醫師次之；被告最後。

當被告出來，警長想進去作證，但卻被拒絕，因為眼睛雪亮的陪審員們，早已看透了原告的胡說八道了。投票結果，認為被告無罪，時為下午三時四十一分。許多從法庭出來的陪審員，都來跟被誣告的醫生握手，表示同情。在上次和這次開庭時，那毫無常識的警長都未跟我們打招呼，而始終跟原告在一起，直到陪審員們做最後決定以後，他纔走近我們說：「這事已經了結。」（This case is over.）。

說到這個警長，據我個人的判斷，除非他是真正笨蛋一個，毫無條件地相信原告的話以外，很可能就是拿了原告的好處，纔會這樣為他們賣力。美國警察素質之差和貪污是馳名世界的，這裏我再舉一個我親身經驗的例子。三年前的夏天，我曾去一位日本朋友的店幫忙，當時管區的警察經常來找麻煩，他明白告訴，他叫什麼名字，並要我們的老板去看他。我轉告警察的話，我的朋友說他要的是錢，下次他來時開門見山問他要多少。剛來美國的我不知這裏「行情」，反問我的朋友說，我們怎麼可以這樣問警察？我的朋友說沒關係。當那位警察再來時，我把他請到後面去當面問他要多少錢，他說五十美元，把錢如數給他以後，我一直未見過他的蹤跡。

其次，透過這次冤枉訴訟，我發現美國的鄉村，對於其他種族仍有歧視甚至侮辱的傾向。我至今尚未到過美國南部，不過從上述的傾向，以及電視和新聞雜誌的報導，白人之歧視黑人是無可否認的事實。在實際上，美國是兩個，一個是白人的美國，一個是黑人的美國。除了白人有人種歧視外，美國的黑人，有時候也會欺侮我們東方人呢！

第三，這位醫生請了一個沒有正義感的律師，又是另一災禍。這個「地頭蛇」拒絕講定價錢，而看樣子，很可能向他要上萬美元的報酬。我雖為我同鄉的勝訴而高興，但同時又為他的律師費用而擔憂。本來他準備去年回國的，臺灣的工作早已安排好，但現在為付律師費用卻又不得不暫時留在此地工作。我勸他再請這條「地頭蛇」反告對方誣告和毀損名譽。為著金錢，這條「地頭蛇」是肯去拼命的。

許多留學生都覺得美國決非久居之地，而這次這位留美的中國醫生的災禍，確由天上掉下來。不過祇要你在美國居留一天，類似這種的災禍是隨時可能降落你身上的。願我的同鄉早日還清這筆洋債，回國為同胞貢獻其所長。

（原載一九七〇年二月二十一日香港『新聞天地』）

美國成罪惡淵藪

根據十月二十六日出版的『美國新聞與世界報導』，這十年來，美國的人口祇增加百分之一三，但其犯罪率卻增加了百分之一四八，一年中因為各種犯罪的損失，包括為防止和取締這些犯罪而化去的經費，竟達五百一十億美元。這是今天美國人為著社會的安寧所付出的代價。

現在，我隨手從最近紐約市的報紙『紐約時報』和『每日新聞』舉出幾件犯罪事實。

住在加利福尼亞州的日裔美籍外科醫生太田，其金髮夫人和兩個兒子，以及他的女秘書被殺，其價值三十萬美元的房屋被放火。太田的兩個女兒，因住在學校宿舍，始得倖免。兇犯，似乎是嬉皮。（十月二十一日『每日新聞』）。

四個持鎗的強盜，於十月十一日入侵義大利籍紅女影星蘇菲亞羅蘭所住的旅館，搶走了價值七十萬美元的珠寶鑽石和兩千美元的現金。（十月十二日『紐約時報』）

一個五十九歲的銀行警衛，因與搶劫銀行的五個少年開鎗決鬥，中彈身死。

五個少年中，兩個是少女，都是曼哈頓社區大學的學生。他們是搶劫銀行的慣犯，自今年六月間起，前後曾搶劫銀行五次，共得三萬二千五百美元。（十月十日『紐約時報』）。

十月九日中午，中華街的中美銀行被兩兇徒搶劫，曾搶去八千二百六十四美元，惟拿錢的兇徒被巡邏警察當場逮捕，另一疑犯逃脫。（十月十日『紐約時報』）。

曾任加州大學哲學助理教授的女黑人戴維斯（Angela Davis）因殺人和綁票的嫌疑，於十月十三日在紐約被聯邦調查局逮捕。她是共產黨員。（十月十四日『紐約時報』）。

前任新澤西州紐瓦克市市長亞特尼吉奥（Hugh J. Addonizio），因為在市長任內，利用職權，向市政府包工的商人敲詐達一百五十萬美元，因而被判徒刑十年和罰款一萬五千美元。亞特尼吉奥曾任聯邦眾議員達十四年之久。（九月廿三日『紐約時報』）。

而最令人寒心的是紐約市監獄裏的囚犯暴動。從十月十日起，紐約市五個地方的監獄囚犯，一連串地起來鬧事。曼哈頓監獄裏一千四百名囚犯之中，兩百人曾經暴動，並拉去十八位警衛做人質。長島市（也屬紐約市）監獄裏的三百三十八名囚犯，幾乎全體參加暴動，並拉了十位警衛做人質。九園（Kew Gardens）監獄裏九百名囚犯的大部份，曾經參加暴動，並佔領了整個監獄的樓房。布魯克林監獄裏一千五百名囚犯的大部份人參加了暴動，並拉走了三位警衛做人質。來克斯島（Rikers Island）監獄裏的囚犯曾經暴動，並扣住四位警衛做人質。所幸，這些人質，因為林賽市長答應馬上要跟囚犯的代表們見面，所以沒有被殺害或傷害。囚犯的暴動，主要的有以下三個原因：一、審判過慢；二、保釋金過高；三、監獄裏關的人數過多。

但除上述三個問題外，有的囚犯們提出更多的不滿，諸如吃的不好，因室太髒，在冬天室內不夠暖，缺乏娛樂，更有的甚至說需要性生活。

在美國，最可怕的是有組織的犯罪。據前述『美國新聞與世界報導』的說法，有一個「賊子公司」（Criminal Syndicate）竟擁有年收三億美元利息的不動產。加以美國並不全面管制槍械，所以因搶劫而殺人者不可勝數。

但是，持槍搶劫，在今天美國並非掠奪的正統。據『白領階級的竊賊』（The Thief in the White Collar）一書的作者加斯班（Norman Jaspan）的分析，近五年來被雇用的人，其不誠實的程度愈來愈厲害。一年有三百七十億美元生意的百貨公司，因店員的偷盜而總會有五億至十億的損失。

根據美國保險公司的估計，「關門大吉」的公司行號，其百分之三〇是由於工作人員的內偷所導致。而工作人員之偷，用腦筋者遠比用力氣者還更澈底。這等於說，教育並不保證一個人的品德。

譬如紐約郊外的一家商店，其中二十九個兼任工作人員，曾經由該商店偷過東西。其中二十一個人是大學畢業生，四個人正在讀大學，兩個人是小學校長。

除這種「頭腦犯」外，今天美國最嚴重的犯罪，應該算是投擲炸彈和年輕人的吸毒。這裏有句諷刺不肖的美國人而頗富風趣的話。它喊愛喝酒的美國老一代為「酒鬼」，叫喜吸毒的年輕一代為「毒鬼」。吸毒每天最低限度需要二十五至三十元美金，百萬富翁的花花公子當然無所謂，但沒錢的「毒鬼」也就不得不大動其腦筋了。於是少年淪為盜賊、娼妓。

至於投擲炸彈，在今天美國更是流行。看樣子，這種作惡是會日趨激進的。而激烈的黑人是幹此行的重要份子。我來美將近五年，一直覺得奇怪的是，美國有許多州沒有死刑的規定這件事。

十月十五日，尼克森總統簽署一項懲治犯罪的新法律，規定投擲炸彈殺人者可處死刑。而由於這則法律的施行，凡是接受聯邦政府經費補助的大學院校，如果發生炸彈事件時，聯邦調查局有權進去調查。這樣一來，美國的學潮，或許會緩和些也說不定。

（原載一九七〇年十一月七日香港『新聞天地』）

瑞士銀行使美國頭痛

瑞士銀行以其獨特的手法，吸收了世界上無數的存款，其中很多是來源十分骯髒的金錢。由於瑞士銀行界保密工作做得絕對好，乃成為富豪藏金的天堂。

這幾天，美國聯邦眾議院銀行貨幣司法委員會，將召開有關瑞士銀行協助美國富翁進行金融方面不法行為的公聽會。而這個公聽會的結果如何，對於世界特別是美國金融界或將有極其重大的影響。

在原則上，無論那一個國家的銀行，對於他們顧客的存款數目都要保持秘密的，惟由於銀行業務需受主管機關（通常是財政部）的監督，因此銀行所能保持的秘密也就不是絕對的。可是，瑞士的銀行界，因為他們國家的法律與眾有異，所以他們的保密程度幾乎能夠達到百分之百。也正因為他們有此非凡的本領，所以瑞士便成為世界富翁儲款的天堂。

今日，整個歐洲大致擁有三百億美元的外匯，其中四分之一也就是七十五億美元則操在瑞士銀行手裏，其道理在此。事實上，瑞士的伯爾尼市已經成為僅次於紐約和倫敦的世界金融中心了。

瑞士銀行的保密，可謂無微不至。他們用特殊的號碼做戶頭的名字，因此不要說誰有多少存款，甚至於連某某人在瑞士銀行有沒有戶頭也都查不出來。

在第二次世界大戰期間，德國的猶太人因為不堪獨裁者希特勒的迫害，富有者紛紛把錢送到瑞士銀行去。由此，希特勒曾以威脅手段要瑞士銀行當局將德國籍人士的存款名單交出，但瑞士銀行卻堅持到底。可是，到二次大戰末期，納粹德國第二號人物給林（H. W. Göring）卻也向瑞士銀行求援了。據說那時他曾存進八百萬美元的現款，另外還有黃金和許多名畫。所以大戰後，美國政府當局曾經要求瑞士銀行將德國要人的存款交出，但也被拒絕了。由此可見，瑞士銀行對於存款者，不管是誰，都一律予以絕對的保障。

正由於瑞士的銀行，不問所存款項的來歷，統統予以絕對的保障，因此弊端也就隨之而叢生了。換句話說，不正當的所得也大可正正當當地存到他們的金庫去，從而受到正當的保障。其結果，瑞士的銀行，遂成為美國大盜，世界嗎啡、鴉片大王所得「黑色金錢」的棲身之所。因此有人譏諷這個怪現象說，這些黑社會的金錢，經過阿爾卑斯山的白雪洗濯後便變成真正的美鈔。

譬如說，一個名叫吳特立吉的美國陸軍軍需上士捲逃三十六萬二千美元以後，就用「魚頭」這個名義存到瑞士的一家銀行去；美國黑社會組織黑手黨的金庫就是瑞士銀行；幾個因軍事政變而被迫出走的國王或總統，也大多攜帶巨款往瑞士逃；而據美國一個左派人士的說法，中國要人中也有在瑞士的銀行存不少金錢的人。

在美國，虛報交易和所得是違法的，而且罰得很重；但是，在瑞士，對於賦稅的欺詐並不算犯罪的行為。並且，按照瑞士法律的規定，他們並不課外國人以遺產稅，所以各國的百萬富翁更大可以放心把錢存到瑞士的銀行去。

不特此，瑞士的銀行不但接受外國人的存款，而且還替顧客做買賣股票等等的投資生意呢！而今天在美國最引起風波的也就是這方面的問題。是即瑞士的銀行替其顧客買賣股票時，是用該銀行的名義行事的，因此外邊根本就不可能知道，誰做了多少股票和債券的生意。

他們的這種生意，有時候更是在瑞士一家銀行裏完成的。邁阿密的千萬富翁奧比茲，就曾以這種方法一次賺了十萬美元。而這種行內的交易，是美國稅務當局所無法得悉的。這就是說，透過瑞士銀行做投機生意的富人，可以實實穩穩地逃稅。

鑒於種種公然漏稅的事實，美國政府與瑞士政府之間曾於一九五一年簽訂了「扣除賦稅協定」，規定對於美國人在瑞士銀行的存款也可以課百分之一五的稅。

但是，如上所述瑞士銀行的守口如瓶，美國人的逃稅現象並不因為該項協定之簽訂而減少。

由於越戰的負擔，美國有通貨膨脹之勢，且稅捐的負擔尤重，所以據說想利用瑞士銀行的美國富翁似在與日俱增，而這也是近日美國國會要舉行公聽會的一個原因。

瑞士是世界上最有歷史的永久中立國家，在國際金融方面，她似也想走這條中間路線。而從他們過去的作法和實績看來，她也確實可以走這條路子。出產手錶和巧克力的瑞士，我們現在似應該再給她添上「銀行」這個招牌才是。

（原載一九六九年十二月二十日香港『新聞天地』）

留美學生反共大團結

九月二十一日下午一時半，五千以上的愛國僑胞和留美學生，在聯合國大廈前面哈瑪紹廣場為反對毛共進入聯合國而示威。這是留美華人參加遊行示威人數最多的一次。遊行結束之後，兩百多位留美學生，在聯合國大廈對面一所教堂裏集會，商討今後的團結事宜。

經過四個多小時熱烈討論的結果，大家一致認為亟需創立一個永久性和全美性的愛國團體，於是成立留美中國同學反共愛國會議籌備處，並決定先行召開各地區會議，然後再舉行全美會議，以正式成立全美中國同學反共愛國聯盟。

全美反共愛國會議籌備處設在紐約，由熱心的同學們來共同工作。目前，全美中國同學反共愛國會議決定於十二月二十五日至二十八日在華盛頓舉行；十一月二十七日，在芝加哥曾經召開美中區反共愛國會議；十二月三日，美西區也在舊金山召開同樣性質的會議。

美中區已先期開會

美中區會議，在芝加哥大學外國學生中心召開，與會者一共一百五十八人（正式報到者），從上九時開始，到下午九時半結束，其詳細節目如下：

九點正至九點五十分報到；十點正至十點十分籌備會負責人致開會辭；十點十分至十一點十分，由魏鏞和趙林分別講述「中華民國政府遷臺後的發展」和「臺灣在中國歷史上的地位」；十一點十分至十二點半討論；十二點三十五分至一點十分午餐；兩點正至三點正，由任瑛鳳講述「臺灣經濟發展中的問題」；三點正至四點正討論；四點二十分至六點二十分由童兆陽和林尚平主持「留學生的責任」討論會；六點二十五分至六點五十五分晚餐，七點二十分至八點二十分，由郭仁孚講「試從文化大革命看近中共外交與內爭上的巨變，並論其政權的穩定性」；八點二十分至九點二十分檢討會；九點二十分至九點半，籌備會負責人致閉幕辭。

擁護政府奮鬥到底

魏鏞的講述著重於中華民國政府遷臺以後政策轉變的過程，尤其特別強調政府反攻大陸的決心，並提出今日政治革新的問題在於人事循環亦即新陳代謝；趙林的講述注重於說明一個政權的存在，應該完全決定於人民的意志，我們這一代青年當為青天白日滿地紅這面旗幟奮鬥到底。

討論時，同學們的關心大多集中於國內政治的革新。因為誰都知道外交是內政的延續，國內的一切措施以及成果在在影響外國人的視聽，更決定同學們和僑胞們的向背。他們認為最迫切需要改革的是中央民意代表機構，亦即中央級民意代表的新陳代謝問題。而處在這樣政治巨變中的中華民國，無論在事實上和法統上，實在唯有走政治優先的道路，以突破這個政治僵局。在這一點，我個人相信國內也有同樣的看法，更深信政府已在往這條路上走。

問題中心未能摸到

任瑛鳳分析臺灣的經濟時，一再強調經濟發展不能老靠外援或外資，而應設法吸收民間游資；我退出聯合國後對我經濟雖然會有所影響，但最主要的還是靠我們自己的努力。討論時，由於經濟問題比較專門而抽象，所以發問者比較少，他們關心農民的生活和加工區的工資。

「留學生的責任」的討論會，首先由童兆陽報告釣魚台運動的經過。他特別指出保釣運動之被幾個毛共份子利用的事實，並舉出徐守騰存心瞞騙群眾，俾為毛共在美國打先鋒的實例；林尚平基於個人的經驗，表明反共的決心。討論時，同學們未能把握問題的重心。我認為，既然說是留學生的責任，自當提出具體而可行的辦法，以盡我們留學生應盡的責任。這是需要在召開全美性會議時加強的一環。

有了一個好的開始

利用晚餐時間，湯岳中放映了九月二十一日聯大大遊行時他拍的紀錄片。「百聞不如一見」，它給因時間上的理由而未克參加同學們以非常的感動。

郭仁孚從文化大革命分析毛共的種種巨變，並以最近的事件證明毛共政權之不穩。同學們很關心大陸，因此對郭仁孚的報告皆聚精會神地聽。無疑地，大陸實況的分析和報導將是全美性會議最叫座的一個題目。

最後由主辦人宣讀總結論，這個結論決定寄給國內報紙發表。散會前，趙林提議合唱「當我們同在一起」。嚴洋群太太自告奮勇地出來指揮。合唱氣氛予所有與會者以無比的興奮。

美中區中國同學反共愛國會議的圓滿結束，乃是召開全美中國同學反共愛國會議的好的開始。在芝加哥的會議結束後，同學們的心已經轉到華盛頓去了。大家這樣熱心，努力反共，認識和肩負起當前的時代使命，實在難得。在此，我們願向主辦美中區會議的同學們致敬意，並預祝全美性會議的成功。

（原載一九七一年十二月十八日香港『新聞天地』）

紐約僑胞與學生的愛國壯舉

僑胞學生大集合

自從我國退出聯合國的第十七天，毛共的正式代表團分兩批從北平經過倫敦到巴黎，又坐法國航空公司班機於十一月十一日抵達紐約甘迺迪機場，當時大約有四十位同學到機場去示威，同學們所以去得這樣少，是因為他們要把示威的重點放在十一月十四日這一天。

十一月十四日下午一時半，五百名以上的愛國僑胞和同學，以及愛好自由民主的美國朋友，特別是青年男女，在紐約中華公所、留美中國同學會聯合會、紐約中國同學會、紐約臺灣同鄉福利會、美國青年支持自由組織、基督教政治同盟、世界反共聯盟等組織的籌劃和聯絡下，陸續往紐約市第一條路東四十二街交叉口，也就是聯合國大廈前面集合。

示威所需的一切標語和國旗，都由同學會負責準備；下午兩點以前，已經來了四百人左右，大家意氣揚揚。隊伍於兩點鐘出發，以同學會主席趙建成帶著兩位美國朋友領頭，這兩位美國朋友分別帶上尼克森和手拿毛語錄的毛澤東頭具，接著是共拿一面特大國旗的六位同學，後面是現任和曾紐約中華公所主席的陳兆堂、鍾僑征和李惠弼三位先生。

青天白日成旗海

這次示威遊行的標語做得特別多，有「打倒毛澤東！」、「歡迎喬冠華、黃華投奔自由！」、「擁護中華民國！」等幾百個中英文的大小標語，還有四十面大國旗，一百多面小國旗，因此隊伍的集合地點早已織成一片青天白日的旗海。

遊行隊伍從集合地點出發，穿過東邊四十二街，到達麥迪遜路後往南下，走到東三十九街。又往西至勒克新頓路，然後再往北邊前進，直搗東四十五街毛共代表團的臨時住處羅斯福旅館。在這行進過程中，同胞們不斷地唱著反共歌曲或喊「打倒毛澤東！」、「中華民國萬歲！」等口號。

旅館對面的行人路，整個是我們隊伍的停留區域，周圍都是警衛欄杆。到達旅館前的群眾，頓時熱血沸騰，大喊反毛口號，因為在大家面前掛著一面很大的毛旗——五星旗，而且人民的公敵毛澤東的代表就住在這裏頭，所以大家不停地喊叫，硬要求把毛旗降下來。

警方和旅館不接受群眾的要求，於是十幾位同學便衝到欄杆，想上前去把毛旗扯下來。這時警察湧上來，因此跟同學們發生了小摩擦，警察頭子看情勢不妙，就用無線電要求警局加派一隊體格高大強壯、手拿棍子的警員，很明顯地這是他們的衝鋒隊。

火焚毛旗起高潮

三點多鐘，忽然有位同學拿出一面污星旗，並點起火來燒它，一下子火勢相當大，僑胞們一齊鼓掌歡呼，歡喜若狂，這是此次示威的最高潮，記者們拚命地搶鏡頭。瞬息間，即有五、六個警察衝上來想撲火，於是又跟同學們衝突起來，由於同學們不示弱，更想把毛旗完全燒掉，當時有一位同學因為受另一位同學的衝撞而誤闖一個警察，這個警察以為這位同學故意揍他，所以全力衝上來要抓這位同學，其他七、八個警察也跟著上來，因此同學們跟警察遂攪作一團。美國警察身材高、力氣大，這位同學體格矮小，被那幾個警察一抱就帶走了，那時我也跟他們攪在一起，可是卻認不出被帶走的是誰，祇知道是位穿灰色西裝的同學。

我們大喊警察違法抓人，要求即時釋放。陳兆堂、李惠弼先生和曹幸林同學遂到警察局去交涉。大約四十分鐘以後，這位同學被保回來，並出現於群眾面前，大家歡聲沖天，幾個人更把這位同學高抬起來。抓人的事告一段落後，大家的注意力又集中到毛旗上面。

正在大家的眼睛往毛旗注視並強硬要求降下它的時候，有人突然說親毛份子徐守騰在旅館那邊站著看，於是大家便喊「徐守騰不要臉！」更有人叫說「去揍他！」不久，我無意中走到隊伍的西邊，徐守騰看到我喊著：「剛才有人過來打我！」一個警員跟著他。隊伍裏頭的一個人聲色俱厲對著徐說：「徐守騰過來！」徐說：「過來就過來！」我抓住徐守騰不讓他過去，因為一過去必定挨揍。理由是我一向不主張用暴力，何況揍是解決不了問題的。我拉不住他，激昂的群眾中衝出幾個來要揍他，幸被警察攔住，警察看情勢險惡，遂把徐守騰帶走。這時，群眾還追上去，但被警察阻止了。同胞們還在繼續要求把毛旗降下來，不降下，不干休。這時天已黑，並且天氣已經很冷了，為了要扯下毛旗，同學們又開始衝，他們用國語商量怎樣行動，老美聽不懂祇瞪著同學們，他們衝倒警衛欄杆，警察又湧上來，這樣反覆數次，氣氛非常緊張。至四點五十分左右，旅館的人出來降毛旗，大家表現出歡欣喜悅的情緒，實在無法用筆墨形容。這又是一次高潮。示威就在這樣皆大歡喜中宣佈結束。結束前，大家合唱國歌國旗歌，並喊「中華民國萬歲！」

電視報紙競傳播

晚上七點鐘，我看 CBS 電視。一向漠視我們的這家電視臺，竟把我們的示威當做頭條新聞報導，而且時間也相當長，其他電臺更不用說了。第二天的『紐約時報』把我們的示威，連同兩張大照片一起報導，內容寫得很中肯。一個朋友說；這跟九月二十六日我們到紐約時報社去抗議其報導不公不無關係。紐約『每日新聞』，因為祇有攝影記者在場，所以除一簡短的文字報導外，並為我們刊出四張照片。

這次示威在人數上雖然遠不及九月二十一日的聯大大遊行，但卻遠比它有力而成功。聯大大遊行，以反對毛共進入聯合國為目的，但由於看不到毛共，所以大家不容易遊行得起勁；這次情形就不同了，大家面前有毛旗，毛的嘍囉在樓上，目標顯明，因此情緒激昂，幹得特別起勁。

散會回途中，同學們紛紛建議多來幾次示威，好給這些毛的鷹犬看看顏色。我們經常舉辦郊遊等活動，但這些同學說，去向毛的嘍囉示威遠比辦郊遊有意義，而且參加者也會踴躍，這是有道理的。願這些熱愛祖國的青年學子，永遠這樣堅決反共，並為建立自由和統一的中國而奮鬥到底。

（十一月十五日紐約）

（原載一九七一年十一月廿一日臺北『中華日報』

轉載一九七一年十二月卅一日紐約『中華青年』）

看親共留學生的花招

去年年底，留美中國同學在華盛頓召開反共愛國會議，曾經邀請胡秋原先生、袁懋如小姐等前往演講。胡先生提出「反共就是愛國」、「愛國必須反共」的口號，為反共愛國的同學提供了有力的理論基礎。

胡先生認為，共產主義制度絕不適用於中國，因為它抹殺人性，專斷獨裁，不但違反中國歷史傳統，而且必陷中國人民生活於絕境之中。換句話說，反共與愛國是一體之兩面，你想愛國則必須反共，反共能使中國人民免於恐懼之自由，因此反共就是愛國。

袁小姐根據她個人的生活經驗，報告大陸同胞受災受難的實況，而結論說：騎在人民頭上的毛共王朝必倒在人民面前。袁小姐的演講給與會者非常深刻的印象和影響。

反共愛國會議召開後，於一月十四日晚上，在哥倫比亞大學伯爵堂，我們又請胡先生和袁小姐公開演講。出席者三百多人，親毛份子，據估計大約有六、七十人。這次演講會，袁小姐親自用電話邀請到大陸去訪問剛回來紐約的李我焱公開辯論，但李以另有先約而未參加。

在這次演講會中，有一個親毛份子向胡先生說：外國人說毛澤東並不喜歡殺人，為什麼你說毛澤東喜歡殺人。胡先生答說我並沒有說毛喜歡殺人，但毛澤東要強迫中國人民走他們不喜歡走的道路，因此非殺人不可。他且反問這個親毛同學：說毛澤東不殺人的這個外國人的話，是不是一定比說毛澤東殺了四千多萬中國人的另外一個外國人的話可靠？這個同學沒有話說。

另外一個親毛同學向袁小姐說，他在臺灣住了二十幾年，但對於臺灣的許多事什麼都不知道，為什麼袁小姐對於大陸的事情那麼清楚。袁小姐答說：你如果受人家迫害，你會忘記它的時間和地點嗎？並說：你在臺灣住了二十幾年，而對於許多事竟什麼都不知道，實在是個糊塗蟲！

袁小姐說：在大陸，知識份子是沒有什麼地位的，甚至被「群眾」踩在地下；勞改並不輕鬆的。對於袁小姐的這種說法，一個親毛者竟說：他願意被「群眾」踩在地下滾，勞改是幸福的開始。對於一個已經有這樣「認識」和「覺悟」的人，我們還有什麼話可說呢？

那天晚上的演講會，預定從下午八點半開始，到十二點正結束，惟由於大家的要求，遂延長到十二點半。如果不是哥大的規定，那次會，一定開到天亮。由此可見其情況如何熱烈。又，這次會是紐約地區反共者與親共者聚首一堂，公開辯論的第一次。過去，雙方開會，是各開各的，從來沒有這樣集體的直接針鋒相對。

散會後，有幾個親毛同學來找胡先生約期再次公開辯論「共產主義是否為中國所必需」的問題，胡先生欣然同意。因為胡先生一向認為，真理愈辯愈明，他更願意跟立場不同的青年朋友談談中國的前途問題。

後來對於這個會的召開，雙方有過幾次接觸。對方堅持由紐約中國同學會主辦，某人任主席；我們主張由雙方自己主辦，某人來擔任主席，雙方相持不下，此其一。在這過程中，我們發現親毛同學的目的並不是真正要談問題，而是要圍攻胡先生，想給胡先生難看。他們的動機既不純，而在學術地位上又與胡先生太不相稱，因此我們另提條件。我們的另一條件是，要親毛陣營的大將何炳棣出來跟胡先生公開辯論。

在主席人選還沒有完全談妥，何炳棣是否出席辯論還沒有消息的階段，紐約中國同學會聯絡人已經通知胡先生原訂計劃取消。不料一小撮毛共嘍囉竟隨便發出通知單，並在哥大張貼毛共嘍囉們將於二月十九日下午一時半在哥大跟胡先生公開辯論的海報。

對於對方這種毫不講理的作法，我們當然不能接受，於是我們遂決定自己開會，並在哥大張貼反駁毛共嘍囉們的海報和我們開會的時間、地點。

這時，胡先生向紐約中文報界發表聲明說，他並未正式接受對方的要求，同時用錄音說明這次雙方進行磋商舉辦辯論會的詳細經過。這項錄音帶曾由同學攜去對方海報所訂的時間、地點去播放。

據攜錄音帶去播放的同學回來說，因我們沒有接受對方的擅自決定，辯論會無法舉行，他們遂不得不宣佈流會。因此當時在場者祇剩十幾個人。

在另一方面，我們臨時決定於同一天下午二時半，在中美聯誼會邀請胡先生演講「尼克森訪問中國大陸之原因及其後果之觀察。」與會者五十多人。胡先生的分析非常精闢，與普通人的見解不同凡響。它的整個內容已刊在這期『中華雜誌』，我希望國人，特別是政府官員，仔細閱讀此文。

一九七二年三月十一日於臺北

（原載一九七二年三月號臺北『中華雜誌』）

留學生對政府的期望

四月十日，櫻花正盛開時，為向美國國務院抗議美國政府擬將釣魚台列嶼擅自交給日本；向日本駐美大使館抗議日本政府意圖侵佔釣魚台；向中華民國駐美大使館抗議中華民國政府在釣魚台問題的處理上，迄未採取具體而有效的行動，全美兩千多名中國留學生會師美國首都華頓，舉行了一次規模宏大，史無前例的愛國大遊行。

集合地點設在林肯紀念堂北側廣場，時間為下午一時正。從紐約前往的大巴士六輛，都於集合時間前到達。當時，集合地點一帶，已經到處是中國青年。那天風很大，有些寒意。

美官僚大澆冷水

下午二時許，隊伍往最靠近林肯紀念堂的美國國務院出發；然後到中華民國大使館，最後去日本大使館，結束時間是下午六時正。

整體來說，這次遊行，在團結海外學子這一點是成功的。因為，參加人數這樣多，大家真是不遠千里而來。這是海外中國知識份子關心和過問國事的開始，是值得我們大書而特書的。但從效果上來說，這次遊行是失敗的。因為，美國國務院的中國科長對派去的三位代表當面說，美國政府決定於一九七二年將把釣魚台列嶼與琉球一併交給日本，這個洋官一點也不留情，在這樣冷的天氣裏，竟對遊行者澆了一盆冷水。中國駐美大使館說的，沒有超出『中央日報』所報導的範圍，日本大使館始終沒把我們的遊行當做一回事。

跟一月三十日在紐約的遊行示威一樣，在這次的遊行中，也有人想把這個運動帶到另外一個方向去。至少，有人想利用這個運動以達到其他的目的。而在國務院傍邊廣場說話的小姐，就是其中的一個。她公開反美說：「戰爭是美國獲得東南亞資源的最便宜的手段。」對於她的這種借題發揮，馬上有人轟她，更有很多人大喊「釣魚台！」由此可見，反對借題發揮的空氣，在整個隊伍中是很濃厚的。

有人說，釣魚台運動已經變了質。但我認為，最低限度到四月十日華府的大遊行為止，在基本上，這個運動還是愛國的。不過，參加者的立場相當複雜，所以這個運動確含有分裂的種子，因此其分裂或將是時間的問題。不過我以為還是不要分家為好，因為團結就是力量。

期望著政府行動

一個留學生愛國心切，對於政府的要求也就相當強烈。政府對青年人的這種愛國心，不但應該瞭解，並且應予鼓勵，而當以此一股力量為後盾，向美日政府作最強硬的交涉。據我所瞭解，大家要看的是政府的行動，不是要聽政府在說什麼；他們問的是政府究竟做了多少努力，而不是爭到了釣魚台沒有。最低限度在理論上是這樣。

一個同學說，萬一沒有爭到釣魚台，政府將不得了。我認為今日最重要的一點是，政府應該盡最大的努力去爭取，將來，且將交涉的經過，一律公佈，好對全國國民有所交代。政府如果能夠做到這種地步，就是沒有爭到釣魚台，我相信全體留美同學還是會諒解的。目前他們所最不能諒解的是，以為政府在騙他們。因此政府要拿出具體的證據，以消除他們這種莫須有的誤解，這是最基本的辦法。否則，其後果將不得了。

我國有充份證據

現在，我想來談談有關釣魚台的其他幾個問題。有人問：釣魚台既然是我們的，為什麼它在美軍佔領底下呢？據我的瞭解，釣魚台並不在美軍的佔領下，而在政府默許之下，美軍在使用它而已。美軍之使用釣魚台是為反毛共，這與我們的基本國策完全相符，且又不妨害我國漁民前往該列嶼的作業，因此政府一直未向也不必向美國提出主權的問題。但最近美國竟說將於一九七二年把釣魚台交給日本，這就是侵犯了我們的領土主權，所以在此時政府纔要向美國提出有關釣魚台的主權問題。

第二、我們認定釣魚台是中國領土的一部份，除了歷史上和地理上的證據外，我認為二十幾年來我國漁民繼續不斷地在那裏打魚，用那個列嶼避風和休息，是我們認定釣魚台是中國領土的最有力證據。是即釣魚台的存在與我國利益不可分，因此在國際法上，我們可以正當主張對於它的領土權。

第三、許多留美學生認為今日日本有軍國主義，但我並不作如是觀。我認為日本確有軍國主義的潛在性和可能性，但在今日日本，並沒有軍國主義的存在。在思想上和行動上，日本可能是世界上最自由的國家，故你隨時隨地可以找到日本軍國主義在復活的言論；但同樣地，你也隨時隨地可以找到許多相反的事實。在今日日本，執政的自由民主黨，在基本上還是反共的。

（原載一九七一年五月八日香港『新聞天地』）

冷靜處理釣魚台問題

一月三十日上午十二時許，一千名左右的中國留學生從紐約以及其鄰近的州，往紐約市東四十七街聯合國大廈面前的哈瑪紹廣場集合，為的是要向日本駐紐約總領事館抗議日本企圖強佔我國領土釣魚台。

這群愛國的中華兒女，有的開夜車自匹茲堡來（從匹茲堡到紐約坐巴士要十小時半），費城、波士頓、普林斯頓等地的旗子告訴我們這群青年學子愛國熱情如何地強烈。中國青年這樣多，這樣自動而熱心地參加遊行示威，這是我有生以來第一次看到。

當心運動變質

在日本總領事館前面示威以後，隊伍又向日本航空公司去遊行。在這兩個多小時的遊行示威中，學生們的秩序極其良好。整個地來說，其隊伍確具知識份子的風度。話雖如此，其中也有一些不純份子，而其代表者就是毛共的尾巴「義和拳」。他們乘此機會，從中混水摸魚一番。

青年學生愛國，當然非常可貴，這是國家的不二生機，不過此次的愛國運動，從問題的本質來看，將來或有演變成為反中華民國政府的可能。正因為有這種可能性，所以我願意提出我對於這個問題的看法，以提起正在參加此一運動的朋友們和有關當局的注意。

這次中國學生之所以發起保衛中國領土釣魚台運動，其間接動機是由於在釣魚台島一帶探測其底下可能有很豐富的油礦，要爭取該島的主權；其直接動機是在釣魚台島上的中國國旗被琉球警察取下，但對此事件政府不發一言，學生們認為這是政府「無能」。

其實，這兩個動機，嚴格地來說，都有問題。因為這兩個動機的成立，惟有以在法律上和事實上釣魚台島已經是中國的領土為前提。但是，到今日為止，我們還不能正面提出決定性的證據來證明釣魚台是中國領土的一部份。歷史上的記載固然可以說是一種證據，但不能做為主張主權的決定性證據。而在人們所提出的幾個證據之中，我認為所謂舊臺北州和沖繩縣有關釣魚台管轄問題爭訟的判決是到目前為止，我們所能說出的最有力證據。

可是對於這項證據，祇是在說，並沒有人能夠提出它的判決書。我曾托朋友翻閱一九四四年日本最高法院的判例集，但沒有找到這項判決。這種爭訟，可能是

行政訴訟，所以找日本行政法院的判例也許可以找到。（人們所云的爭訟假若是事實的話）

政府自有苦衷

其次，從日本方面的報刊所報導者來判斷，到今天為止，日本也沒有辦法正面提出決定性的證據來證明釣魚台島是她的領土。

而其最大的關鍵，實在於該島為無人島，沒有任何政府機關在那裏，無人證物證能證明它是誰屬。

可是，留美中國學生所用於證明釣魚台是中國領土的各種證據，實皆取自國內和香港報刊的記載，而政府當然是知道這些證據的。既然知道這些證據，我們的政府為什麼不據這些證據去力爭呢？其理由當是我們雖然有這樣的證據，但我們仍需要找更多和更有力的證據。

政府還沒有決定性的證據去爭取釣魚台的主權，而學生卻偏偏要政府去爭，我想這是問題的根本癥結所在。是即我認為學生之欲強政府去做在法理上尚做不到（至少到今日為止）的事，這個事實或將使此運動走上反政府之路。

至於中國國旗被拿下來一事，我們應該更詳細的報導。這面國旗是去年九月一日「中國時報」的記者等十二人去插的，琉球警察局發現這面中國國旗後馬上向其警察局長報告，局長不敢作主，請示美軍民政府當局，美軍民政府當局指示他們拿下來，並指示他們對中國國旗不能有所損害。而看『朝日新聞』的照片，那面中國國旗並沒有被撕破。

不可感情用事

對於釣魚台我們還沒有能夠把握確定的主權，而民間的人到該島去插國旗，政府是否知道，我不得而知，但如果以為插了國旗，該島就是我們的，那就未免太天真了。何況對學生祇說：「我們的國旗給人家撕下，你還能容忍嗎？」等話，當然會引起公憤。我起初聽到人家告訴我這樣說時，我以為我們在該島的國旗被撕下，所以我的情緒也非常地激動。

由於以上所述種種，中華民國政府決定與日本和韓國政府同意成立三國共同開發海底資源的協定乃是無辦法中的辦法，我們應當瞭解。

再次，我要大聲疾呼，當我們在跟人家討論問題的時候，千萬不要開口就罵人，說是什麼日本鬼子、強盜或海盜；我們應該努力去尋找其他更有力的證據，以事實來證明釣魚台是我們的領土。

而我之所以寫這些，其用意在於促請大家保持冷靜，冷靜地來思考、討論和解決這個問題，千萬不要感情用事，失去理智，從而種下動搖中日兩國間和平的禍根。

（原載一九七一年三月六日香港『新聞天地』）

留學生在紐約保釣示威

在紐約示威有在紐約示威的好處；在華府遊行有在華府遊行的理由。前者示威時打出青天白日滿地紅的國旗，因此那天下午，哥倫布公園成為中華民國國旗的世界。參加者大約七百多人。

留學生關心政治

自從釣魚台問題發生以後，留美學生對於政治問題開始關心，甚至直接參加行動。譬如去年四月十日，參與華府保釣遊行示威的中國青年男女竟達兩千多人，為中國學生在海外的政治運動史創下了最高的紀錄。有人說，這是中國知識份子的大覺醒，誠非虛言。一向不太關心政治的他（她）們，終於成千地從「象牙之塔」走出來，並開始大談政治和參加政治運動了。同時，關於釣魚台問題的期刊，以及釣魚台問題發生後問世的各種定期的和不定期的刊物，全美國，可能有四、五十種。

惟可惜保衛釣魚台運動最初大部份的宣傳部門則為親共份子所控制，因此遂給人家以釣魚台運動就是左派運動的印象；而更終於使本來是個愛國運動的釣魚台運動變了質——成為親共份子統戰的工具。這個過程說明了以下兩個事實：一、無組織的群眾絕對無法對抗有組織的親共份子；二、在任何種類的運動中，親共份子一定是先抓住其宣傳機構。

親共份子的操縱

正因為親共份子有組織地參加和操縱了保釣運動，控制了它的宣傳機構，並有計畫地利用同學們的愛國情緒以打擊中華民國政府，所以釣魚台運動，到後頭來，便不能像以前那樣，吸引同學，鼓勵風潮的政治題目。而這也是為什麼參加這次示威遊行的同學，其人數不比去年多，其情況遠不比去年熱烈的主要原因。

親共份子既利用釣魚台問題以打擊中華民國政府於先，毛共政權又混進聯合國於後，他們自不便再以釣魚台為題目來做他們統戰同學們的工具。因為許多人已被騙一次，自不會糊塗到情願被騙第二次。所以很多人認為，華府之遊行，不敢打出毛旗，但在實際上，擬由此而達到與打出毛旗效果和目的的華府遊行，是炒冷飯，是一種交代主義。經過這一番交代之後，我相信，他們將把釣魚台置諸腦後，而將大搞其所謂統一運動。

我們在紐約中華街就釣魚台問題示威遊行，有雙重意義：一、喚醒僑胞對於釣魚台問題的認識；二、加強僑胞對於政治的關心和興趣。過去，對於釣魚台問題關心，因此參加這一運動的，十之八、九是留學生，僑胞幾乎漠不關心，更沒有人參加。

發生了相當影響

而從這次集會示威的結果看來，僑胞對於政治運動確是認識不夠。許許多多的僑胞在公園外站著看，對於自己同胞保土愛國的集會，好像在看傍人熱鬧似地，無動於衷。不過，這次的示威，對於中華街的僑胞，也必定會予以相當程度的影響。因為在中華街，到處都是上面印有青天白日國旗的保釣標語；與青天白日國旗、隊伍齊頭併進。這種熱烈場面，怎麼可能不予僑胞以影響呢？

我們示威，主要的目的是讓美國人知道我們保土的決心。在這一點，紐約的示威遠比華府的遊行有效得多。當天，號稱將有一萬群眾在紐約中央公園從事反戰示威，所以我們擔心美國的電臺和報館記者統統往中央公園跑，但結果還好。下午六時，哥倫比亞電視公司曾經報導我們的示威；十一時，美國電視公司也報導了，而且時間相當長。

旅美僑胞和留學生的愛國熱情肯定是有的。這不祇就釣魚台問題而言。他們時時刻刻準備做政府後盾；但政府亦應事事為僑胞和同學們著想，而其最重要的一點就是要傾聽他們的心聲，接納他們的意見。從事國內的革新，從而建設真正富強康樂的自由中國。這是國內外同胞，尤其是海外同胞所願見到的。

民國六十一年五月十四日紐約

（原載一九七二年五月廿七日香港『新聞天地』

轉載一九七二年六月一日紐約『自由人』）

論『戰報』的觀點

這裏所謂的『戰報』，乃是指柏克萊保衛釣魚台行動委員會所印行一廿九示威專號而言。這份東西的觀點，有許多我們所不能同意的地方。現在我想把它分成以下幾點來分析和批評，以供各位同學參考。

首先，我要指出的是，他完全站在中共的立場來談釣魚台問題。換句話說，保衛釣魚台不過是他惡意中傷和咒罵中華民國政府的一種藉口而已。他的真正目標實在於借題發揮，搞其統戰。

柏克萊等大學的「保衛釣魚台聯合宣言」的最後一段說：「我們要呼籲和平反侵略的日本人民，共同起來打倒日本軍國主義。我們同時喚醒美國人民維護正義，反對美國政府慫恿助長日本軍國主義的復活，全世界愛好正義的人民聯合起來！」（第四十一頁）

郭某某在一二九示威大會中所講「五四」運動的意義，中間一段也有同樣的說法。他說：「我們聯合海內外全中國人民、聯合愛和平正義的日本人民、聯合反帝國主義侵略的美國人民、共同起來推翻一切軍國主義、帝國主義，還有任何假民

主假自由的政權。」（第五十八頁）

他開口閉口「人民」，其實他的所謂「人民」，就是共產黨統戰所慣用的術語。不消說，他的所謂「日本人民」、「美國人民」和「全世界……人民」就是日本共產黨、美國共產黨和全世界共產黨及其同路人的意思。

北加州保衛釣魚台聯盟的「致臺北領事館抗議書」說：「我們……聚集在這裏向你們提出強烈的抗議。我們抗議你們所代表的政府在釣魚台事件上所表現的軟弱糊塗昏庸無能的態度。」（第四十六頁）

第六十頁「打油詩一首」裏竟用共產黨專用的口吻稱中華民國政府為「蔣政權」。

我們認為，我們應該堅持作為中華民國國民的立場，因此我們堅決反對企圖利用保衛釣魚台領土主權的愛國運動來惡意攻擊中華民國政府的那一小撮人的舉動。

其次，我要提出的是，他對於我們留學生的漫罵。他把這次不跟他一鼻孔出氣的或因為種種理由而未克參加保衛釣魚台運動的留學生，當做漠不關心國是的自由主義者，而不遺餘力地予以抨擊。他將這些自由主義者分成八種。他辱罵這些自由主義者是「一具沒有原則的行屍。在美國兩萬多中國留學生當中，有太多的碩士行屍，博士行屍和教授行屍。」

他更結論說：「總而言之，統而言之，這批林林總總，種類不一的自由主義者都是一群烏龜，王八！」（第二十一頁）

這份東西的編者的意思是說，不跟他走的，就是「烏龜王八！」為他所討厭的，就是「特務」。（第十八頁）

再次，我要指出的是，上述郭某某對於來自中華民國的我們留學生，極盡侮辱的能事。他說：「在這次保衛釣魚台的行動過程中，我們看清楚了從臺灣來的中國人（請注意他不說中國人民而說中國人——作者）的真面目。一句話，就是政治冷感。更確切的說，就是患了政治陽萎症。你就是把他脫了褲子，再怎麼搓，都是不舉的，都是硬不起來的。」（第五十八頁）

各位同學，你說這是什麼話？須知，這種低級，漫罵，正是下流的中共嘍囉的真面目。他之所以這樣臭罵你一頓，就是因為你不肯做他的工具。而郭某某的這種論調充分表露了他流氓的根性。

再其次，我要指出的是，他抨擊紐約的遊行隊伍不夠戰鬥性，「沒有氣」。他說：「從頭到尾約二小時半內，整個行動的節奏是很緩慢的，換句話說，沒有氣。雖然烏壓壓的一片中國人，大多數人是以週末太陽出來走走，和老朋友碰碰面的心情參加這次事件，以節日的歡愉心情參加這實應悲壯激憤的遊行示威的。」（第廿八頁）他同時指責洛杉磯區的遊行更是不像話，而說：「在路上熱心地送茶送水送蘋果送橘子，這種做法如果不是別具用心企圖沖淡遊行的嚴肅，憤怒氣氛，就是根本糊塗，完全不知道這個運動中遊行示威的意義。」（第二十四頁）因此，他大聲疾呼「期望東海岸同學能有效的動用情緒，團結力量，認清事件的本質，使一千五百人能產生敏銳影響。」（第二十八頁）

「戰報」為什麼要譏罵我們美東和洛杉磯的同學呢？這就是因為我們的行動不合乎他的統戰要求。他要把這個運動政治化，他主張釣魚台問題的「政治性重於民族性」（第十五頁）。而對於這種中共統戰的陰謀是我們絕大多數同學所堅決反對的。

從以上所述，我們當可瞭解，在這次保衛釣魚台愛國運動中，有人虎視眈眈想乘機搞其統戰，因此我們必須提高警覺，嚴防這種人的破壞，以達到我們維護保國衛土的神聖目的。

（原載一九七二年四月一日紐約『學聯通訊』）

給旅加同胞的公開信

惟恐天下不亂的毛共，在加拿大建立了橋頭堡，從以往的歷史來判斷，這將是北美洋人受災蒙禍的開始。在這種意義上，杜魯道將是加拿大這個國家的罪人，更是北美洋人的公敵。

從毛共開始在加拿大設立「使領館」那一天起，在共產極權國家所絕不允許存在的言論自由，將是他們最大的武器。他們以此武器更將合法地離間加拿大政府和人民的關係，挑撥法裔加拿大人和英裔加拿大人的感情，從而把你這個自由而安定的國家，弄得天翻地覆，雞犬不寧。為什麼呢？因為糊塗的杜魯道引狼入加，當然加拿大的雞犬會不寧。而法國近來左派勢力的高漲，和左派學生的凶惡可為證明。

杜魯道引狼入室

今日，這條紅狼之將旅加，是已經確定了的。我們同胞，既然也同稱是旅加，也就是旅居人家的國度，對其主人的糊塗，無可奈何，祇有暫時忍耐，但我們自己，卻不能跟他糊塗，一定得認清它的真面目。

毛共的真面目是什麼呢？獨裁。這跟北美洲新大陸的自由傳統是水火不相容的。是即在毛共統治下的大陸，人人不但沒有說話的自由，而且連不說話的自由也沒有。沒有不說話的自由，就是沒有不言論的自由的意思。而這在今日大陸所表現出來的就是所謂「坦白」——自我咒咀。

一個可能被迫「自我坦白」的社會，必然是殘忍的。因此，殘忍也就成為毛共政權的第二本質，而毛澤東集團對其「同志」劉少奇、彭真等無情苛酷的清算鬥爭，充分暴露了共黨的猙獰面目。在這種社會裏，是非價值的標準祇有一個，就是獨夫毛澤東的意旨，所以人人惟有背誦和歌頌「毛語錄」，誰想不服膺「毛語錄」，誰就是大逆不道的「反動份子」，罪該萬死。

劉少奇以「國家主席」之尊，尚且免不了獨夫的迫害，而劉少奇之所以被迫害，乃因為他想有他自己的意志。「國家主席」劉少奇的遭遇，正是毛共政權統治下我七億同胞命運的一個強烈寫照。

我旅加同胞在此自由的天地，知道自由是什麼，更知道自由之可貴。因此也就能夠瞭解不許有自己意志的社會之如何難堪；不許你有自由的意志，就是不許你做人的意思。無怪乎今日大陸早已變成人間地獄了。人本為萬物之靈，但在我錦繡河山，卻祇有毛澤東一個獨夫纔是「萬物之靈」。這是為什麼我說毛澤東是獨夫的主要原因。

毛魔希魔二而一

獨夫政權的下場是什麼，我們可以從曾經執歐洲牛耳，叱吒風雲，不可一世的洋獨夫希特勒的下場得到明確的答案。它是反人性的產物，是違背人類良心的勾當，是為有心人所不齒的。我們既不齒於獨夫希特勒政權，自應唾棄其亞洲版的獨夫政權毛澤東江山。

我旅加同胞愛國一向不後人。國父說：「華僑是革命之母。」中華民國是華僑出錢出力，流血流汗所建立的，華僑既是國民革命之母，自當是中華民國之母。今天，華僑所全力創建的中華民國，正面臨著空前的危機，我們旅加僑胞能熟視無睹於我們所一手扶植的祖國的危機嗎？

祖國需要我們，我們更需要祖國。而我們的祖國是反共產極權和反毛澤東獨夫政權的中華民國，你看，遍佈世界的猶太人如何熱烈地在支持和擁護他們的祖國以色列。我們中華兒女，難道不如猶太人嗎？我深信，我旅加同胞必定一本初衷，愛護我們的祖國，而且也惟有自由祖國的存在，我們僑胞的心靈纔有所寄託，我們的子孫纔有前途可言。願與我旅加同胞共勉之。

（原載一九七一年三月卅日加拿大多倫多『醒華日報』
轉載一九七一年五月八日香港『新聞天地』）

反共抗日遊行記盛

為了向全世界宣明毛共政權絕不代表中國人民；更為了抗議日本田中角榮政府與毛共政權勾結，愛好自由的兩千中國人，於九月三十日下午二時正，齊集於紐約市聯合國哈瑪紹廣場，開始其意義深遠，影響極大的反共抗日大遊行。

美日人士參加遊行

這次大遊行，係由紐約中華公所所主辦，全美中國同學反共愛國聯盟、紐約臺灣同鄉福利會、全美中國同學會聯合會與之配合。美國朋友大約來了將近百人，也有些日本朋友。大會由紐約中華公所主席鍾僑征主持。當大會開始時，雨雖然下得相當大，但與會者都能無動於衷，堅持到底。

參加者的十之八、九，都穿著一面用紅的英文字寫著「毛共不代表中國人民」；一面用紅的中國字寫著「擁護中華民國」和「擁護蔣總統」等字樣的白背身。還有許許多多的青天白日滿地紅的大小國旗；「毛澤東、毛澤東，來給你送終！」，「活抓周恩來，槍斃毛澤東！」「討還血債！」等大橫字標語。這些顯示這次大遊行準備之充分。

在哈瑪紹廣場，開完了大會，並在該廣場遊行兩圈之後，整個隊伍便向日本駐紐約總領事館出發。在日本總領事館前面，隊伍大喊「反對日毛勾結！」「打倒日本帝國主義！」「打倒田中內閣！」「中華民國萬歲！」等口號以後，則分乘大巴士直往最後的也是最大的目的地毛共駐聯合國代表團進軍。

正義之師直搗毛窟

毛共代表團位於紐約市西六十六街，百老匯與第八大道之間。它是一棟六層樓房。警察當局，為了方便於控制，把我們的隊伍分成兩隊。一隊集於毛共代表團樓房後面亦即西六十七街；另一部份在毛共代表團大門口亦即西六十六街。

我們被分配在後頭的隊伍，覺得在毛房屁股示威沒有多大意義；而且人馬分散，不如全體集中來得有力，於是不管你警伯怎樣規定，我們便統統往西六十六街跑。

到下午四時十分許，所有隊伍，大約已經到齊。但這時，警察（大概有七、八十人）還沒有進入「情況」。突然有兩三個同胞往毛房大門口直衝，四、五個警察手忙腳亂地衝上來阻擋。由於這邊不示弱，雙方便發生衝突。這樣的衝突此起彼落，最少發生了十四次。在這衝突過程中，警察抓去了兩個我們這邊的人。

而事後看電視，更發覺警察之兇惡。他們四、五個人抓一個人，手打腳踢，簡直是流氓惡霸在揍人的樣子。美國警察素質之低是馳名的，他們固然是為了執行公務，但他們的這種作風，實在是民主國家美國的恥辱。這些警察頓時變成了毛王朝的走狗了。

警察阻擋不了蛋雨

面對這種情勢，我們便邊勸同胞們保持冷靜，邊採取比較穩和的示威方式。但想衝的人還是很多。於是警察便排成一列，緊密地一個靠一個，把我們擋住，使你無法衝過去。大概從這時候起，有人開始往毛樓特別是毛共的五星牌子投擲雞蛋。大家都投得不錯。不一會兒，五星牌子周圍盡是蛋白和蛋黃。在鳳山受訓時我是投擲手榴彈的選手，看人家在投擲雞蛋，當然「不甘寂寞」，遂跑到後頭去找雞蛋投。我投的雞蛋，竟高達四樓，大家拍手叫好。

其中有一個人不知怎麼搞的，投的雞蛋正好擊中了站崗警察的鼻子，這個仁兄遂往示威群眾衝，因而又激起了一場不大不小的「戰爭」。另有一個人，竟把自己的鞋子一脫，一隻一隻地往毛樓投。還有人投了自己的雨傘。更有一個人，似乎投擲了玻璃瓶。他一投，毛樓的玻璃窗響了一大聲，同時出現了一個洞。歡聲衝天。

一起焚燒毛芻像

到了四時五十分左右，警察要我們離開，說是結束示威的時間已經到了。由於人數眾多，隊伍移動地很慢。這時，我從隊伍的中間跑到最後頭，因為我知道，有人準備燒毛澤東的芻像。而我趕到時，他們剛剛把兩張毛酋的像拿出來，隨則有人點起火把它一燒。紙像帶火往上空一拋，毛像燒成兩斷，歡聲又起。這是此次遊行正式的最後一幕。

五點半左右，隊伍已經走得差不多的時候，我們還在百老匯、西六十六街口聽袁懋如唱毛共攻擊「美帝國主義」的歌。袁小姐唱了兩曲，兩曲都很長。當時也有許多老美在場欣賞。袁小姐不但講得好寫得好，更唱得好呢！

散會後，我們有了一個小小的集會。這時我發現一位同學打著赤腳走回來。因此起初我以為他就是把自己鞋子脫下來往毛樓投擲的那個人，結果卻不是。據他說，警察揍他，他忍不住遂還警察一個耳光，四五個警察便追他，他拼命跑，跑得鞋子都丟掉了。

美國電視紛紛報導

下午六點，哥倫比亞電視公司，七點，美國電視公司，十點，國家電視公司都有我們遊行的報導；十一點，前兩個電視公司又報導了一次。尤其是美國電視公司報導得最詳細。而據說，其他的電視公司也有報導。

此外，今天的『紐約時報』和『每日新聞』，也皆有相當詳盡的報導。所以這次遊行，在國際宣傳上可以說是非常成功。而這些，都是參加示威遊行的朋友們所願意見到的。願我愛國同胞永遠緊密地團結在一起，共同為自由祖國的前途而奮鬥。

（原載一九七二年十月八日臺北『中央日報』）

為『聯合季刊』作更正

十二月十日『中央日報』航空版所刊,「勝負決於思想,統一必須滅共」之吳俊才先生文中,「最近在紐約有極少數的華僑,在匪統戰運用之下,成立了一個所謂『促進國家統一協會』,有一份『聯合季刊』,並發表宣言,鼓吹『和平統與『國共和談』」這段話,很容易引起不知詳情者的誤解;而十二月十二日『中央日報』航空版所轉載,「斥『和平統一』與『國共和談』」一文裏,「最近在紐約有少數華僑,為毛共統戰陰謀所利用,成立所謂『促進國家統一協會』,發行『聯合季刊』,……」的一段話就是對它誤解的產物。因為第一,『聯合季刊』不是所謂「促進國家統一協會」所發行的刊物;第二,到目前為止,『聯合季刊』並沒有發表有關所謂「國共和談」的任何宣言。因上述兩段話與事實不符,特修函奉告,以資更正。

六一、十二、十六紐約(編者按:吳俊才先生文中『聯合季刊』係『橋刊』之誤十四日曾加更正。陳先生來函說明較詳,特仍予刊出。)

(原載一九七二年十二月廿七日『中央日報』)

槍殺罪案在美國

今年五月十五日，在馬里蘭州參加民主黨總統提名競選的阿拉巴馬州州長華萊斯，正在跟群眾握手的時候，被一個年僅二十一的青年，一槍打中而倒在地上；前幾天，在新澤西州的某街道十字路口，六個人，無緣無故地被鎗擊，其中三個人當場死亡，另外三個人負重傷。

槍械殺人美國居首

根據統計，世界上殺人案件最多的國家是錫蘭；其次是科威特；美國排名第三。但是，如果以用鎗械殺人的件數來計算的話，美國實居世界第一位。

從一九〇〇年算起，到目前為止，在美國有八十萬以上的人被鎗殺死亡，其中包括兩位總統（麥金萊和甘迺迪）、一位總統提名候選人（羅勃・甘迺迪）和一位聯邦參議員（朗格）。

是即在這七十年當中，在美國國內，因鎗械而死傷的人數，遠超過從美國獨立戰爭以至目前的越南戰爭的一切國內外軍事上的傷亡人數。由此可見，鎗械問題在美國的嚴重性。

根據美國官方的估計，在今日美國民間，大約有五千萬枝到兩萬萬枝的鎗械；又據調查，有四千萬人持有鎗支。不特此也，有的人，更有私人的子彈倉庫呢！

由於現有的聯邦鎗支管理法未能徹底地實施；更由於有許多州幾乎不管制鎗械，因此未成年者、酒鬼、慣犯、神經病者等等，不該有鎗的也都可以買到鎗，所以才會發生這樣嚴重的問題。

譬如一九六三年十一月二十二日，在達拉斯鎗殺甘迺迪總統的來福鎗，是奧茲瓦特用希特爾（Hidell）這個假名和信箱號碼，祇化美金二十一元四角五分錢，以郵購的方法，向芝加哥的克萊茵運動用品店（Kleins Sporting Goods Co.）買的。這支鎗，從現在來看，實在大大地改變了美國甚至世界的歷史。

槍彈散落是其主因

單是一九六八年，在美國，就有八千九百人被鎗擊死，有一萬兩千人用鎗自殺，曾經發生過六萬五千件的用鎗脅迫案件，和九萬九千件的持鎗劫盜案件。而且，持鎗犯罪的比率，有日益增加的趨勢。

一個心存不良的人，有了鎗，便會勇氣百倍，而舉凡持鎗為非者，其所能加於對方的殺傷，必遠比用刀作歹者為大。譬如從一九六〇年到一九六八年，在美國，治安機關人員在執行任務時，被殺害者有四百七十五個人。其中，被鎗殺死者竟佔九六%；而祇有四個人被刀刺死。此其一。

第二，在美國，根據調查，鎗械較多和管制較緩的地區，其持鎗犯罪率和一般犯罪率都遠比其他的地區高。譬如在美東，祇有三四%的家庭有鎗；在美西為五三%；中西部五五%；美南則佔六四%。又美東的紐約州、麻塞諸塞州和羅德島州有較嚴的鎗械管制；美南的亞利桑那州、德克薩斯州和密西西比州則反是。結果這兩個地區的鎗殺和普通殺人的件數則形成如下的對比：

州名	用鎗殺人的百分比	殺人總件數（每十萬人）
羅德島州	二四	一・四
紐約州	三一・八	四・八
麻塞諸塞州	三五・五	二・四
亞利桑那州	六六・四	六・一
德克薩斯州	六八・七	九・一
密西西比州	七〇・九	九・七

管制規定迄未訂立

從以上所述兩大理由，美國實應該即刻徹底地實施全面性的鎗械管制。而且，於一九六八年四月間，哈理斯民意調查結果也顯示絕對多數（七一%）的美國人同意管制。可是至今美國未能這樣做，其理由安在？

美國在其建國過程中，由於國境遼闊，未開拓的處女地很廣，加以在當時政府尚不能充分有效地維護秩序，所以一般人要跟大自然的野獸搏鬥之同時，也非得跟壞人拼生死不可，因此非有鎗械實很難生存。

但在今日，這些條件在美國已經都不存在了，所以非有鎗不可的理由，早已成為過去。美國至今未能有效地管制鎗械，主要的原因似在於美國來福鎗協會遊說團向美國國會施加壓力的結果。

縱觀世界的文明國家，如英國、法國、西德、比利時和義大利等等，對於鎗械，都有非常嚴格的管制。譬如在英國，普通老百姓要買鎗，一定得經過警察當局的許可。並且，在英國，鎗是不能拿去當鋪當的。因此，英國的鎗殺犯罪案件則遠比美國低得多（一九六六年，在英國，祇發生過二十七件鎗殺案件，但在美國德克薩斯州休斯頓市，則竟發生了一百五十件）在這種意義上，美國是世界上最野蠻的國家。

鎗支管制勢在必行

美國自己每年造鎗大約兩百萬支，另外每年還從外國輸入數百萬支各種鎗械（一九六七年則輸入了四百五十八萬五千支）。所以看樣子，在未來相當長的時期，美國人（包括住在美國和來美國觀光旅行的外國人），似仍非付出高代價以償還鎗債不可。

不過，在未被鎗擊前，反對管制鎗械的華萊斯，現在卻在大聲疾呼地贊成了。因此，時間或將促使美國人迫使美國國會通過有效全面管制鎗械的法律。

一九七二年六月廿日於紐約

（原載一九七二年六月廿九日高雄『臺灣時報』）

紐約臺灣同鄉福利會對政府四項建議

最近一次紐約臺灣同鄉福利會理事會，通過了以下四項我對政府和中國國民黨的建議。第一、我們擁護行政院副院長蔣經國出任行政院院長；第二、我們建議將來行政院改組時，能增加臺灣省籍的部長名額；第三、我們建議新的行政院能積極改善農民、礦工、漁民和鹽民的生活；第四、我們建議中國國民黨改組其中央組織時，能有臺灣省籍黨員的主管。

對政府的四項建議

我們之所以擁護蔣經國出任行政院院長，主要的是由於我們認為一向領導青年的蔣經國先生如出長行政院，則將大量地起用有為的青年，並大刀闊斧地從事政治的革新，從而加速祖國的現代化。祖國政治能革新，社會能加速現代化，這是國民的幸福，尤其是臺灣同胞的幸福。

我們之所以建議政府能增加臺灣省籍的部長名額，主要的是由於我們認為在目前臺灣省籍的部長名額仍嫌太少。而為了加強臺籍同胞對於政府的信賴，以及加重他們參與中央政事的責任，政府實確有馬上增加臺灣省籍之部長名額的必要。而且，我們認為，更應有幾位臺灣省籍的政務次長。政府如能這樣做，我們深信這對於加強臺籍同胞的團結和合作必大有幫助。

我們之所以建議政府積極改善農民、礦工、漁民和鹽民的生活，主要的是由於我們認為這些人的生活特別是後三類同胞的生活實在太苦。我們的國家雖然正在往工業化的大道邁進，但這些同胞的人口比率還是最大，他們的生活水準跟工商業界和公教人員的生活水準還有相當距離，因此我們建議政府積極這樣去做。

我們之所以建議國民黨改組時能有臺灣省籍的中央主管，主要的是由於我們知道到目前為止，國民黨中央各組還沒有一個臺灣省籍的主管。政黨是國民與政府間的橋樑。國民黨中央如能起用臺灣省籍黨員做主管，我們相信臺籍同胞對於國民黨的觀感定會有極大的良好轉變。我們甚至敢說，這是國民黨在復興基地臺灣省擴大和鞏固民眾基礎的最有效方法。

而站在為臺籍同胞謀福利的紐約臺灣同鄉福利會理事會的立場，對於以上四點建議，我們很誠懇地希望政府和執政的國民黨能夠予以最優先的考慮。

革新講的多做的少

今年三月間，我曾回國一趟，在臺北停留近三星期。在臺北我所感覺的，對於國際情勢，海外同胞是神經過敏，國內同胞是麻木不仁。海外同胞與國內同胞對於國際情勢的反應有這樣大的差距，是因為所處環境不同，所接觸的 information 有異。

國內正在大喊革新，但我所覺察的，還是講得多、做得少。我覺得國內的整個氣氛不在革新中，而其最大的證據是當時臺北市各工商行號門口懸掛紅布條寫著「不炫已長，不說人短」等口號和標語。由這點看來，國內所行的，在基本上還是口號政治。這種要每家商店懸掛紅布字條是不折不扣的形式主義。我聽到幾家店舖的老板說：這是找麻煩，祇幫忙賣布者賺錢。

中國固有文化道德的發揚，不在喊口號，而應該從教育著手。去年暑假我回國省親時，在某一座談會席上，一個年輕的留美學生問我「你姓什麼？」有一天因事到中央黨部，大門口的年輕警衛問我「你是不是姓陳？」這顯示我們公民教育的失敗。

在臺北，打電話找人，常常碰到這種答覆：「他不在」同時把電話掛斷。其速度之快使你毫無說第二句話的餘地，更不可能留話。而在這裏的中國人大致上也是如此。打電話來，他不先說明他是誰，就開始講這個那個。因此我要請我們的教育當局加強這方面的教育，這是今天社會最起碼的常識。

多為老百姓著想

其次，我要呼籲臺灣的報刊少登某某人以最優異的成績拿到美國大學的博士，在美國有好大成就的這種消息，而應該多報導國內青年學人如何研究、奮鬥和創業。而在報導國內進步情況的同時，也當報導國內某方面的落後、因難和問題，以引起一般社會和政府對其關心和注意。報刊是社會的公器，應以社會大眾為重。我更希望政府今後少搞些政績展覽，如果要做，應該變更方式。

國內是在從事革新。我知道國民黨正在積極準備五月二十日蔣總統就職第五任後的大步邁進。惟在這過程中，我們必須牢牢地記住：唯有自己老百姓的支持纔是可靠的和實在的，其他任何盟邦的諾言，都不是鐵壁銅牆。愛護老百姓，事事為國家的主人翁老百姓著想，老百姓自然會擁護政府，這時，在聯合國我們雖然沒有席位，但在國際上自然而然地會有我們的地位。

一九七二年五月十日於紐約

（原載一九七二年五月廿七日香港『新聞天地』

轉載一九七二年七月一日紐約『中華青年』）

臺灣人看臺灣

臺灣省籍人對於臺灣省，可以有各種各樣的看法，因人而異；現在，我想以一個攻讀政治學和旅居美國的臺灣青年的身份來談這個問題。惟由於我這種身份和立場，我所寫的也就將著重於旅居海外臺灣青年的事，以及我對於臺灣省內政治革新的若干希望和建議。

今日在美國、日本和歐州的臺灣青年，對於祖國的政府，意見最多的當首推政治。而他們之所以對祖國政治有最多意見，我認為主要的乃由於臺灣政治局面的特殊性所導致。

臺灣政治局面的特殊性，據我個人的見解，完全因為中央政制在運用上受到很大的限制而來。

第一、在法統上，中央級的民意代表無法改選。結果造成兩種現象：一、中央級民意代表之終身職化。這自然使他們的平均年齡偏高，中央級民意代表機關隨之缺乏朝氣，難有較富機動性的表現；二、阻塞青年參加政治的機會。

年輕人之鮮有機會直接參與中央政事，一來是國家的損失，二來是青年人的不幸，而其最壞的後果是社會停滯，缺乏創造。蔣總統說：「時代考驗青年，青年創造時代。」我以為給青年人以參與中央政事的機會，是考驗青年和青年去創造時代的最有效辦法。

在美國和日本的所謂「臺獨」份子，老實說，大部分就是因為不滿這種政治局面而產生的。他們一開口便以中央級民意代表的臺灣省籍人數與外省籍人數，以及臺灣省籍人口與外省籍人口的不成比例來攻擊政治的不公平。惟因如前所述法統的限制，我並不主張在臺灣馬上改選全國的中央級民意代表，但我們必須知道臺籍青年對這種局面並不以為然這個事實。

面對這個事實，我要大聲疾呼，政府應該而且必須趕快名符其實地建立和實施公教人員的退休制度；同時，我更要大聲疾呼政府能夠大量地起用臺籍的有為青年，使他們有創造時代的機會。而政府在中央政治方面若能大量地起用臺籍青年，我堅信這種措施必能彌補在法統上無法改選中央級民意代表的缺點而有餘。

第二、我要說的是，對於青年人之批評政府，發發牢騷，政府當局應該冷靜研究和分析它的原因，而少用遏制手段為上策。特別是對於有思想的青年，政府得格外慎重，光是遏制是沒有用的，我一向認為，人可以抓，但思想卻絕不能抓。何況有思想的青年是不怕抓的。歷史告訴我們：抓解決不了問題，抓如果能解決問題，歷史上決不會有中華民國的誕生，滿清王朝不是曾經拼命的抓和殺過我們的先烈嗎？

而據我所瞭解，他們今日所以走上這條險路，除二二八的私怨外，大多是基於對政府的一種誤解，以為是少數的外省人在統治多數的臺灣人。因此，政府是否能夠消除這些人的誤解，甚至助長這些人的誤解，其關鍵完全在於政府開明的程度。換句話說，政府的作法愈開明，則必愈會得民心。而政府的作法是否夠開明，其具體證據則將繫於究竟能夠起用多少個有為的臺籍青年於中央政府。這等於說：「臺獨」的勢力，與政府開明的程度是成正比例的。政府愈開明，必然愈得民心，政府愈得民心，「臺獨」愈日暮途窮。

「青年是國家的主人翁，是社會的棟樑。」在反共復國的大業咸待青年人來完成的今日，我們應該特別珍惜青年，愛護青年，培養青年，使他們有充分的能力和自信肩起明日中國的命運。青年是國家一切的根本，也是國家根本的希望。國家的興衰惟青年是賴。

第三、我想來談談臺灣的經濟問題。近幾年來，臺灣的工業雖然有顯著的進步，但整個地來說，在今日，臺灣還是以農業為主的經濟。而在工業化過程中，農業的生產性通常遠趕不上工業的生產性，因而會造成城市的繁榮和農村的蕭條。因此，政府必須時時刻刻注意農民的生活，否則，臺灣農村的沒落，將會導致臺灣整個社會的崩潰。無需說，人民對政府的支持，與人民的生活有絕不可分割的關係。政府雖已著手改善農民的生活，報紙且說已在收效，但我認為這種說法宣傳的成分重於事實的成分，因為農村經濟的好轉，斷非短期內所能收效的。

另外，臺灣的貿易結構，對於美國和日本的依賴性太高，我們應該設法修正這種傾向。

（原載一九七一年五月一日香港『新聞天地』；轉載一九七一年六月三十日紐約『中華青年』）

海外僑胞為新閣喝采

五月二十九日，行政院改組完成的消息傳到紐約，大家對於新的行政院各部會首長，以及省府主席和臺北市長的人選，都異口同聲地叫好。今天，接到五月三十日臺北『中央日報』航空版，更看到改組後的整個名單，實在令人興奮。

對於國民黨中央和行政院改組後的結果，人們所以叫好和興奮，其原因在於它起用了很多位新人，特別是臺省籍同胞。這個事實充分說明了：對於中央人事確實適應了思變的人心。這是政府播遷臺灣以來，一次最大的人事更動。

在這次人事更動中，其最大的特色，我認為，在於行政院副院長和省府主席起用了臺省籍人士這件事。這是勝利以後，臺灣回到祖國懷抱以來，政府對於臺灣所採取措施中，最重要的一項。而且，新的行政院，更增加了臺省籍部長和政務委員各一名。這顯示政府對於臺灣同胞的愛護與重視。

台獨已受致命打擊

政府對於臺省籍同胞這樣愛護和重視具體地表現於這次的中央政府改組，因此使此地一位接近「臺獨」的朋友說：現在「臺獨」已無用武之地，它祇有日暮途窮而後已。當然，政府之所以這樣大量起用臺省籍同胞，不是為了應付「臺獨」，但它間接地打擊了「臺獨」是不待煩言的。

尤其是政府破格任用張豐緒為臺北市長，是值得注目的事。雖然有人說他年輕一點，但這正是時代考驗臺灣青年的機會。萬望張豐緒好自為之，為我們這一代青年樹立好榜樣，做給大家看。

決心改革農村經濟

這次政府特別起用對臺灣經濟有特別研究而不為人們所知聞的李登輝為政務委員，表明政府對於改革農村經濟的決心，這是對的。今後，臺灣最重要的課題在於經濟，而改善農業經濟是其中最重要的一環。我認為，李登輝是因為這個理由而「躍登龍門」的。

副院長徐慶鐘、省主席謝東閔、內政部長林金生和交通部長高玉樹是臺灣政壇的老將，他們的學識和經驗，是沒話說的；其餘的各部會首長，以及總統府秘書長，也都是今日自由中國的精華。這個陣容，可謂已臻於近乎理想境界的地步。

至於國民黨中央的改組，值得一說的是，邱創煥之出長社會工作會，以及王唯農之負責青年工作會。臺省籍黨員之正式出任中央業務單位主管，這是第一次。在這種意義上，邱創煥的工作是名符其實地任重而道遠。而以他過去的經驗和實績，我深信，邱創煥是經得起考驗的。

熱烈擁護極大期望

在黨工陣營中，王唯農是新面孔。他為何被徵召，我想不出夠充分的理由。可能是因為他年輕，也可能因為他在學術上有非凡的成就。但不管怎樣，以一個年輕而有學問的人，來主持青年工作是很適當的。惟在這裏，我想建議王唯農，對於青運工作和研究物理，他應有一個選擇，否則他將陷於自我煩惱之中，因為這兩項工作，在其性質上，是很難兩面兼顧週全的。現在，政府和國民黨的主要兵馬已經到齊了。這個陣營，確充滿了新氣象。下來要看的，就是他們的行動了。在蔣經國院長領導之下，我相信它定能發生「政府有能」的作用。而政府是否有能，國民的責任特別重大。政治是眾人之事，我們國民要監督政府，但同時亦應該勉勵政府，與政府合作，否則政府是孤掌難鳴，更無所謂建樹可言的。

最近國內的新政情，已引起此間僑胞和留學生對於政府的大喝彩，大家對它熱烈擁護，也寄予很大期望。

（原載一九七二年六月十七日香港『新聞天地』；
轉載一九七二年七月一日紐約『中華青年』）

留學生的去留問題

一個先進的國家，其留學生在其社會上所佔的地位是微不足道的。這種國家的政府，幾乎不關心留學生的來去。你要去就去，要回來就回來；在本質上，留學是個人的事。

但是，在後進國家，因其想「迎頭趕上」，需要建設國家的人才，所以情形也就兩樣。她對於留學回國的一群，想借重其所學的新知識，因此留學生受到各界的重視。換句話說，留學生之所以受各方重視，並非因為他們是留洋，而是因為他們具有建設國家、造福人群的本事（知識——知識就是力量），留學生之可貴在此。

而在今日中國，留學生之所以成為問題，據我個人的見解，主要的還是臺灣事少人多；祖國可愛，但自己更可愛的心理作用。事實上，在臺灣找事情比較不易；而在美國，祇要你肯幹，決不愁沒有生活。並且美國的待遇比臺灣高幾倍，因此，要這些人回去服務，就是要他們犧牲高額報酬的意思。

犧牲，人人固能談，但決非人人所能為，這與人生觀具有不可分割的關係。一個人對於生活意義的評估，乃是他能否犧牲，以及能犧牲多少的尺度。留日的同學，不要說前途，許多人在天天擔心著居留問題；留美者，他們何嘗不明白被一部份美國人瞧不起，他們當然知道自己的處境和苦悶，而在苦悶中且仍想居留下來，自有他們的苦衷在。

在目前，中國留學生之大多暫時不想回國是無法爭辯的事實，我覺得這是個人對於生活的意義的看法問題，而且是屬於個人自由的範疇，政府既無法強制其回國，社會也不應該對於他們的這種行止有所責難。頂多祇能批評甚至罵他兩句，說不愛國或飲水不思源，但這又有甚麼用？你批評他，不回來的還是不回來，有的，不但不回來，反而會引起這些留美者流的反感。

我以為，留美者之申請居留權，甚至加入美國國籍都有其道理。尤其是對於後者，我們不但不應該加以反對，而且在某種意義上，似應加以鼓勵。理由是，欲加入美國籍的中國人，他的想做中國人的心，有的可能已死，而一個想做中國人的心已死的人，縱令能夠強迫其仍然做中國人，但你能相信這種中國人對於中國會有貢獻嗎？何況一個人的自由意志是決非外力所能移易的，此其一。

歸化美國的中國人，假若他（她）們的心大多未死，這對於明日中國定有極大的幫助。猶太人在今日美國社會所佔的地位，促使美國政府不敢不支持他們的祖國以色列到底；英國人在美國政治上的絕對優越力量，迫使美國不得不挺身而出參加第一次世界大戰，將大英帝國從危亡中拖救出來可為明證。血濃於水，我深信歸化美國的中國人及其子弟，其心絕不會死；而這些人如果能在美國政治上和社會上形成一股巨大的力量，那麼這股力量對於明日中國的貢獻，決非目前區區之美援可比，此其二。

至於拿居留權，這也不可厚非。因為在美國，平時留學生是不能作工的。而為求生存和繼續學業，絕大多數的人又不能不工作，因此准許工作的居留權，在實際上就是工作「執照」的代名詞，所以舉凡沒有這張「執照」的人，不管是誰，非自己謀生不可者，祇有偷偷摸摸地去做。況且，有居留權，不但可以公開工作，而且容易找到工作。老實說，居留權是外國人在美國最可靠的一個飯碗呢！你要我們在美國的同胞不要這個飯碗嗎？這是不可能的，也是不近乎人情的。許多人肯化錢找律師申請居留權，其理由在於此。這是中國留美學生的命運。

其次，對於不少留學生暫時不想回國這件事，我覺得不一定是可悲的現象，更不是嚴重的問題。為什麼呢？第一、不要說全部，就是四分之一的留學生回去，政府也必感到無法予以安排工作；第二、政府縱令能替他們一一安排工作，我相信大多數的人，不一定會滿意於他們的工作和待遇，此時，這些高等知識份子可能成為政府最頭痛的對象；第三、他們之少回國，間接地可以增加國內青年學子的就業機會；第四、留學者，未必個個都比國內青年優秀。因此，我認為，對這個問題大家似不必太神經過敏；而留學生本身，最好能回去為祖國出點力，但在回國之前，自己應反問一下：自己究竟能為祖國做些甚麼事？

在今天，留學生回國問題，似因為有政治意味，所以才顯得有些嚴重，而教育部的留學政策，嚴格說起來並沒有很大的成效。我個人倒認為，教育部舉行留學考試時，應該大大地提高留學國語文錄取標準，而一旦夠條件，政府應該大量地讓他們出去；但出去者在國外發生困難時，千萬不要窮叫政府不管你們的生活，這是你個人的責任。

有人說，中國人在美國給人家瞧不起，但這話未必正確，有本事者，不管到何處，都會受到尊重；不行者，就是得到洋博士回去，還是一樣會給人家看不起。換句話說，給人家瞧得起、瞧不起跟回國與否沒有直接的關係，最重要的還是看你自己行不行。

（原載一九七〇年一月廿四日香港『新聞天地』；
轉載一九七一年九月卅日紐約『中華青年』）

留美與留日

一年一度的留學考試，七月十九日放榜了；在臺灣金山舉行的留學生講習會，也開始了。我利用暑假，由紐約回國省親，在教育部國際文教處的安排下，有機會參加即將出國深造的準留學生座談會，與一群將身處異邦的朋友們，談論、提供一些紐約方面的情況。

我在紐約住了五年半，在東京也呆過九年，在這兒我願意向將留美和留日的同學們，提出幾個事實和問題，供為參考。

最近一年，美國的經濟很不景氣，在臺灣被認為「物稀價昂」的博士，在美國要找一份適當的工作，都很不容易。我認識幾位剛拿到博士學位的朋友，他們至今都還沒有找到工作。其中一位朋友毫不躊躇地說，他準備去端盤子，反正過去已經端了很多年了。

由於經濟不景氣，幾年來相當容易申請的永久居留權，今年二月起，美國政府也凍結了。美國政府的這項措施，更增加了我國許多留美學子的難題。目前，在美國謀職，美國公民是第一優先，很多過去祇要有居留權就可以獲得的工作，現在一律要求必須具有公民權。

在美國，申請公民權，得有五年以上的居留權，纔有資格。有一位博士向美國某公司求職，公司要求公民權。這位博士馬上到移民局去，表示願意申請加入美國籍。移民官問這位東方博士：「你拿到居留權好久了？」，「四年半。」，移民官說：「對不起，請你半年以後再來。」

回到臺北沒有幾天，一位實業家的朋友對我說：「我在紐約，看到那麼多的留學生穿著紅上衣在那裡端盤子，心裏真難過。」

的確，每位留學生，幾乎都有一段奮鬥史，如果能把這成千成萬留學生的堅苦奮鬥，毫無保留地寫出來，我深信它將是一部中華民族的偉大記錄，也是世界上最感動人的故事。在這些景象當中，最使我感慨不已的，是當我訪問一位同學時，發現他書桌上除了擺著一個吃完麵條的大碗和悄然擱著一雙筷子而外，別的什麼也沒有。

今天的美國，早已不是世外桃源，但是去的人還是絡繹不絕。據說，今年國內前往美國留學的，將有二千人以上。面對這個現實，我祇有預祝諸位旅途愉快，學業進步，身體健康。諸位在國外呆久了，會一天比一天更覺得祖國的可愛。那時希望諸位毅然回來為祖國效勞。

到美國去，途必經日本。在東京停留時，如果時間許可，我勸諸位坐計程車到銀座（Ginza）去逛一逛，買照相機、收音機、錄音機、計算尺等等，都相當便宜。如果時間不允許，在機場也可以買到這些東西。另外，每人可買五瓶免稅的洋酒，這是贈送同學同鄉洋教授的好禮品。

到了美國，在選擇學校時，據我個人的經驗，起初不必選擇有名的大學，因為有名的大學，多是人才濟濟，國內去的學生在語文上，很不容易跟當地學生競爭，結果是成績不好，甚至不得不退學、轉校。在一所大學，書沒念好，錢又用光了，這是多麼冤枉、多麼可惜的一件事。我說這些話，主要是為了學文法的同學，至於學理工的同學，這些話是否有用那就不敢保險了。

要到紐約的同學，請注意小偷和強盜。這幾年，在紐約幹這行的人愈來愈多，也愈來愈兇。你（妳）們租房子的時候，請特別留意周圍的環境，便宜的房子往往得不償失。什麼地方比較安全，請諸位多跟老留學生商量。女同學在紐約得格外小心。晚上不要太晚單獨回家，不必要去的地方盡量少去，有任何困難，請隨時跟領事館、同學會或紐約臺灣同鄉福利會連絡。美國雖然是女性的「天堂」，但這句話並不一定完全適用於東方的女性。

最後，我建議在日本深造的同學，如果在日本還能維持得下去，最好暫時不要轉到美國來，除非你是為了觀光或訪問。我知道過去有許多人從日本轉到美國，美國呆不下去，又回日本去。這是划不來的。

有人說，留學就是就業。這種說法，在大體上是沒錯的。但這種就業，無論如何，究竟不是正常的現象。這些學子出國「就業」，充其量，是到國外去謀生。如一國的知識份子，非集體出國謀生不可，我想這是知識份子的悲哀，更是國家的悲劇。

留學是深造，這是留學的傳統意義。留學生出國深造，是為了學習人家的所長，貢獻所學於國家社會。在這種意義上，祖國理當亟需這批有為的幹才，為祖國建設一切。可是祖國卻尚未充份動員這股無比的生力軍。這是青年學子的不幸乎？國家的不幸乎？願政府當局三思檢討之。

（原載一九七一年八月號臺北『自由談』）

美國亞洲學會年會記盛

從三月二十二日到二十四日，美國亞洲學會（Association for Asian Studies）曾在費城佛蘭克林大飯店舉行過為期三天的第二十屆年會。根據二十三日下午的統計，已有一千六百三十二人辦完了報到的手續。

美國亞洲學會是，由全美各大學以及研究機構，專門研究亞洲問題的學人所組織的一個團體，擁有三千多名會員，現任會長是耶魯大學的何爾博士（Dr. John W. Hall）。

參加今年年會的中國學人很多，佔來自遠東地區學人的絕大多數，其中我所知道或見過的有：賓夕法尼亞大學的顧毓琇博士；耶魯大學的李田意博士；哈佛大學的卞趙玉蘭博士、梅祖麟博士；西東大學的祖炳民博士、魏艾玲教授；哥倫比亞大學的夏志清博士、唐德剛博士、研究員李雲漢教授；普林斯頓大學的高友恭博士；聖若望大學的薛光前博士；勃朗大學的陳慶博士；加州大學的陳世相博士；印第安那大學的鄧玉汝博士；喬治華盛頓大學的時晴雯博士；匹茲堡大學的郭成棠博士、王伊同博士、楊富森博士；恰紗大學的陳榮捷博士；愛奧瓦大學的梅貽宅博士；馬里蘭大學的薛君度博士；夏威夷大學的楊覺勇博士；康涅狄克學院的朱繼榮教授；我駐美大使館文化參事張乃維博士和紐約中國文化研究所的潘朝英博士等等。

在這三天的會期期間，跟中國有直接關連的項目如下：二十二日上午的「中華民國的政治」和「在日本統治下的臺灣」；下午的「清朝政治的研究」和「中共的經濟問題」。二十三日上午的「中國語言及其有關問題的研究」和「遠東的和平工作」；下午的「一八九〇年代中國的革新運動」、「日本殖民地主義下的臺灣和韓國的經濟」和「中國文學的面面觀」。二十四日上午的「中國與越南在歷史上的關係」；下午的「中共的文化大革命與現代化」、「儒家精神之重點與比較」和「中共文化大革命的衝擊」等等。

由於時間上的關係我祇出席過「日本殖民地主義下的臺灣和韓國的經濟」以及「美國佔領下的日本」這兩個會。前者大多念統計數字，乾燥無味；後者他們所報告的也不離我所知的範圍。也許，這種性質的會，主講的人，本來就是到會念念論文算數，時間排得緊緊地，根本就沒有討論的餘地。不過，據說，第三天的「中共文化大革命的衝擊」的報告非常精采。

我覺得，跟其他許多類似的會一樣，除聽聽研究心得的報告以外，參加這種學會的主要目的，一是看看朋友，認識認識幹此行的前輩，請教素所欽仰而又不容易遇見的權威學者，交換研究經驗；二是看和買些展覽的書刊。此次在會場，很多大學和書店，帶來了許許多多的書刊來展覽。平常在大學圖書館裏，祇能看到一小部份的專書，所以這是我們親自目睹大量有關亞洲問題專書的最好機會。一個學人，如果對於本行的參考書沒有充分的瞭解的話，是做不了好的研究工作的。莫怪乎那麼多的人一直圍繞著書刊的展覽會場。

此外，有欣賞電影的節目，中國片子是胡金銓編導的「龍門客棧」；日本片子是曾經轟動一時的「羅生門」。「龍門客棧」似頗多採擇了日本武士劍道的拍法，非常逼真而動人，是一部最成功的打鬥國片。在國內時，我絕少去看國片，因為那時的國片水準太差了。幾年前在東京時，李翰祥先生曾邀觀其所導演的「楊貴妃」，它遠比以往的國片進步許多；但我覺得我來紐約以後所看到的「一毛錢」，是李先生所導演的片子當中最傑出的一部。中國的電影似也在邁向現代化的大道了。

三月二十六日於紐約

（原載一九六八年四月十五日臺北『中華日報』）

美國中西部中國同學夏令會記盛

第十七屆美國中西部中國同學夏令會，從八月三十一日起，在威斯康辛大學舉行了為期三天的集會。我此次乘到芝加哥去參觀和採訪美國民主黨全國代表大會之便，於三十一日凌晨，跟林明堂、陳清風、簡雅昭同學，特別由芝加哥趕到大學城麥迪遜去參加這個夏令會。由於我訂於九月一日上午十一時三十分，搭機回紐約，所以祇參加了第一天的節目。

威斯康辛大學在威斯康辛州的麥迪遜城，創立於一八四八年，在美國，算是中古的大學，有二萬七千左右的學生；大約有四百名的中國同學在這裏就讀和研究。大學東、西兩邊皆為湖，風景優美。東邊的湖，有人說很像日月潭。當天有些霧，湖上小舟，宛如一幅圖畫。

這次主辦夏令會的，似都是由香港來美的中國同學，其總負責人為李應浩，是威斯康辛大學的學生。參加費用，包括三天的住食，二十五美元並不算貴。這似乎是一般的行情。周書楷大使、夫人、芝加哥李惟岷總領事、教育部劉家治先生（住芝加哥）等也特地趕來參加和督導。除辦理報到手續外，上午演「還我河山」、「臺灣三日」、「呂布貂嬋」等電影（九月二日上午再演一次）；下午舉行賽球，籃球、排球和桌球等等。在排球場上，我們看到一部份同學胸前寫有「明大」兩個字。在東京，它是明治大學的簡稱。林明堂兄問我「明大」是那裏？我答說是明尼蘇達大學。據我所知道，第一天賽球的結果，只有桌球賽完，其成績如左：女子單打：第一名張立仁、第二名李園、第三名陳陵。男子單打：第一名鍾世燦、第二名黃賜強、第三名胡宏勳。男子雙打：第一名陳國才、林堯洋，第二名鍾世潔、余世昭。混合雙打：第一名陳國才、張立仁，第二名：余世昭、張秀枝。

晚間選美，正式名稱叫做 Queen contest，有十七人報名，但實際上參加者十位，評定結果如下：皇后趙怡雲，准皇后王家琪，第三名朱靜怡。

隨即開舞會。我們於三十一日下午十時四十五分，離開威斯康辛大學，九月一日上午兩點半左右到達明堂兄家。我們路上邊說笑話回來。我離開祖國九年半，在東京七年，來紐約兩年半，跟朋友們開車出去玩，這樣開夜車回家還是第一次。

九月一日上午，芝加哥下了一場不大不小的雨，陳清風兄開車送我到機場，整整兩個小時後我已返抵紐瓦克（Newark）機場（從妞瓦克機場回家，遠比從紐約甘迺迪機場回家近得多）。直飛兩個小時，使我憶起一九六五年夏天，我應富山大學研究亞洲問題的同學邀請去演講，歸途由名古屋乘「新幹線」直回東京，也整整整兩個小時。

美東中國同學的夏令會，本定於九月六、七、八日三天，在大西洋城召開，惟因擬借用的一部份設備失火燒掉，故不得不改期（或將另擇地點）舉行。根據我們在東京時舉辦夏令會的經驗和回憶，美國中西部中國同學的夏令會，其組織似嫌散漫些。

一九六八年九月七日於紐約

（原載一九六八年九月十六日臺北『中華日報』）

從紐約赴威廉波特為七虎加油追記

為了趕上下午一時將要開始的中華少棒隊對歐洲隊的比賽，我們紐約臺灣同鄉福利會的朋友們，和中華街的華僑們，於八月二十八日上午八時正，乘坐一部包車從中華公所的大門口出發，從紐約到目的地威廉波特，汽車整整開了四個小時。小朋友們的棒球場，設在小山丘。在最靠近停車場的一個進口附近，那時已經有好幾位中國同學在那裏發著中華民國的小國旗和舊金山的『少年中國晨報』。當天發旗子的祇有我們中國人，因此觀眾席上，處處都是青天白日滿地紅的國旗。

由於這天是星期五，觀眾並不很多，而我們中國人，可能佔整個人數的三分之一（三百多人）。賓州大學的中國同學會，佔地理上的便宜，聲勢浩大，他們組織了一個陣營堅強的啦啦隊；而從紐約去的我們，以及從華盛頓等各地來的同胞，也都與他們合作，坐在同一個地方。

球場本壘正對面，也就是外野，設有一座「中華民國臺視衛星轉播臺」，其右邊，有五、六位中國同學在那裏自成一隊，為七虎加油，而且在地上插了許多的小國旗。開始比賽前，我下去看七虎的小朋友們練習投球，並與六年多未見面的謝國城先生的公子南強兄交談。謝南強兄擔任七虎隊與美國人之間的翻譯，今年五月間，他從加利福尼亞大學榮獲了統計學的博士學位。來美前，在東京，他曾任中華民國留日同學會的主席。

下午零時五十八分，與會者全體肅立，演奏美國國歌和中華民國國歌後，即刻開始比賽。我們覺得奇異的是，沒有奏歐洲隊的國歌。據說這是由於歐洲隊的選手們都是駐歐美軍的子弟們所致，他們既都是美國人，當然自無其他國歌可奏了。不久，聞名世界體壇的紀政小姐在觀眾席出現。

紀小姐是應臺視邀請，特地由洛杉磯趕來為我少棒隊加油的。紀小姐既是名揚四海的運動家，因而前來請她簽名、合照的也就絡繹不絕。我跟蕭炎輝兄和紀小姐、謝國城領隊等坐在一起，大約有二十分鐘。紀小姐很健談，她長得比照片漂亮得多，態度和藹而可親，風度、談吐都很大方，給大家的印象非常不錯。我問她肚子餓不餓，我有日本「壽司」，她說很喜歡吃。中華隊對歐洲隊的比賽，到兩點半就賽完了，我隨即到車上去把「壽司」拿來給她，她與高采烈，宛如小女孩。紀小姐當天晚上搭機回洛杉磯，並說將於明年二月間來紐約參加比賽，我們希望到時再有機會跟她敘談。

與歐洲隊的比賽，他們先攻；第一局零比但我們的實力，遠比對方強得多，這是一目瞭然的。第二局，我們連進五分，勢如破竹，中國人的觀眾，大為興奮。我自己在不知不覺之中，鼓掌得手掌有點腫起來，聲音也喊啞了。五比零的成績，維持到第六局對方的攻擊，而第六局前半局結束對方未得分時，我們大家都跳了起來。在這場比賽中，七虎隊表現最佳的，我認為是投手蘇豐原、一壘手黃永祥和捕手侯德正。而總括地來說，我們的選手個個都非常優秀，以這樣堅強的陣容而竟敗於初日對尼加拉瓜的比賽，識者認為這是大人的失算，不是小朋友們的過錯。勝敗雖是兵家之常，但願我們能領取這個教訓。

為國爭光，無論在國內或國外，國人的心情並無二致。尤其難能可貴的是張亦明同學。他去年曾為我少棒隊加油而住威廉波特一星期，今年亦復如此，其愛國熱忱，實在可佩。而我深信：到球場去為七虎加油者，人人都具有張亦明精神。

九月一日，我少棒隊將蒞紐約訪問，我們正在準備盛大歡迎。我們歡迎的是祖國的小國手，不是冠亞軍的頭銜。國內對於這次衛冕的結果，或許有人會覺得不滿意，但他們是盡了最大努力的，何況我們業已得過世界第一。世界少棒賽的寶座後會有期。願國人能以最熱烈的場面迎接小朋友重踏國土。

八月廿九日寄於紐約

（原載一九七〇年九月四日臺北『中華日報』）

何必匆匆

據國內報載，榮獲世界冠軍的中華臺北市少年棒球隊和美與青少年棒球隊已於九月六日聯袂返抵國門，接受國內各界的熱烈歡迎。無需說，這是我國無上的光榮，值得大慶而特慶。惟我對於少棒隊如此被急於召回國有些不敢苟同的意見。

這三年來，在紐約，每次我都從頭到尾陪伴我少棒隊遊覽紐約市。而每次，我都覺得他們遊覽、參觀的節目排得過緊，並且都被催迫趕快回去接受慶祝。我覺得國內的這種做法實在大可不必，因為這種做法，一方面大大地減少了他們在國際上的宣傳作用；另方面剝奪了他們參觀和遊覽外國的寶貴機會，而這無論對於國家和他們個人，都是無法估計的重大損失。何以故呢？譬如今年的少棒，他們贏得世界寶座的整個比賽過程，美國電視公司曾於八月二十六日全國轉播，因此小國手們在美國的每一個角落，個個都成為了不得的英雄。他們在街上走路時，拿著一面青天白日的大國旗，每個人制服左胸前繡有一面小國旗；而在電視上看過比賽的美國人，不分老少男女，都喜氣洋洋地跑過來跟小國手們做興趣上的「認同」，要求握手、寒暄。在紐約洋基棒球場（Yankee Stadium）參觀洋人棒球比賽時，他們曾經將少棒的領隊以下個個點名介紹，然後成列在球場中央接受幾萬美國觀眾的歡呼。他們在美國這樣得民心，到處受歡迎，為國爭光；而國內卻偏偏要他們趕快回去，實在不知寶之可貴。前此一百多位海外學人回國討論應該如何加強海外宣傳工作，討論了半天討論不出妙計來，主要的是由於我們缺少王牌，今天我們有這一張名實相符的王牌，不但不知好好地運用，反而要把它收起來。你說笨不笨？我們的國際宣傳的政策在那裏？你說國內還有什麼人比這些小國手們更能在異邦為國爭光的？要小國手們趕快回去這種做法，老實說，是國內報喜不報憂之作風的一種典型。

其實，國內的歡迎和慶祝不必那麼急。小國手們總要回來，回來之後，要怎麼慶祝就怎麼慶祝；愛慶祝多久，並不受任何限制。而且甚至不以公開儀式慶祝，全國軍民還是一樣沸騰，歡欣鼓舞。所以在宣傳的意義上說，國內的慶祝不是頂重要的事。反此，他們在外國宣揚國威，振奮僑心，在此時此刻，尤其重要。

其次，小國手們（包括經理、教練等）能在外國參觀、遊覽，以增加其見識，確是一件很不容易的事。對於他們來講，這也許是他們一生唯一的出國機會也說不定。而且，他們也的確很想多看和多學，因此也就一再向我表示國內給他們的時間太少。說實在話，他們很不滿意國內給他們的這種安排。就他們來講，在美國期間，真正是一寸光陰一寸金，寸金難買寸光陰，而這種心情，不祇是今年的少棒有，以往的亦復如此。這是國內必須瞭解的一點。國內如果不能瞭解這一點，那麼我敢斷言，我們的少棒雖然獲得世界冠軍，但在宣傳上，我們還沒有獲得世界的冠軍。萬望國內有關當局深思之。國家幸甚，人民幸甚。

一九七二年九月十日於紐約

（原載一九七二年九月二十七日臺北『聯合報』）

亞東女將揚威美國

一月初，留美中國同學會聯合會的寒假包機領隊王碚從臺北回來說，亞東女子籃球隊將來紐約比賽，她們的來紐約，將由中華文化協會和留美中國同學會聯合會負責一切經費。但對於負責一切經費這件事，有不少同學表示反對。理由是：一個球隊的開支很大，對於賣票並沒有把握，而且同學會本身又沒有錢，萬一賣票情況不如理想，同學會將用什麼來賠？他們認為，這太冒險了。

可是，同學會會長趙建成卻說：我們既然答應下來，現在只有大家努力分頭去做。而且，全美中華文化協會總幹事汪榮安更拍胸膛說：這次如果賺錢，由同學會去賺；如果賠錢，由中華文化協會來賠。

在這樣情況之下，同學們馬上紛紛出動去賣票。票價每張兩美元，在紐約一共打了三場，包括中華街書店的代賣，中國銀行、華美協進社等單位的協助推銷，總共賣出去三千多張，其中得最高紀錄的是趙會長的胞弟趙維先，單他一個人就賣了六百多張，佔整個賣出去票數的五分之一，實在得難得。

另外，這次之所以有那麼多國人去看球賽，還有其他三個重要的因素。第一、中華街中文報紙的大力鼓吹，他們天天大登特登亞東籃賽的捷報；第二、球場靠近中華街；第三、『紐約時報』刊出了亞東女籃隊的消息。而『紐約時報』之刊載亞東女籃隊消息，美國人坡西安（Emile Bocian）的貢獻很大。

由於『紐約時報』的消息，美聯社的攝影記者到女青年會來採訪亞東球員；當天（一月十八日）晚上，有哥倫比亞、國家和美國三家電視公司來球場拍片。而且，當天晚間，美國電視公司更報導說：「中華民國在聯大打輸了，但亞東女子籃球隊卻替中華民國在這裏打了勝仗。」

這些事實告訴我們：大眾傳播工具力量之如何地偉大。但最值得我們大書特書的，還是亞東女子籃球隊員的非凡表現，如果沒有她們的這種非凡的表現，美國電視和報紙是不會廣播和報導的。

的確，一月十八日晚上，佩斯學院籃球場的進口，觀眾擠得水洩不通，爭先恐後，甚至要打架。由於進來了將近兩千的觀眾（場地在規定上只能容納一千二百人），因此擠得幾乎不能舉行比賽。而觀眾之緊張熱烈情況，實不亞於去年的少棒。亞東女子籃球隊，喚起了素對運動不大感興趣的僑胞對於運動發生了興趣。

目前，她們還在美國繼續其遠征。在這樣滴水成冰的天氣和不同吃住的條件下，她們還能有這樣輝煌的成績，如果能選擇在冬天以外的季節比賽，並能給她們以充分休息時間（賽程排鬆一點），我相信，她們將會有更好的表現。又，我國籃壇後起之秀的亞東，能有今日的成就，前教練依民獻的功勞是不可沒的。且舉一例，為了請球員陳素貞的家長同意她打球，依民獻曾經不厭其煩地從臺北到南投縣竹山的陳家去勸說六、七趟。

（載一九七二年二月廿六日香港『新聞天地』）

漢普敦、威廉斯堡、華盛頓

一九六七年四月二日至八日，整整一個星期，我參加了以哥倫比亞大學為主的各國留學生春假旅行團，到漢普頓（Hampton）、威廉斯堡（Williamsburg）和美國首都華盛頓去旅行。這是由國際學生服務社主辦的。參加者一共二十六人，他們來自阿根廷、巴西、智利、西德、法國、波蘭、英國、泰國、菲律賓和日本等十幾個國家，而中華民國祇有我一個人參加。來美國一年多，在當時還是我第一次旅行紐約市以外的地區。我們所用的交通工具是巨型巴士；晚上在美國人家裏吃和住，所以其費用除午餐須自備外，包括交通費在內，祇二十八美元。自紐約到漢普頓，由漢普頓到威廉斯堡和華盛頓，而由華盛頓再回到紐約的車費最少恐怕也要五十美元看來，這次的旅行實在太經濟了。

黑人最高學府漢普頓大學

我們於四月二日早晨，從紐約的汽車站出發，經過新澤西州、賓夕法尼亞州、德拉瓦州、馬里蘭州，於是日黃昏到達了維吉尼亞州的漢普頓。除在中途休息兩次外，汽車整整開了八個小時。我們到此地的目的，是在訪問以黑人最高學府馳名的漢普頓大學（Hampton Institute）。二日和三日晚，我們被招待在大學宿舍吃住。由於他們沒有給我們枕頭，所以一個同行者開玩笑說：「黑人大概不用枕頭睡覺。」當然，這是不實在的。

在美國，最有名的黑人大學可能是首都華盛頓的霍華大學（Howard University），而漢普頓大學卻幾乎與它同時創立。漢普頓大學創立於一八六八年四月（霍華大學更早一年），南北戰爭結束，正當美國重整其劫後河山之時。漢普頓大學開創當時，祇有兩位老師，十五個學生，一些設備以及"Learning by doing"和"Education for life"的理想。而當我們訪問該大學時，它不但擁有一百六十三位老師和一千九百十二個大學部學生，而且是一所風景優美，校園宏大，設有文法、工商、家政、護理、教育、工程各學院和教育學研究所（授與碩士學位）的大學。該大學，女生比男生多，而在當時將近兩千的學生裏頭，外國留學生祇有三十八人，其中日本一人、韓國兩人，沒有中國學生，不過卻有一位祖籍福建廈門的菲律賓華僑青年郭君在這裏當講師。他擔任的是會計學和經濟學的課程，是紐約大學的碩士。在該大學裏面，賣郵票的窗口前，我偶然碰到他，並跟他用閩南語談了話。

四月三日上午，我們分別去參觀和旁聽自己所喜歡的課。我曾經旁聽了四年級的政治學和三年級的西洋史的課程。該政治學的課，是採取討論方式的。換句話說，開始由事先被指定好的一個學生報告一九六六年秋季美國各州中期選舉的結果，然後由其他學生就其報告提出問題並請報告者一一解答。這樣彼此討論，而教授則在旁指導。當天的報告非常詳細而具體，譬如說黑人普魯克（Edward Brooke）為何能在麻省當選聯邦參議院議員；電影明星雷諾・雷根（Ronald Reagan）怎樣打倒四年前擊敗尼克森問鼎加州州長的勃朗（Edmund Brown）而入主加州「白宮」等等。在大學部政治學的課堂裏，由學生們這樣自己分析現實的政治動態，我還是第一次見到。我覺得這樣做法很有意義。

其次，擔任西洋史的是位笑咪咪的女老師。她講俾斯麥的生平和功績，講得非常有聲而有色。因此對於她的講課，我是非常佩服的。惟在我座位面前，或許是上一節課留下來的，卻掛有一張遠東的大地圖。而該張大地圖，還將已經取消了二十多年的「帝國」兩個字加上，仍稱日本為「日本帝國」（Japanese Empire）。這張大地圖於一九六二年，由美國 Denoyer Geppert Company 所出版；其編者是明尼蘇達大學的魏斯理博士，這位博士未免過於疏忽無知了。

威廉斯堡的名勝古蹟

四月四日上午九時，我們告別了漢普頓大學，而到了曾為英國在新大陸最早殖民地的首都將近一世紀，同時並為美國革命的發源地詹姆士鎮和威廉斯堡去。

如所周知，一六〇七年，英國第一批殖民到達了維吉尼亞的詹姆士鎮，而據此，他們開始其在美國殖民地的經營。這要比那有名的「五月花」抵達麻省早十三年。一六一九年在此成立了美國最早的民主議會；而它後來更成為美國獨立戰爭的原動力和撰寫美國憲法的大本營。不過這卻是維吉尼亞州的首都，自詹姆士鎮移至威廉斯堡以後的事。自一六九九年至一七八〇年，威廉斯堡一直是維吉尼亞州的首都；而它更是美國獨立戰爭時期的首都。

正因為維吉尼亞州是英國在美國最早的殖民地，所以威廉斯堡便成為那段歷史上美國政治、經濟、軍事、教育和文化的中心。譬如，迄至尼克森總統為止，美國三十六位總統當中，維吉尼亞州竟出了八位。除第二任的亞當斯外，首任至第五任四位總統皆來自維吉尼亞州。這八位總統則為：華盛頓、哲斐遜、麥迪遜、門羅、哈里遜、太勒、泰勒和威爾遜（以上係以出生地為準）。美國獨立戰爭既以維吉尼亞為根據地，而美國歷史的最大悲劇，南北戰爭亦以維吉尼亞為主要戰場之一。

威廉斯堡的名勝古蹟，係由美國大富翁洛克斐勒（John D. Rockefeller Jr.）捐款，於一九二六年開始重建的。它包括五百棟十八世紀時代的房屋以及八十四英畝的公園和草地。房屋裏頭有美國殖民時代的議會大廈、州長公館、法院、監獄、教會、酒吧、工廠和商店等等。在威廉斯堡參觀過的所有古蹟當中，我覺得州長公館後院的迷路庭園，最稀奇有趣。這個庭園很大，它的路則造得彎彎曲曲，諸多變化。在這條路上，我們祇能聽到別人的聲音，而見不到人影，非常好玩。

此外值得我們一提的是威廉斯堡法院，這所主持正義的公堂建立於一七七〇年，而美國神聖的獨立宣言就是發表於此。

除這些政治性的和一般性的古蹟而外，還有教育方面的古蹟我們不能不提。那就是威廉・瑪利大學（College of William and Mary）。這所美國建校歷史位居第二的大學（創立於一六九三年，僅次於哈佛大學），就是在威廉斯堡。而以起草美國獨立宣言馳名於世，美國第三任總統哲斐遜，以門羅主義聞名世界的門羅總統，以及美國歷史上可能最偉大的最高法院院長約翰・馬夏爾（John Marshall），都是威廉・瑪利大學的出身。

當天晚上，很幸運地，我被安排在威廉・瑪利大學教授兼該大學早期美國史研究所主任卡爾茲博士（Dr. Stephen G. Kurtz）家裏。晚飯後，卡爾茲教授開車帶我到詹姆士河口去看第一批移民初次登陸地方，可惜天色黑暗，祇看見一座橋和附近的樹林，以及聽見大西洋波濤澎湃的聲音。

回家之前，卡爾茲教授又帶我到威廉・瑪利大學去參觀他的研究室和圖書館。當時他用了三個秘書和助手，準備開始編輯約翰・馬夏爾的傳記，預定五冊，時間為五年。圖書館是新蓋的，裏邊設備非常良好，那時已十時許，可是還有許多學生在那裏用功，而且沒人說話，比哥倫比亞大學遠東學院圖書館靜多了。

威廉斯堡是美國有數的名勝古蹟，據說，凡是美國政府招待其國賓參觀，一定要到威廉斯堡去。

華盛頓四月賞櫻花

四月五日上午，我們到達了首都華盛頓。我被安排住在剛辭去美國國務院的工作，而改在住宅與都市開發部服務的鮑爾先生（Mr. Howard E. Ball）家裏。華盛頓市包含於哥倫比亞特區（District of Columbia），而哥倫比亞特區祇有六十九平方哩，地方不大，因此在華盛頓工作的人，尤其是白人，大多住在馬里蘭州或維吉尼亞州。而鮑爾先生家則在維吉尼亞州。

在法律上，華盛頓市是美國的首都，但在實際上，整個哥倫比亞特區才是美國的國都。換句話說，今日人人所謂首都華盛頓，乃是哥倫比亞特區的簡稱。

哥倫比亞特區現在有將近一百萬的人口，但該特區的美國公民，直至一九六四年，從沒有權利過問美國總統的選舉。又由於它不是州，所以既沒有參議員，也沒有眾議員。今日，在華盛頓，據說黑人佔總人口的百分之七十三，而華盛頓市市長是由美國總統直接任命的，很巧，現在的市長是個姓華盛頓的黑人。

四月初的華盛頓，是櫻花盛開的季節。華盛頓的櫻花樹是於一九一二年，當時的東京市長尾崎行雄贈送的。但是，這些來自日本的櫻花，我卻覺得要比我在日本所看到的櫻花漂亮得多。很幸運地，我們到達華盛頓之日，正是櫻花怒放之時。從波多瑪克公園，往哲斐遜紀念館看去，實在太美了。

第一天，我們參觀了美國最高法院、美國國會和美國國會圖書館。最高法院和國會可以說是「鄰居」，國會圖書館離這兩者也不遠。

美國最高法院成立於一七八九年，當時的法官人數是六人，但自一八六九年以後一直是九人，而截至今日，一共有九十八個人被任命為最高法院的推事，其中祇有一個是黑人。在美國歷史上，唯有威廉・塔虎脫，曾經做過美國的總統和美國最高法院的院長。美國最高法院大廈，完全以大理石造成，因此既清潔又莊嚴。

美國國會大廈開工於一七九三年，完成於一八一一年。美國國會分為參議院和眾議院，參議院議員，不分州之大小，每州二人，五十州一共一百人，副總統是參議院的當然議長。其任期為六年，每兩年改選三分之一，係代表各州。眾議院議員以各州人口之眾寡分配，全國一共四百三十五人，其任期為兩年。在目前，參議院有一位女參議員和一位黑人的參議員；眾議院有七位黑人的眾議員，其中一位是女性。而美國國會議員，不分參議院或眾議院，其年薪一律為三萬美元。

美國國會圖書館本係專為其國會而創立，創建於一八〇〇年。但在今日，它不祇為國會本身服務，而且為美國各級政府機關、各地和各大學圖書館，甚至為所有的人服務，從而名符其實地成為美國國民的圖書館。當時，美國國會圖書館已擁有一千三百七十六萬七千四百本的書。

第二天，我們到華盛頓郊外，維吉尼亞州北部維爾嫩小山（Mount Vernon），去參觀美國國父喬治•華盛頓的故居。它位於波多瑪克河畔，環境幽靜，風景美麗，我非常喜歡這個地方。華盛頓本為大富翁，他去世時（一七九九年）擁有大約五十三萬美元的財產。由此我們當可想見華盛頓的家屋、庭園、農地、山林等等何等宏大。而在其故居，我們可以看見他的書房、臥室、傢具、鞋匠和衣匠的工作場所等。華盛頓及其夫人的墳墓亦在這裏。自一八六〇年以來，這所名勝古蹟便由美國維爾嫩山婦女協會所掌管。回途，我們順道去參觀了亞靈頓的甘迺迪總統墳墓。

第三天是自由活動的日子。我去看了林肯紀念館，上了華盛頓紀念塔，並參觀了喬治城大學和 Smithsonian Institution。

華盛頓的街道劃分得很整齊，而林肯紀念館、華盛頓紀念塔和國會大廈則成一條直線。林肯紀念館沒有什麼，祇有一座用大理石雕成的林肯坐像，但每天卻有很多訪客。這個紀念館建於一九二二年，其總工程費為三百零四萬五千四百美元。林肯坐像左手邊的牆壁上寫有林肯就任其第二任總統時的演說詞；右手邊牆上寫的是那有名的，葛地斯堡的演講詞。

華盛頓紀念塔成於一八八五年，高達五百五十五呎，一到華盛頓附近，首先便可以看到這座尖形的白塔。從塔上，我們可以俯瞰整個華盛頓的街巷。紀念塔的周圍有許多櫻花樹，其草地，既廣闊、新鮮而又美麗。紀念塔靠近白宮。

Smithsonian Institution 是歷史、科學和文化的綜合機構。它擁有十個博物館、美術館和生物實驗所等等，規模宏大，為世界數一數二的文化機構。在其美國國立美術館，我們看到了哲斐遜用於撰寫美國獨立宣言的桌子，華盛頓的制服和刀劍，單要看 Smithsonian Institution 所管轄的美術館，恐怕一個星期也看不完。而在這美術館，我看到一顆很大的紫藍色鑽石，用雙層的厚玻璃儲櫥鎖著，漂亮極了，一位警衛始終站在這個玻璃櫥旁邊，我問他知否這顆鑽石值多少錢，他說：「不知道。」

當天（四月八日）下午三時半，我們在一個大飯店的休息室集合準備乘車回紐約。可是等了將近一個小時，卻有兩個學生未能到場。這兩個學生一個是日本人，一個是德國人。後來他們兩個人差不多同時趕到，日本人一上車便連忙向大家說：「對不起！」可是德國人始終不說表示歉意的話。這兩個學生的態度，似是日本民族性和德國民族性的寫照，非常有趣。

由於時間的關係，未能去參觀白宮，這是我覺得可惜的一件事。我希望在不久的將來，有機會再到華盛頓去參觀白宮和五角大廈（美國國防部）

（原載一九七〇年七月號香港『旅行雜誌』）

美國人的薪水

大家都知道，美國是世界上最富有的國家，其國民所得也居世界之冠。一提到美國兩個字，一般人便會聯想到她是黃金王國。到美國，意味著淘金去。許多留學生在美國學成就業後暫不想回國，其待遇好，物質生活舒服是主要原因之一。

若是，在美國，他們的所得究竟有多少呢？談談美國人的薪水，也許是國人所樂聞的。在這裏，我將以抽樣的方式，介紹各界美國人的薪水以供國人參考。

首先，我們來看看美國總統以及其文武百官的薪水是多少。通常，在美國，薪水是以年薪、月薪或週薪計算的。而一般來說，工人和比較低所得者皆以週薪計算；其餘的，則大多以年薪做標準。

美國總統的年薪為二十萬美元，另外還有五萬美元的交際費和四萬美元的旅費。副總統的年薪為六萬二千五百美元。由於副總統同時又兼任美國參議院議長，而美國參議院與美國眾議院平行，所以眾議院議長的年薪也是六萬二千五百美元。他們另外還有一萬美元的交際費。美國中央政府各部部長的年薪是六萬美元；但陸軍、海軍和空軍部的部長年薪則為四萬二千五百美元。這是由於三軍首長雖也稱為部長，但它們皆隸屬於國防部，不是正式閣員，因此他們的年薪遠比正牌的部長低。

國防部和交通部副部長，以及副國務卿的年薪為四萬二千五百美元，跟陸海空軍首長的年薪相同。其餘各部副部長的年薪都是四萬美元。

美國國會議員，無論是參議院議員或眾議院議員，其年薪全是四萬二千五百美元。而各黨的國會領袖，不分多數黨少數黨，其年薪皆為四萬九千五百美元。

美國聯邦最高法院院長的年薪為六萬二千五百美元，與副總統亦即參議院議長和眾議院議長的年薪相同，僅次於總統的年薪。而最高法院推事的年薪則為六萬美元，跟內閣閣員的年薪相等。聯邦高等法院推事的年薪為四萬二千五百美元；地方法院推事的年薪則為四萬美元。

現在我們來看看美國軍人的待遇。美國軍人，縱令他們的地位相同，惟由於服役期間的長短，其待遇也有相當的距離。譬如五星陸軍上將，如果服役兩年以下的話，他的月薪為二千一百一十一美元四角；如果服役二十六年以上的話，他的月薪將為二千九百六十七美元六角，且還有家眷津貼。

海軍少尉的月薪，如果服役兩年以下的話，則為四百五十美元六角；如果服役三年以上的話，則將為六百二十二美元八角。下級軍官少尉的薪水，則停於這個數目。二等兵的月薪，如服役兩年以下時則為一百八十美元九角；如服役四年以上則為二百八十七美元四角，以後除非整個調整，否則永遠不增加。又，陸海空軍，祇要是階級和服役期間相同，其待遇是一律平等的。

以上是美國聯邦行政、立法、司法各界和軍方人員待遇的概況。

其次，我們來看看美國各州州長以下人員的薪水。美國五十州，其面積、人口、財富等大有懸殊，因此其公職人員的待遇也大有差異。譬如人口最多的紐約州（一九七〇年人口普查結果，紐約州變成第二大州，加福利尼亞州成為第一大州），其州長年薪為八萬五千美元；加利福尼亞州州長的年薪為四萬九千一百美元。而年薪最低的州長是阿肯索州，為一萬美元。首都華盛頓市市長是美國總統直接任命的，其年薪為四萬美元。現任市長是黑人，很巧，他也姓華盛頓。

美國的市長，其年薪最高的是紐約市，為五萬美元；費城和波士頓市長次之，每年四萬美元；洛杉磯、芝加哥和底特律市長的年薪是三萬五千美元。甘迺迪總統被暗殺之地，達拉斯市長的薪水是按照市議會開會次數計算的。亦即市議會每開會一次，市長可領五十美元，但一年的所得，不得超過兩千六百美元，很顯然地，這是純粹榮譽職。

州議員的年薪，伊利諾州和夏威夷州是一萬兩千美元；密蘇里州為八千四百美元；俄亥俄州議會議員的年薪為一萬兩千七百五十美元。除內布拉斯加州外，美國各州議會皆分為參議院與眾議院，但其議員待遇，不分參議院或眾議院，都是一樣的。

市議員的年薪是，紐約市為兩萬美元；洛杉磯一萬七千美元；奧勒崗州波特蘭市議會議員的年薪最高，為兩萬零八百美元。

以上所述，除軍人外，大多是屬於美國有錢階層的人，特別是議員、州長和市長。在資本主義的美國，想競選擔任公職，非自己有錢，或能找錢，是無法問鼎的。因此這些人的薪水，祇是他們收入的一部份，甚至一小部份，他們並不單靠他們的薪水生活，這是跟我們的公教人員大不相同的一點。

再次，我們來談談大學教授和中小學教員的待遇。哥倫比亞大學校長的年薪是七萬五千美元；紐約大學校長的年薪為六萬五千美元。紐約市立曼哈坦學院院長的年薪為三萬五千八百美元；紐約市立大學教授的年薪是三萬一千二百七十五美元。

中學教員和小學教員的待遇，各州不同。以一九六九年至一九七〇年的年薪為標準來說，譬如麻薩諸塞州，它最高的年薪是一萬七千七百美元，最低是五千七百五十美元；田納西州最高為一萬二千四百四十美元，最低是五千五百美元。其薪水決定於他的服務年資。

警察的待遇是，譬如紐約市警察局長的年薪是四萬一千美元；刑事警察為一萬二千九百三十八美元；消防警察為一萬三千美元；分局長的年薪是二萬九千二百六十八美元。美國警察，最低限度紐約的警察，其制服和手槍都是要自己買的，公家並不給這些東西。

紐約是美國，甚至是世界經濟、商業和金融的中心，因此世界規模最大的公司也大多將其總公司設在紐約，正因為如此，許多年薪特別高的人也就在紐約工作。

根據一九七二年五月一日號『紐約』雜誌的報導，哥倫比亞電視公司董事長薛迺達（John A. Schneider）的年薪是二十六萬五千美元，其首席廣播員克龍凱（Walter Cronkite）的年薪為二十五萬美元。在國家電視公司跟克龍凱佔同樣位置的布林克禮（David Brinkley）的年薪也是同樣為二十五萬美元。

紐約時報副社長，美國著名的政論家雷斯頓（James Reston）的年薪是九萬六千三百九十五美元；馳名於世之『時代』雜誌的總編輯特那凡（Hedley Donovan）的年薪為十八萬三千一百七十一美元；『紐司周刊』社社長艾利奧特（Osborn Elliott）的年薪是十五萬五千美元。百事可樂（Pepsi Cola）公司董事長肯達爾（Donald M. Kendall）的年薪為二十萬一千四百美元；可口可樂公司董事長彌勒德（Charles E. F. Millard）的年薪是十五萬二千二百美元；全錄（Xerox）公司董事長馬可樂（C. Poter

McColaugh）的年薪為三十二萬五千零六十三美元。新澤西州標準石油公司董事長加米遜（J. Kenneth Jamieson）的年薪為三十三萬五千美元；美國花旗銀行董事長萊斯頓（Walter B. Wriston）的年薪是廿五萬七千八百二十美元。而在這些公司行號董事長當中，年薪最高的是美國快速電版公司董事長李克利斯（Meshulam Riklis）的四十二萬五千一百六十美元。李克利斯是猶太人，今年纔四十八歲。他一代即創此江山，其成就實在驚人。

聞名世界的紐約麥西百貨公司董事長斯密里（Donald B. Smiley）的年薪是十七萬五千美元；哥別百貨公司董事長羅茲（Marshall Rose）的年薪為十五萬美元。但，麥西百貨公司普通店員巴爾夫（Gail Balfe）的年薪祇有五千五百一十二美元。紐約棒球隊選手（第三壘）傳列哥西（Jim Fregosi）的年薪是八萬美元。其投手西巴（Tom Seaver）的年薪為十二萬美元。模特兒謝巴特（Cybill Shepherd）一天的工資為五百美元；空中小姐哥布蘭華茲（Elizabeth Copelandwatts）的年薪不過是九千九百四十八美元。郵差林吉（L. Lynch）的年薪是八千七百四十七美元；垃圾夫江多斯基（B. Gandowski）的年薪為一萬九百一十一美元；護士雷小姐（S.Lowe）的年薪是六千五百美元。看門的克羅寧（James Cronin）的年薪為七千零七十二美元。雖然不是美國人，但在紐約服務的聯合國秘書長瓦德海謨（Kurt Waldheim）

的年薪是六萬二千五百美元；美國駐聯合國首席代表布希（George Bush）的年薪為四萬兩千美元。

美國工人的薪水，皆以週薪計算。以一九七〇年夏天為準，鐵工廠工人的週薪是一百五十四美元五角七分錢；紡織工廠工人的工資是每週九十七美元二角；化學和瓦斯工人的週薪為一百八十六美元一角八分；最低的工資是旅館員工的週薪六十七美元六角二分錢。

美國農民、漁民和礦工的收入，就一般來講，要比工人稍微差一點。譬如在比較富有的加利福尼亞州，他們的平均週薪為一百五十美元四角八分錢；在最差的密西西比州，他們每週的平均收入祇有八十二美元六角二分錢。

在美國，自由職業者如律師、醫師的收入是可以算是最多的一類。尼克森未當選總統以前，在紐約執行律師業務的時候，他每年的所得是二十萬美元；比較生意好的醫生，其每年收入可能在十萬美元上下。而無論在那一個國家（共產國家除外），電影明星的收入是最好的。據說，「羅馬假期」的女主角奧德利・赫本（Audrey Hepburn），和戰爭片子「硫磺島」的男主角威恩（John Wayne），每拍一部電影可得一百萬美元。

前幾年，在紐約一家書店，一個朋友給我介紹一個並不很出名的美國作家。

這位作家告訴我說，他在寫劇本。我問他一本可以賣多少錢，他答說十二萬五千美元。由此可見，美國作家的收入也相當不壞。

從以上所述，我們已經大約知道，美國人的薪水的概況。惟在美國，其所得稅是相當繁重的。因此我想舉一兩個例子，以幫助各位讀者對於美國人實際所得的瞭解。一個年薪一萬美元的人（其家眷每人可扣除六百美元，但現在暫算夫妻二人），他應課的稅是一千七百八十美元；年薪十萬美元時，是四萬五千一百八十美元；二十萬美元的時候，他該課的稅是十一萬零九百八十美元（以上都是聯邦稅。此外還有州稅和市稅）。

美國人的平均收入雖然是世界上屈指第一，但依美國政府所定的標準來說，美國仍有不少窮人，其總數目為兩千兩百五十萬人，佔美國總人口的百分之十三。而在美國，所謂窮人的標準，乃指譬如單身工人，其年收在一千九百美元以下；夫婦擁有兩個小孩，其所得每年在三千八百美元以下（如為農民，則三千二百美元以下）者而言。反此，世界的大富翁，也大多是美國人。至於美國富翁或窮人的情況，或另有機會細述。

大概地說，在美國，男性的薪水要比女性的薪水高，大致高三分之一；白人的所得遠比黑人的所得多，可能多五分之二。這是為什麼美國女性尚在從事婦女解放運動和黑人要大力推行公民權運動的主要原因之一。

在美國的中國留學生，有一部份人在餐館打工。據說，在紐約，好的每月可有八百美元以上的收入；普通的，也有五、六百美元。他們吃在餐館，有的甚至住也不要錢。所以在餐館打工是存錢的捷徑。無怪乎拿到博士學位，還有人願意繼續打工。

一九七二年六月八日紐約

（原載一九七二年八月號臺北『自由談』）

紐約的盜賊

在紐約、東京和臺北生活過相當時間的我，總覺得紐約的治安最差。居住東京和臺北的時候，我絕少聽到有關小偷和強盜的事。東京的扒手似乎比較多，臺北當然也有，但紐約的扒手卻更馳名於世。「地下電車薩謨」這部小說據說是以紐約的扒手為題材的。

有人說，在紐約閒談，談得沒有什麼話可談時，你如果拿盜賊的話來說，必定博取對方的興趣，這是有道理的。因為，遇到盜賊固然可怕；但事後的回憶仍有些刺激。並且，人人大多具有被竊的經驗，所以既喜歡聽，又喜歡談。

我很幸運，除初到紐約住巴黎旅社（Hotel paris）時丟了三個用臺灣牛角做的茶杯墊子外，直到現在為止，尚未再被偷過。但是，據住過該旅社的許多日本人說，他們曾經丟過照相機和電晶體收音機等等。巴黎旅社經常住有東方人，尤其是日本人。小偷特別「屬意」這些人地生疏，英語說得還不流利的「東方客」。

來紐約第一年的暑假，我曾在一位日本朋友所經營的書店兼土產品店幫過忙。店舖的面積並不大，但東西卻排得滿滿的。租金昂貴，當盡量利用空間，因而也就容易丟東西。

有一天，警察一進門便問：「這些是不是你們的東西？」警察手上拿著一盒盒的小刀子和小匙，我們嚇了一跳。原來當天店裏的小刀子和小匙被偷了九盒，竊賊是黑人小孩，他正想出售，卻給警察抓到了。結果，請老板到法院去領回來。我在紐約將近三年，這是第一次，也是唯一的一次，見到東西丟掉又找回來。

有一天下午，一個西裝畢挺的黑人，走過店舖面前，雙手順便帶走了五個草蓆提包。我的同伴發覺不對，跑出去追，在十七、八公尺地方追到，喊他，這位仁兄什麼也沒說，把提包統統放下，連頭也不回，照樣悠閒地走他的路。那時街上有好多人在看，跟在東京一樣，特別在紐約，眼看別人在偷，但誰也不管這種「閒事」的。

而使我們驚愕不已的是，有一天早上開店時，我們偏找不到店裏貯零錢的盒子（這盒子裏有六十美元，是店裏找零錢用的）每天晚上關店後，為省得麻煩帶來帶去，我們每次都把零錢藏在店裏頭。結果這盒子給小偷偷走了，同時還被偷走了他人托賣的五毛錢甘迺迪銀幣和一美元的銀幣計十幾個，以及九盒香水。竊賊是從地下至一個洞爬進來的，真有本事。第二天，我們把大門口的鎖換掉一個（平常都鎖兩個），又把地下室的洞弄得更緊，並故意排了五個一美元的銀幣，結果到第三天還是被偷走，這把我們嚇壞了，不過其他東西並沒有丟，於是我們遂停止代賣銀幣。

又有一天中午，我的同伴吃中飯去，過幾分鐘有一位太太推小兒車進來，嬰孩手上拿著媽媽的錢包玩著，我並沒有看見。一會兒，有一個像西班牙裔的女人在門口問我草蓆一張多少錢（店裏的草蓆一張一張捲起來排在門口）？我回答：兩塊五毛錢。那位太太隨即匆匆走過來從放草蓆的箱子裏頭撿出她的錢包來，並開口大罵那個女人。這時，店裏祇有她們兩個人，所以太太的錢包一定是那個女人偷的，這個女人偷了之後不敢馬上拿走，而先拋在草蓆箱子裏頭，大概想等一下準備假買草蓆之便帶走。那位太太罵她偷錢包，那個女人反罵那位太太說：「白晝見鬼！」，這不過是幾分鐘的事情，頓時使我黑白難分，不知究竟是怎麼一回事。

此外，店裏曾經丟過十來張日本唱片、珠寶盒（music box）以及零零碎碎的東西。而老板則再三叮嚀我們說：萬一有人拿手槍來搶，你們就把所有的錢乖乖地統統交給他，千萬不要跟他作對，因為店裏對這種損失皆有保險。

紐約的小偷個個有本領，腦筋靈活，動作敏捷。他們有的祇用一根鐵絲，什麼樣子的鎖都能開；搜東西又很有辦法。一個朋友，連藏在準備拿去洗的髒衣服裏頭的錢也給偷走了，從墨西哥帶來的白銀，藏在特別訂做的桌子底下，還是被竊賊搜出拿走。

一位日本小姐，因為準備考博士口試，懶得燒飯，到外頭吃，不過一小時工夫，被偷得光光的，她哭得要命。這次，小偷是從避火梯（firescape）進來的。因此，凡是有避火梯的房間，便需要把那裏的窗口釘得緊緊的，以防小偷進來。

一位朋友從東京剛到紐約，坐觀光巴士遊覽，中途大家下來上廁所，吃東西。她把照相機擺在身旁，雙手取水一洗臉，忽然想起照相機離手不得，一張開眼睛，果然不見了。不到一分鐘，快得很。在紐約街上，假如有生人稱讚你的照相機，要借來看看，你千萬不能交給他，否則你的馬上就會變成他的。

在紐約住，最容易被竊的是一樓和頂上樓。一位臺北來的朋友住在第一樓，為了防小偷，他養了一條牧羊狗，結果這條洋狗給小偷「收買」了，打字機、錄音機都給偷了去。頂上樓，由於這裏的房子，屋頂都是平的，所以盜賊可以從屋頂來偷。他們有時候偷得很徹底，連電視、茶壺、飯碗，以及面霜統統一起搬走。所以，有不少人，他們都把比較貴重的衣服、照相機等存在朋友家裏。有位做舊貨幣（coin）生意的美國朋友，他就經常把金幣、銀幣寄存在銀行的保險箱裏頭，免得失竊。

在紐約，身上絕不能多帶現款走路，但又不能完全不帶。多帶現款有被搶劫的危險；完全不帶，便可能遭到意外的災禍。有一個人被強盜用手槍恐嚇了，搜他身上，他一個錢也沒帶，盜賊惱怒之餘，揍他兩下，結果一隻眼被揍壞了。

專幹盜賊這行的，大多是黑人和波多黎哥人。義大利裔和西班牙裔時或有之。這些竊賊，平時不務正業，多是酒鬼和吸用嗎啡的敗類。紐約盜賊之多，簡直不能想像，更寫不盡。有的人，為防盜賊侵入，更使用一種非用手槍把它打壞，否則不能開的鎖，可見防偷的嚴重性。

常常東西一丟，總是一去不還。報告警察，警察也毫無辦法。在紐約被偷，百分之九十九是不可能找回來的。警察祇有安慰你一番，叫你以後特別小心，而好的警察可能給你出一張被竊的證明，他甚至叫你把價值三百美元的東西報值五百美元，俾由你的所得扣除被竊部份減少課稅的金額。

我們現在住的地方，看管房子的太太很精細，一有人進來，她便仔細看看是誰，因此從來沒有人被偷。但去年仍然有賊進來了一次。那賊人進了我們頂樓上（五樓）一個房間。從四樓一上五樓有兩間房，右邊房間經常沒鎖，桌上放有手錶、現款、戒指等等；但這個迷糊的小偷偏偏用小刀揭開左邊的門進去。這房間住的是七十幾歲的窮老頭，沒有什麼東西可偷，小偷祇偷走了一隻手錶。據這位老頭子說，那是個早已沒有用的廢錶。

紐約，你可以來看看走走，但不是久居的地方。有機會來紐約觀光、考察，請各位要特別留意，許許多多的人在打著你的美金、照相機、手錶和貴重行李的主意。

一九六八年九月十九日於紐約哥大

（原載一九六八年十一月一日臺北『中外雜誌』）

紐約的乞丐

小時候，常常聽到人家說，美國人都是很有錢，做美國的乞丐要比中國的富人好，……。事實上，我們在電影上以及在外國土地上所看到揮金如土的多是美國人。美國最有錢的，恐怕也是世界上最有錢的杜邦家（The Du Pont Family）有七十六億二千九百萬美元（等於三千五十一億六千萬新臺幣，這是五年前的估計，今日當然已不止此數）的財產，其他百萬美元富翁實在多的是；但如果由於這些事實而就認為美國人都是很富有，那就與事實不符了。

根據一九六八年度美國政府當局的公布，凡一家四口一年收入低於三千三百五十八美元者算是窮人，其數目大約有二千三百萬人。且由於美國是一個社會安全制度比較發達的國家，所以依靠這種福利而生活者，僅在紐約市一地，也有上百萬人。我們姑名之曰「社會乞丐」。

「社會乞丐」是人類良心的制度化——社會安全制度的產物，他們雖然是社會的包袱，但並不因此而對其人格有所損。在美國，對於給我們服務的人，予以小費是一種社會習慣，我們可以餐館的堂倌為例，而對於這種人群則有人喻之為「桌子乞丐」。這些人既以服務得到其報酬，當然不必以此而害羞。其實，在某種意義上，人都是乞丐。寫文章過活的人自稱為「文丐」；政治動物的代表，特別是美國的政治家，不管其貧富，他的政治資金大多謀之於他人，這種人是高等乞丐，或可呼之曰「政丐」。譬如上月紐約市長選舉，當選連任的林賽，得到一百七十萬美元左右的捐獻。

世上雖有各種各樣的乞丐，但今日我所要談的是正統的，也就是經常在路上或車上向人討錢的紐約乞丐。

四年前初來紐約，在路上初次遇到這種美國乞丐時，實在覺得有些意外。因為在臺灣鄉下生長的我，記憶中，在我們鄉下，過年過節或婚禮喪事纔有乞丐，而且，這些乞丐都是真正衣衫襤褸，討飯吃的；戰後我在東京所看到的，是身穿戰爭時期軍人負傷時穿的白衣殘廢乞丐，這種乞丐祇有幾個，他們不是在循環東京都內的電車裡，就是在澀谷車站附近行乞。

但是，紐約的乞丐都穿得還不錯，有的甚至結著領帶呢！祇是所穿的衣服比較骯髒而已。我在紐約遇到乞丐最多的還是從百老匯西九十五街到一百一十六街哥倫比亞大學一帶。這固然是因為我一直住在這個地區，但這個區域之有許多低所得者可能是一個大原因。

以前，在百老匯西九十六街與九十七街之間靠東這一邊，下午常常有一位十五、六歲的白人女孩在那裏向過路者討一毛錢。對於過路者她都是這樣說：「我想給家裏打電話，但沒有一毛錢，你能不能給我？」。在美國，打公共電話用的是一毛錢。大概因為她是少女，給錢者相當多。有一天黃昏，她到我的日本朋友店裏將其所得換成鈔票，我幫她一算，那天下午她賺得七元八毛錢，她的「生意」還不錯呢！這是三年前的事情。

有一個似白似黑、身材不高的人，也常在九十七、八街一帶打「游擊」。他要的是一塊錢，理由是還沒有吃飯。某星期天下午二時許，這位仁兄走到日本朋友店裏，向我們要錢。我們正在聊天，中間有一位美國老太太，暗示我們不要說話，而對這位仁兄說道：「你到這候還沒有吃中飯，多可憐呀！不過我向來是不給現款的，這樣好了，你跟我到對面去吃，吃多少，我付錢。」這位仁兄聽她這樣一說，轉頭就走了。原來，這位老太太看見他剛從對面的飯館出來，所以故意對他這樣說，以破其謊。

有一次，一個四十歲左右的白人，在百老匯路上，忽然走近我們，並說：他是從芝加哥來的「教授」，現在沒錢吃飯，是否能給一塊五毛錢。在這一帶，我見過他幾次，也就沒有理他。在路上，忽然向你要香煙、一毛錢、五分錢的人太多了。

凡是在紐約住過的人，相信都有過這種經驗。

在百老匯西七十二街街口，以及第五條路（the Fifth Avenue）西五十三街與五十四街之間，經常站有帶著盲導犬的盲人乞丐。他們的狗，相當強健而高大，據說都是慈善團體送的。不過從狗的食量來看，他們的負擔恐怕不止養兩個大的小孩。而其中一位，胸前且帶著電晶體收音機。他邊聽著收音機（用 ear phone）邊行乞呢！這光景在臺灣和日本是看不到的。

而在紐約的地下電車裡，也常有行乞的現象。有的用小喇叭演奏；有的則用嘴唱；有的更拿著一張硬牌，上面寫著：「我是啞巴，家裏有母親，請予援助。」。電車裏的乞丐，據我所見過的，都是殘廢者。對於這種人，美國政府都給予生活補助，但仍嫌不夠開支。（對於盲人，美國聯邦政府每人每月補助九十二元一毛五，紐約市政府補助一百四十六元六毛一。換句話說，住在紐約市內的盲人，每人每月可以拿到兩百三十八元七毛六分的生活補助費）。

在街上行乞的，除盲人乞丐外，紐約的乞丐都是游動的。他們從這條街討到那一條街。而且，大概本於行乞自由的精神，他們向人討錢似很不在乎。「你要給就給，不給就算了」，他們似都有這種氣概。當然，裏頭也有會顯出可憐相的，但要比日本和臺灣的乞丐少得多。

紐約的乞丐，大多是黑人和半白半黑的人；而迄至今日，我還沒見過東方人的乞丐，這是可告慰的。

十二月十一日於紐約

（原載一九六九年十二月廿九日臺北『中央日報』副刊）

美國與日本

書　名：The United States and Japan

作　者：Edited by Herbert Passin

出版者：Prentice-Hall, Inc., Englewood Cliffs, N. J.

出版時間：1965

這本書是哥倫比亞大學美國會議（The American Assembly）所計劃、研究叢書的一種（註一），由哥大社會學教授巴森主編，內容共有六章，編者撰寫序言和最後一章。第一章至第五章，分別由塞登斯迪卡（Edward Seidensticker）、華德（Robert E. Ward）、奧爾遜（Lawrence Olson）、洛克伍德（William W. Lockwood）和武者小路公秀（Kinhide Mushakoji）執筆；六人中，除武者小路是日人外，其餘者都是美國學人（註二）。

第一章原題叫做 The Image，似可譯作「映像」。它是一百多年來美、日關係的總敘述。從一八五三年帕利敲開日本國門以後，到二十世紀初期，是美日關係最「甜蜜」的時期；也是日本拼命吸收西方文明，走上「富國強兵」道路的時代。從美國，日本人不只學了些民主、自由的觀念，而且輸入了社會主義，而安部磯雄和片山潛（註三）就是它的代表。

及至一九〇五年，日俄戰爭結束，美日關係便開始走下坡路。這是因為經過中日、日俄兩次戰爭，日本獲得軍事上的勝利和自信，而予美國人以好戰的印象所致；但最主要的還是由於美國的門戶開放政策和日本對於中國的種種要求所促成。就日本人來講，美國的移民政策可以說確定了他們反美的動向。而美國政府之所以限制日本人移民，是因為日本人移民背後有個強有力的政府作其後盾，因此美國地方政府有關移民的措施，很容易引起國際問題。事實上，加利福尼亞州政府，就曾經差別日本人，禁止其購買土地；一九二二年，美國最高法院更下了日本人沒有資格歸化美國的判決。當然，日本人以為這是美國對於他們莫大的侮辱。美日關係的這種惡化趨勢，不但未能改善，最後終於發展為太平洋戰爭，而為美日關係做了一次總清算。

下來就是美國佔領日本。關於佔領，在本書第二章有詳細的討論。在這裏，塞登斯迪卡批評了佔領結束，簽訂了舊金山和約後，日本左派知識份子披上列寧主義外衣大肆攻擊美國的態度。他說，同樣白人，日本左派人士對於蘇聯人有好感；對於美國人卻沒有好感。理由是：蘇聯是社會主義國家，是專替被壓迫民族打不平的鬥士；但這是二十世紀的神話，是他們的獨斷和偏見。

一部份日本人喜歡責備美國白人對於黑人的歧視。塞登斯迪卡舉出了火野葦平（註四）和某大學教授做例子。但日本人本身在不知不覺中卻也有蔑視黑人的行為。塞登斯迪卡說：幾年前，日本曾拍以由美國大兵在日本所遺留下來的私生子為題材的電影，該部電影為強調問題的嚴重性，曾經選擇黑人與日本婦女生的孩子做主角。

此外，舉凡企圖暴露美軍基地的黑暗面者，必有日本小姐陪著黑人大兵的鏡頭。這不是對於黑人的一種藐視嗎？

戰後由於冷戰的發生，更由於日本左派之忠於其主子，在日本挨罵最厲害的是美國；但在一般人民心目中，最受歡迎的卻也是美國。據塞登斯迪卡的見解，這也許是因為在日本人的日常生活中，美國人的影子太大所致。因此，為增進美日兩國的友誼，他主張美日兩國間的往來愈少愈好，雖然在實際上辦不到。他說，最好的方策是對於日本的事美國應少插嘴，而多在其他地區求進步。

最後，塞登斯迪卡談到美國人的對日態度。對於一些美國人，日本仍舊是一個「櫻花、富士山和藝妓」的國家；但日本已不盡是這種國度。她的生產能力、技術、以及民族自尊心決非牧歌的象徵。所以他警告美國人說：對於日本，應該面對現實，不可祇看其漂亮的一面，否則將來必有鼻子碰灰而大失所望的一天。

第二章是佔領的遺產。佔領日本的盟軍，實際上是美國的軍隊，所以，佔領的遺產也就是美國佔領日本所遺留下來的一切。在這一點，日本的佔領跟德國的佔領完全不同。

根據作者華德的說法，美軍對於日本的佔領政策前後曾有幾次大轉變。起初，美國的最大目標是徹底消滅日本帝國主義的根源，使日本永遠不再成為對於美國和世界和平的軍事威脅。以後因為國際局勢的演變，美軍的對日佔領政策也不得不隨之而轉變。這種轉變，首先起於一九四六年初。是即它由非軍事化日本而轉變到民主化日本。第二次轉變發生於一九四七年春天到一九四八年年初。這是冷戰的結果。眼看蘇聯勢力的日漸擴大，杜魯門政府遂不得不轉變其外交政策，而援助土耳其和希臘就是它的具體產物。於是對於日本的政策也有一百八十度的轉變。美國的目標是，想使日本成為她在遠東的不二盟邦。因此，在經濟方面，一直不太關心的美國，也積極地開始幫助日本的經濟復興了。與此同時，為使各種改革道地生根，美軍遂把改革的權限逐漸交給日本政府去執行，這的確是很大的轉變。

在未具體分析佔領的遺產以前，華德曾經強調佔領對於日本人心理上的重大影響。第一、它是日本有史以來的初次經驗；第二、美軍在日本具有絕對的權力；

第三、日本人對於傳統的政治制度以及領導者失去信心；第四、佔領這部戲完全由盟軍總部一手導演。由此可見其對於日本社會影響之如何地深遠而重大。

是即在將近七年的佔領期間，美國曾予日本社會以空前的變化。其主要者可歸納如下：從政界、財界和教育界，趕走了二十萬昔日日本帝國的幫兇；起草新憲法；建立中央和地方分權的政治制度；公務員制度的全面改革；政黨制度的確立；基本人權、婦女、勞動者權利的保障；司法制度的重建；天皇帝位的變更；財閥的解體；土地制度的澈底改革；工會的創制；信用制度的統制；自幼稚園至大學研究院整個教育制度的改革等等。華德把它做「浸透型的佔領」。而這些，名符其實地把日本變成一個新的國家。但惟其如此，美日間的一切問題也種因於此。

一九五一年九月八日，日本跟大部份盟國簽訂了舊金山和約，盟軍因此結束了日本的佔領。但是蘇聯和中共等，因為立場的不一致，並未參加是項和約。雖然「國家間沒有朋友，祇有利害」，但在基本上，美日兩國的友誼至今還算相當圓滿。第一、在國際關係上，美日是同盟國；第二、在國際貿易上，美日兩國的利害關係是互補的。惟在日本的國內政治上，有代表反美勢力的一群，這一群人始終認為美國是把日本重新帶到走帝國主義也就是「資產階級的資本主義」老路的惡霸。這種正反兩面的遺產，至今仍反映在日人對於美日安全條約的態度上。華德認為這種現象是盟軍對日政策的必然結果；但是美日間的合作和友誼，到底是美軍佔領日本七年所遺留下來最寶貴的財產。

第三章討論美日兩國間的政治關係。此篇作者奧爾遜認為戰後日本政治的特色，可以保守的自民黨和激進的社會黨的對立來說明。在保守政黨方面，吉田茂系統下的人具有最大的影響力（註五）；且此政黨與日本的官界財界和地主具有不可分割的關係。反此，社會黨以馬克主義為武器，以工人為群眾基礎，其領導者的教育程度和家庭較比保守政黨者為低。此外還有民社黨、公明黨以及共產黨，但在目前，對於自民、社會兩黨較有威脅的還是公明黨，也就是所謂創價學會。這是日本政黨的大致輪廓。

其次，奧爾遜討論了日本所面臨的幾個主要的政治問題。第一是美日安全條約。無需說，戰後日本的安全保障的結構，完全起源於美軍的佔領日本。吉田茂政府基於「祇要日本經濟能夠自立，其餘的各種問題皆可自動地迎刃而解」的原則而接受了舊金山和約和附帶的美日安全條約。一般來說，其選擇是正確的。實際上，由於日本請美國保障她的安全，日本不必多化費於國防，其經濟纔得以突飛猛進，躍居世界第三位的寶座，但是，惟因日本國內有親共勢力，美日的同盟遂成為最大的政治問題。他們極力主張要取消這個「喪權辱國」的條約。

第二是琉球問題。奧爾遜認為，從遠的觀點來看，美國應該把琉球還給日本。理由是：民族主義。民族主義，在二十世紀後半的今日，仍然是最中聽、最響亮的政治口號。不管誰作怎樣的主張，無分任何一派，日本人是會繼續不斷的向美國要求把琉球還給他們的；而我相信，美國當局，遲早也必這樣做，這是時間的問題。

第三是越戰問題。越戰與日本本來沒有直接關係，因此對於日本人不應該發生任何問題。不特不應該有問題，而且日本人還從越戰賺了不少美金呢！在日本，越戰之所以成為問題，完全是日本國內的反美勢力所造成。說來也很奇怪，全世界反越戰反得最兇的是日本，所以，它與美日同盟是分不開的。

最後，奧爾遜檢討了日本和東亞、東南亞各國的將來的關係。這些國家包括韓國、中國和印度等等。奧爾遜的結論說，美日兩國間的關係實存於貿易，並認為日本、中國和東南亞的關係，應是日本利用其大量人才搶救亞洲的貧困。不過對於他說日本人比大部份的亞洲人瞭解美國，以及美國人比大部份的亞洲人和歐洲人，更瞭解日本人一節，大有討論的餘地。

第四章是美日兩國間經濟關係的敘述。根據洛克伍德的見解，日本經濟的發展，絕非幾個五年計劃所促成，而是五十年甚至七十年的歷史過程所完成的。譬如自一八八五年至一九三五年的五十年當中，日本國民的生產力竟增加了三倍，而其所以能夠這樣迅速地增加，主要是領導者的領導有方和政府的努力所致。因此日本的資本主義，可以說是「受保護的資本主義」（sponsored capitalism）。

在其初期，為開拓近代資本主義各種實業的新技術，明治政府曾經扮演過極其重要的角色。不但如此，還提供資本經營礦業、工業、造船和鐵路等巨型實業，並負擔其損失。不久，政府便將這些實業交給民間去謀求發展，而專事於金融貿易的工作。這是日本資本主義的開端，也是今天日本經濟的一個重要基礎。

二次大戰後，日本成為一片廢墟，有人譬喻她說是「一條衹有七人分的糧食，但卻載有十個人的漂流艇」。（ten men in a drifting boat, and only food for seven）可是，二十年後的日本，其工業生產竟增加了五倍。如所周知，戰後日本經濟的迅速發展，被認為是一種奇跡。而韓戰之加速了日本經濟的復興和成長是不待煩言的。

戰後日本經濟之所以發展這樣快，據洛克伍德的意見，首先是輸入海外尤其是美國技術的功勞；第二是國民教育的普遍提高（戰後，日本實施了九年的義務教育）；第三是資本的儲蓄。一九六〇年代初期，國民總支出的大約百分之四十是用於資本儲蓄的擴充，這個比率是驚人的。應該指出的第四點是軍事費用的輕微。

其次洛克伍德討論了日本在世界經濟的地位。在一九三〇年代，日本的貿易，大半都集中於亞洲；但在今天，亞洲、北美洲和其他地區大致各佔三分之一，其中單獨美國，就幾乎佔了三分之一。可見美日貿易關係的密切和重要。日本從美國主要是輸入糧食、原料和燃料等；而往美國輸出鋼鐵、衣類、電器機械、電晶體收音機、摩托車、照像機、望遠鏡等等。但是，洛克伍德認為日本貿易最有前途的還是歐洲，這是有根據的（註六）。

第五章是一個日本學人對於美日關係的看法。作者武者小路認為：隨日本民族主義的恢復和日本國民對於自己國家利益的認識，大家都認為在國際關係上，日本應該扮演更積極的角色。問題是，因為思想立場上的不同，左右兩派人士所指「積極的角色」究竟是什麼，遂有內容上的差異。換句話說，因為立場的不同，對於「國益」的解釋遂發生紛歧。於是武者小路便從什麼是日本的國益開始討論。

首先他主張說，日本是民主國家，不是西方國家；是亞洲國家，不是低度開發國家；雖不是社會主義國家，但卻跟中國有許多關係的國家，因此，他說日本的這種地位不許日本屬於自由集團、共產集團，甚至亞非集團的任何一個集團。加以美蘇的冷戰已轉移到美國與中共的冷戰，世界的危機焦點已由德國轉到東南亞，這使日本捲入了漩渦，並增加了日本在遠東的重要性。

面對這種國際局勢，武者小路認為，日本政府不可能老不解決以下幾個問題：第一是領土完整的問題，這乃指收回琉球和色丹與齒舞諸島而言；第二是日本本身的國防問題；第三是日本是否應該製造原子彈的問題；第四是對於中共的態度問題；第五是美日關係。

武者小路強調說：一、日本應該選擇一個最不會引起國內糾紛的角色；二、這個角色的選擇如果基於意識形態的觀點，必陷日本社會和政治於分裂之中；三、因此、日本應扮演何種角色，不能以意識形態思想立場來確定。

他一再強調，日本政府從來沒有表示過不跟西方國家尤其是美國合作，祇是日本的輿論不允許日本政府跟美國做百分之百的合作而已。武者小路的意思是說：日本的輿論分而為二，不許日本往任何一邊倒，於是出現的就是戴高樂的道路。對於中共，他主張作事實上的承認；並向美國力主日本與中國關係的密切。他說：美國與中共的冷戰，成為日本跟其鄰邦建立關係的最大障礙。像武者小路這種「現實主義者」的想法，在今日日本有不可忽視的勢力，而其與美國前進份子的互相策應，對於美國政府當局，將來必有重大的影響，這是我們中國人所應該特別提高警惕的。

基於這種觀點，武者小路得出這樣的結論：美國如想利用日本扮演美國在遠東所擬扮演的角色，美國祇能得到非常麻煩而困難多端的盟邦日本，因此，為美日兩國計，美國應該協助日本在遠東創出一個安定的局面，和工業化該地區，而不應該利用日本作踏腳板。惟有這樣，日本纔會變成美國可靠的朋友而不是不可靠的盟邦。據我個人的見解，日本確在走上這條路，這似是無可奈何的一種趨勢。

第六章也就是最後一章，是對於日本和美日關係的展望。戰後二十年，工業生產居世界第三位，人口列世界第五位的日本，在國際政治上，至今並未扮演重要角色；但作者巴森卻斷言說：今後十年，日本在世界政治舞臺上，將是一個極其重要的因素。

若是，一九七五年的日本將是一個怎樣的國家呢？

在經濟方面：日本的人口將增至一億八百六十萬左右；其國民所得將由六百美元（一九六五年）而增加到大約一千五百美元；其工業發達的程度，已足以製造和使用洲際飛彈。日本的農村人口將減至整個人口的百分之十八；都市地價昂貴，紐約式的高層公寓將成為日本人日常起居的場所。將有百分之八十的青年人受高中教育，百分之二十五的人口接受大學教育。旅行國外的人數，將大大地增加，惟都市設備不能趕上人口集中的速度，因此都市問題必將更加嚴重。此時，日本的對外貿易最有可能增加的是中南美洲。

在政治方面：民族主義的增長，將促使戴高樂主義的風行。知識份子仍將照樣墨守馬克思主義的教條；「社會主義」仍舊是最吸引人的政治招牌。保守政黨的得票率逐漸下降；反之激進政黨的得票率將有所增加，不過這種趨勢未必會一直繼續下去。直到一九七五年，自民黨可能得不到國民過半數的支持；社會黨可能遠不及百分之五十；公明黨百分之十到二十；民社黨和共產黨可能佔百分之五到十，而票數移動最厲害的將是公明黨。

基於以上的分析，巴森認為在一九七五年左右，可能由以下三者的一個組織政府。一、仍由保守政黨掌握政權，不過這可能不是單獨政權，而是聯合政權，很可能是跟公明黨的聯合政權。二、社會黨的單獨政權，或社會黨與民社黨或共產黨的聯合政權。三、保守、激進二大政黨的輪流執政，或多黨政治的出現，後者的可能性似乎最大。

因此，在一九七〇年代，巴森認為日本對於她所將面臨的課題可能採取以下的態度。一、日本將不再乖乖地接受美國對於共產主義的見解；二、日本可能已經承認中共；三、日本的軍事能力可能不是頂強大的。至於美日關係，巴森主張美國應該讓日本自主。從政治上看，美國留在日本所將付出的代價，將遠比美國離開日本所匚付出的代價還要大。所以他警告美國人說，美國應該準備新的變化。在這種意義上，他的主張和武者小路的意見是相通的。

（註一）截至一九六六年，哥大美國會議曾經研究過以下幾個專題，並由Prentice Hall出版公司出版過以下的專書：

1951-United States-Western Europe Relationship.
1952-Inflation.
1953-Economic Security for Americans.
1954-The United State` Stake in The United Nations.
-The Federal Government Service.
1955-United States Agriculture.
-The Forty-Eight States.
1956-The Representation of The United States Abroad.
-The United States and The Far East.
1957-International Stability and Progress.
-Atoms for Power.
1958-The United States and Africa.
-United States Monetary Policy.
1959-Wages.Prices,Profits and Productivity.
-The United States and Latin America.
1960-The Federal Government and Higher Education.

-The Secretary of State.
-Goals for Americans.
1961-Arms Control: Issues for the Public.
-Outer Space: Prospects for Man and Society.
1962-Automation and Technological Change.
-Cultural Affairs and Foreign Relations.
1963-The Population Dilemma.
-The United States and Middle East.
1964-The United States and Canada.
-The Congress and America's Future.
1965-The Court,the Public, and the Law Explosion.
-The United States and Japan.
1966-The United States and The Philippines.
-State Legishlature.
-The Spread of Nuclear Weapons.

（註二）塞登斯迪卡，曾任史丹福大學教授，現任密歇根大學日本文學教授，以翻譯川端康成的「雪國」，谷崎潤一郎的『細雪』等成英文馳名於世。

華德現任密歇根大學教授，並兼任該大學日本研究所所長，著有 Village Japan（1959）Modern Political Systems: Asia（with Roy C. Marcidis）（1963）；Political Modernization in Japan and Turkey（With D. A. Rustow）（1964）等書。

奧爾遜曾任夏威夷大學、達特瑪斯大學客座教授，現任威斯理安大學教授，著有 Dimension of Japan 一書。

洛克伍德現任普林斯頓大學政治學、國際問題教授，編著有 The Economic Development of Japan: The State and Economic Enterprise in Japan 等書。一九六三年曾出任美國亞洲學會會長。武者小路公秀曾任日本學習院大學副教授，美國普林斯頓大學、西北大學客座教授，現任東京上智大學國際政治學教授，著有『現代法國之政治意識』、『從甘迺迪到戴高樂』、『國際政治與日本』等書。

（註三）安部磯雄（一八六五—一九四九）一九〇一年曾參加社會民主黨的建黨，並起草其宣言。一九二八年當選國會議員，著有『地上理想國瑞士』、『社會問題概論』等書。片山潛（一八五九—一九三三）留學美國耶魯大學，後來成為社會主義者，死於莫斯科。著有『日本之勞動運動』等書。曾任日本首相之片山哲就是其公子。

（註四）火野葦平（一九〇七－一九六〇）真名玉井勝則，小說家。著有『花與龍』、『麥與士兵』、『陸軍』等許多小說。曾獲得第六屆芥川獎。一九五九年曾由角川書店出版『火野葦平選集』八卷。

（註五）譬如池田勇人、佐藤榮作等，通常日人把他們叫做「吉田學校的高材生」。

（註六）拙著『富士山頭雜感集』（一九六六年，臺北帕米爾書店出版）一書有關戰後日本的政治、經濟論文或可參考。

（原載一九七一年六月三十日紐約『中華青年』）

富士山下的學潮

日本的學生運動，嚴格地來說，是戰後纔開始的。在戰前，日本的學生固然有些活動。但卻沒有像今天那樣有組織的大群學生的運動。這個理由是非常簡單而明白的，因為戰前（包括太平洋戰爭時期），日本是一個帝國主義的國家，人民缺欠出版、言論、結社等自由，更不容許人民有公開反抗政府的種種活動，因此，所謂社會運動、勞工運動和學生運動也就無存在的餘地。

由於這種原因，戰前的日本大學生，舉凡對於政治、經濟、社會不滿而想有所作為者，都是參加大學裏頭的「社會科學研究會」之類的團體，並以單線的方式接受日共或其同路人的領導，以從事反抗「反動」的政府，和「解放」勞動者的用意，至於他們的實際活動狀況，我們可以從日本的左翼作家所寫的小說窺其一斑。

但是，戰後的日本，其情況完全不同了。日本因為美國的「感召」，一變而為民主主義國家。新的憲法予人民以百分之百的出版、言論、結社等自由，共產黨成為堂堂正正的合法政黨，左翼的出版物如雨後春筍，汗牛充棟，在今天，日本的所謂馬克思經濟學者之類的學人，恐怕比自由世界此類學者之總和還要多。在這種意義上，今日日本是共產集團在自由世界的第一個思想堡壘。

老師們如此，遑論學生？我們如果要論戰後日本的學生運動，我們得寫厚厚的一部書。加以戰後日本的學生運動，其派別錯綜複雜，說來既繁，又乏滋味，因此，我祇擬就我所親自目見和我所瞭解，以及從日本人所撰書刊所得知者寫出其大概來，以供一般讀者參考。

一提起戰後日本的學生運動，誰人都會馬上連想到那頂頂有名的「全學聯」（Zengakuren）。所謂全學聯，乃是「全日本學生自治會總聯合」的簡稱，於一九四八年九月十八日至二十日，在東京正式成立，當時參加全學聯的日本全國大學一共有二百六十六所，其學生總數為大約二十二萬人。而全學聯，從其降生，自始就是以鬥爭為目的，根本就不是單純的學生自治會的聯合會；並且，日共派了許多學生黨員去擔任全學聯的委員長、書記長等重要職務，所以，全學聯自其降世就成為日共的外圍團體。

正因為全學聯變成了日共的鷹犬，更偏重於政治活動，因而不齒與之為伍的一部份私立大專學生自治會，遂於三個月後的一九四八年十二月十七日，在京都成立了「全國私立大學高專學生自治會聯合」（簡稱「私學聯」，以後改稱「全國私學學生自治會聯盟」）與之抗衡，但究竟不是全學聯的對手。因此，爾後日本的學生運動，也就自然而然地成為全學聯的獨擅場。

不過，對於全學聯的組織應該補充說明的一點，就是參加全學聯的自治會不是以大學的自治會為單位，而是以大學裏頭的大學部（等於中國的學院）的自治會為單位；並且，學生參加自治會，不是任意的，而是學生入學時自動加入的，也就是強迫性的。由於學生自治會是全體學生非參加不可的團體，所以他們隨時隨地能夠打出「全體學生的意思」這種招牌來；更由於他們隨時隨地可以拿出這張「王牌」，因此日本的學生運動也就很容易被利用於校園以外的政治鬥爭。老實說，這是為什麼人家誤以為日本的大學生都是支持全學聯和反抗日本政府的重要原因之一。

根據日本文部省（相當於我國的教育部）一九六五年的統計，日本的大專學生有九十六萬七千四百六十二人，而參加全學聯的組織者通常為其百分之五十左右，所以，今天日本的大專學生參加全學聯者在名義上應該在五十萬人以上。不過，經常參加由全學聯所推動的各種運動者，除一九六〇年的反對修改美日安全條約的時候以外，通常祇佔百分之二到百分之三，其比率並不算高。

就一般來講，全學聯所著重的運動是：反「美帝國主義」和「日本帝國主義」的合作，也就是反對美日安全條約，反越南戰爭，反對日本政府的一切親自由集團的政策；支持各私立大學反對增加學費的罷課等等。

由此我們可以知道：全學聯的主要敵人是「美日帝國主義」；而其最後目標是實現「社會主義」。不過參加運動的一般學生是鮮有這種政治意識的。譬如曾經參加反對一九六〇年修改美日安全條約的東京大學教養學部的學生，對於為什麼參加示威遊行的質問，其回答狀況如左：

為了變革社會體制	百分之七・〇
反對自由民主黨	百分之一七・二
反對岸信介內閣	百分之四〇・六
反對美日安全條約	百分之四八・二
反對強硬通過條約	百分之五四・二
為了一種經驗	百分之一四・八

（以上因係對於兩個項目以上的回答，所以有重複。引自日本學生運動研究會編『學生運動之研究』一八六頁。日刊勞動通信社，一九六六年出版）

學生運動的日趨激烈，可謂世界的一般趨勢。就中，恐怕以日本的學生運動為最厲害。一九六〇年，日本學生反對修改美日安全條約的情況，真是為局外者所絕不能想像的。全學聯最多時，全國竟動員了八萬到十萬人；更經常有幾千（二千到八千）的學生跟總評（勞工界的「全學聯」，擁有四百萬會員）的工人在包圍國會，甚至在此時壓死一位女生。當時的美國總統艾森豪因此而不得不取消訪日的計劃。

日本的學生運動，因為國際局勢，以及受哥倫比亞大學和巴黎大學等學潮的間接鼓勵，惟有會增長，而絕不會減少的。它變成了慢性的「合法暴動」。尤其是，一九七〇年，日本政府得修改或延期現行的美日安全條約，因此，日本的左翼勢力，包括為其前衛部隊的全學聯，統統把他們的鬥爭目標設在它。從明年年初，日本的政治風暴恐怕又要降臨了。所以，日本政府正在頭痛；而一九七〇年的政治風暴，必定要比一九六〇年兇暴得許多。日本將往何處去，我們且看日本政府是否能夠安全無恙地渡過行將來臨的這陣大暴風雨。

其次，我們應該談談全學聯支持私立大學學生反對提高學費的問題。日本的大學，在提高學費時，是祇提高那一年度以及以後入學者的學費，並不提高在校學生的學費。大學當局既然不提高在校學生學費，照理，在校學生不應該出來反對與他們無關的事纔對。可是，他們卻偏偏要反對。而為其原動力的，就是全學聯。

日本的私立大學，大致地來說，平均祇有國立大學的四分之一的教員；三分之一的設備；但其學生卻得交大約七倍到十倍於國立大學的學生所應交的學費。並且，日本的物價年年在漲（物價的上漲也是世界一般的趨勢），故日本的私立大學，其經濟狀況早已陷於一種惡性循環。譬如東京的法政大學，其新校舍皆為鋼鐵混泥土所建，但蓋校舍的錢，據說大多是借來的，所以我們在東京時常開它的玩笑說：它不是 tekkin concrete（鐵筋混泥土的日語音），而是 shakkin concrete（借金混泥土的日語音，意即以借款所建）。

據一九六八年四月號的日文月刊『自由』的報導，目前有十二所日本的大學為學費問題而在鬧學潮。而且，明年，日本大學、慶應大學和早稻大學（明治大學去年已大鬧過）也可能增加學費。看樣子，日本的學生運動，今後一定愈來愈激烈。

若是，日本的學生運動為什麼會這樣激烈呢？有人說，青年的特質使然；也有人說，對於社會問題的自覺所驅；更有人說，這是一種群眾心理的顯現。但這個問題，是世界的學者正在摸索的難題，可謂尚未有定論。不過對於日本的青年學生，我們應該牢牢地記住一句俗語：「到二十歲而不左傾的人是糊塗蛋；到四十歲還是左傾的人更是糊塗蛋。」換句話說，在日本，左傾是一種青年人的麻疹，是人人必須經過的一段人生歷程，也可以說是一種流行病。

（原載一九六八年七月一日紐約『聯合』季刊）

日本博士論

最近在日本發生了一件頗損學術尊嚴的事情，那就是三重縣立大學醫學院的教授們收受審查博士學位的謝禮，超出一般人意料之外的金額這件事。其實，據筆者所知，不但申請醫學博士學位（提出博士論文）要錢，就是投考醫科大學（包括普通大學的醫學院）也要很多的錢。有一個人說，進某某醫科大學要七十萬元；另一個人說，七十萬那裏夠，現在的行情是二百萬呢！

進大學尚且如此，何況學界的王牌「博士」學位？因此，所謂三重縣立大學的事件，不過是許多類似這種事件當中被公開的一件而已，不足為奇。

相反的，天下卻也有不要博士學位的怪傑。日本文學界的泰斗已故夏目漱石就是這個型。他在日本甚至世界文壇上有其崇高的地位。

而這位鼎鼎大名的文豪，就拒絕了日本文部省贈送給他的文學博士學位，曾經傳誦於一時。又據說，日本很有名和很有造就的哲學家，現任學習院大學（戰前的貴族學校）校長，曾任文部大臣的安倍能成，和已故日本美學權威而又是很有成就的哲學家，曾任東北大學和慶應大學教授的阿部次郎，也繼承乃師夏目的「遺志」，並未申請博士學位。這種不願意申請博士學位的學人，相信在國內也有。

今年五月二十一日，東京『自由新聞』曾經刊載本年度在東京的中國人，有四十位獲得博士學位者，並列出三十七位的大名和學位名稱，其中三十四位是醫學博士。

同稱博士，其價值也不等。日本博士由其所授與的大學在社會上所享榮譽的高低而不同，更有舊制博士與新制博士、醫學博士和其他博士的差別。就一般來講，國立大學所授與的博士比私立大學的博士值錢，新制博士比舊制博士可貴，醫學博士比其他博士便宜。因此，當你遇見一位日本的某某博士，你就應該先搞清楚他是舊制或新制和那一所大學所授與的甚麼博士，否則你就將錯估這位仁兄的博士價值。這是閒話。

現在書歸正傳。今日，筆者想把日本自從設立博士學位至今的制度變遷，獲得博士學位的人數，和各種有關問題分別介紹，以供關心日本問題者參考。

跟中國古代一樣，以往日本的博士也是一種官名。古代日本宮廷裏面設有大學寮和陰陽寮，前者置有紀傳（文章）、明經、明法、算、音樂等博士；後者設有陰陽、曆、天文、漏刻等博士，所謂「陰陽博士安倍晴明」等等就是。在日本正式設立博士學位的是在一八九二年（明治二十五年）五月；當時的博士，除普通博士外還有所謂大博士的學位。當年能夠授與博士學位的衹限於帝國大學。一八九八年和一九二一年這部「學位令」曾經過兩次修改，在後一次的修改，除帝國大學外，其他官、公、私立大學亦可授與博士學位，是為舊學位令。上述的所謂「舊制博士」，就是指根據舊學位令取得博士學位者而言。

在此地，筆者想說些有關帝國大學的事。在國內我們常常聽到有人說某某是日本帝大（帝國大學的簡稱）畢業的。但是，我們如果問某某究竟是那一所帝大畢業的，他就不知道。在戰前（包括戰爭時期），日本一共有九個帝大：北海道、東北、東京、名古屋、京都、大阪、九州、京城（漢城）和臺北等帝大；後兩者現在已經沒有了，其他帝大亦都把「帝國」兩個字取消。就中以東京帝大為最出名，也就是今日的東京大學。所以我們要分清楚以往的那一所帝大，不要含混說日本帝大。

戰後，亦即一九五三年四月頒佈學位規則，一九五六年設立研究院（日人稱為大學院）制度，並修正學位規則而至於今。日本現有的博士學位一共有十七種：文學、法學、政治學、經濟學、社會學、教育學、商學、經營學、醫學、藥學、工學、農學、理學、齒學、水產學、神學和獸醫學等。

新制博士和舊制博士最大的不同，就是後者衹要向有審查學位資格的大學提出博士論文，並經審查及格就可獲得博士學位；而前者即一定要完成研究院裏頭的博士課程，並修滿五十個學分以後，纔有資格提出博士論文。而且論文及格還不算，一定還要經過有關其論文的口試及格以後，纔能獲得博士學位。這叫做『課程博士』。

不過對於舊制大學畢業者和自學者，新制博士亦有另一條路讓他們走，就是所謂『論文博士』。如果想走這一條路的話，一定要經過跟研究院博士課程同樣程度的筆試和口試，及格以後，纔能獲得博士學位。由於此時的筆試包括很深的兩種外國語文，所以在實際上想以此途徑取得博士學位幾乎比登天還要難。筆者在前面之所以說「新制博士比舊制博士可貴」就是這個道理。

戰後日本博士開始急速增加，乃是一九五五年以後的事。但這並不是說自那個時候起，日本學術研究的風氣忽然特別旺盛起來；而祇是基於舊制博士學位的授與將於一九六〇年前後截止這個事實。如此這般，日本博士的「粗製濫造」便開始了。

本來，日本底博士學位是由文部省審查通過後授與的，但自一九二一年以後，大學教授會可以審查決定授與與否（但仍需經過文部省核准）；而自一九二二年至五九年的博士，在將近四十年中間，日本一共產生了七萬五千三百九十一個博士；包括現在存在文部省大學學術局大學課的申請者大約有七千件，迄最後截止日期的一九六二年三月底，日本博士將超過八萬二三千人左右。

然而，這樣多的博士，絕大多數是近幾年來製造成的。在一九一〇年前後，一年頂多也不過有五、六百人，迄一九四五年每年的平均，也並沒有超過一千人以上。

但是，自從規定授與舊制博士學位期限的法令公布以後（一九五三年），它便突然大增而特增了。一九五五年三千二十八人，五七年四千七百三十二人，五八年五千五百八十一人，五九年九千二百三十四人，去（六〇年）年竟突破一萬大關而為一萬二千一百九十八人。總之，這四年來的增長，竟是增加了三倍半，真令人驚嘆。

自一九二一年至今所產生的整個博士數目當中，醫學博士竟佔了百分之八十。譬如東京大學，迄去年九月底為止，一共出了九千一百十五個博士，就中醫學博士佔了五千六百七十四人，亦即佔其百分之六十二。是以東京大學醫學院的畢業生當中，一百個人裏面有七十二個獲得醫學博士學位。

根據新制博士學位令的規定，舉凡根據此令獲得博士學位者，一定要寫上某某大學的甚麼博士，譬如東京大學醫學博士、明治大學商學博士，早稻田大學政治學博士等等。但是，舊制博士就沒有這種限制，不管那一個大學所授與的，一律都寫醫學博士張三，法學博士李四。如前所述，新制博士雖然不容易獲得，但卻有這種表示一流或二流大學的限制，在這一點，它就沒有舊制博士那麼值錢了。（這是就它在表面上所佔的便宜而言，至於它的實際價值是無法斷定的）因為，一流大學的醫學博士和三流大學的醫學法學博士，一流大學的法學博士和三流大學的法學博士，雖然同稱為博士，但在人們的心目中，其價值是絕不相同的。

據說，在快截止申請舊制博士的一九五九年和六〇年，各大學送到文部省大學課去的申請書每天平均五、六十件，多的時候甚至超過一百件。所以，審查也就特別快，但還是趕不上。今年四月文部省所核准的申請者是去年十一月份大學教授會議通過授與博士學位者。在另一方面，教授們的審查也是非常吃力而緊張的。譬如東京某醫科大學，在一次教授會議中，竟同時通過了五十篇博士論文。參加審查博士學位的教授，一個星期平均得看三篇是項論文，故把老先生們個個搞得疲憊不堪，頭昏腦脹。九州大學的某教授，就是因為看論文看得太多致患神經病而自殺的。

審查的人尚且如此，提出論文的人更加責力。而所謂博士的「粗製濫造」，就是由此而來。正在給人家看病的醫生是沒有時間和精神去專門研究學問的，因此，他們亦就千方百計設法尋覓大學研究院的學人（研究員）代寫論文；而本文開頭所說的所謂三重縣立大學事件，就是這個原形的畢露。博士可以用錢買，一個博士學位的行情為二百萬元等等，統統由此而生。醫學博士之所以汗牛充棟，俯拾皆是，實非偶然。

上面說過，舊制博士學位的申請期限將要截止了。根據一九五三年四月須布的學位規則，在國立大學，醫學要在一九六〇年三月底，其他的博士學位要在一九六二年三月底以前提出論文，在公、私立大學，醫、齒學要在一九六一年三月底，其他的學位要在一九六二年三月底以前提出論文。最遲也絕不能超過一九六三年三月底，否則將一概不予受理。換句話說，自一九六三年四月一日以後，凡欲得博士學位者，必須按照新的辦法申請新博士。基於這種理由，日本博士的「粗製濫造」，將繼續到後年的春季。

舊制博士雖然這樣容易得，但新制博士卻很不容易拿到。根據日本文部省一九五九年度調查，在這一年完成醫學博士課程的學生一共有五百五十七人；但在實際上獲得博士學位的祇有三百零四人，有二百五十三人未能獲得博士學位。新制的醫學博士開始於一九五七年，而迄五九年春季，全國大致有兩千人完成博士課程，但在實際上獲得博士學位的只有五百一十六人，差不多有百分之七十五未能獲得博士學位。

至於人文科學博士，那就更慘了。根據上面同樣的調查，迄一九五九年春季，獲得法學博士者全國只有十六人，文學、經濟學和社會學各一人，獲得其他博士學位者連一個都沒有。

單就濟學博士而言，譬如去（六〇）年度授與經濟學博士的只有東京大學、大阪大學和明治大學，而且是各一名；就是以商學和經濟學馳名於世的一橋大學（以前的東京商科大學），也到今年纔出第一號的經濟學博士，和東京大學的四名，全國也不過五名而已。而以往幾個帝大諸如北海道、東北、京都、名古屋、九州等大學，和一流的私立大學如早稻田和慶應大學，至今還沒有授與過經濟學的博士學位。由此可見，新制博士學位實不易獲得。要之，日本的博士學位正在貶值，正在傾銷，但這只能就舊制博士學位而言；至於新制博士學位，我們似應另眼相看才對。

五十、十一、五、於東京大學

（原載一九六一年十二月廿五日臺北『政治評論』）

日本國會議員助選記

——我們支持小淵惠三當選的經過——

一九六〇年八月九日凌晨，我正在由青森開往函館的船上跟幾位日本大學生談論著當時的日本政治，尤其是關於日本跟美國所訂美日安全條約的是非得失問題。如所週知，修正過後的該項條約，乃是於一九六〇年六月，在大政治風暴聲中勉強獲得日本國會通過的。因此，在八月間，它仍是一個議論紛紛、莫衷一是的政治題目。而在我們談論著的圈子傍邊，卻有一位臉黑黑地、留著平頭髮且始終保持緘默並靜聽著我說話的人；由於他臉那麼黑，又留著那種日本人不大常留的頭髮，所以我以為他是從印尼來的留學生，因而並沒有太注意他，而這個人，就是經我們支持當選而現任日本眾議院議員的小淵惠三。

船行途中結識小淵

在談論美日安全條約的時候，這些日本的大學生，大致都聽著我的意見。而大概由於贊同我的看法，到後頭，小淵忽然走近我並自我介紹說：「我是早稻田大學的學生，我對於政治非常有興趣，家父曾經做過眾議院議員，不過卻於兩年前去世，我很想出來競選國會議員，不知道你能不能幫忙我。」我當場答應。

如此這般，我跟小淵結識做了朋友，但是，那次之所以能夠前往北海道，參加日本「亞細亞之友會」所主辦的旅行團，乃是經由當時的新生報駐日特派員孔秋泉先生介紹的。「亞細亞之友會」是，每年利用暑假舉行招待留學日本的各國留學生旅行東日本或西日本各地，俾以增進他們瞭解日本的一個團體。在這種意義上，我所以能夠跟小淵為友，實間接地得力於孔秋泉先生。

群馬三區人物輩出

「亞細亞之友會」所主辦的旅行團，記得都是為期四個星期，一切費用皆由其負擔，惟當時我很忙，所以祇參加北海道札幌的節目。在札幌的三天，小淵睡在我隔壁，我們並時常在一起。經過幾個月，他約我到他家鄉──群馬縣中之條訪問，以便觀看他將來競選的種種條件。

中之條是一個小鎮，屬於群馬縣第三個選區，該區出有兩位頂有名的眾議院議員——曾任大藏（財政）大臣和農林大臣，現任執政的自由民主黨幹事長的福田赳夫；與曾任國務大臣，現任運輸大臣和拓殖大學榮譽校長，並以主張首相應由人民普選而出名的中曾根康弘。正因為這兩位先生太出名，且每每為爭面子而互搶選票，因此小淵的父親曾經出來競選六次而祇當選兩次。

不過，根據我們的觀察和計算，群馬縣第三選區有二十五萬左右的保守黨選票，換句話說，應該可以選出三名自民黨議員（該選區應選出的議員為四名），而且，中之條以北一帶的選票，除小淵外，沒有人能爭（福田和中曾根都住在高崎市內）。因此，我們就開始進行「偵察敵情」，分析整個選票的結構。

如何競選有待決定

這樣，我曾去過小淵的選區數次。有一天，小淵以很消沉的神情來看我並說，他的哥哥對於他的競選並不支持，哥哥既不肯拿出錢來（小淵的父親年輕時家裏欠人很多錢無法償還而由他處遷至中之條來。在中之條他的父親非常努力，終於成家立業，積蓄不少錢，而成為當地人向上的一個模範。一九五八年他父親逝世時曾留下大小六個公司，雇用三百多人，而管理權則由他哥哥繼承。但是他的哥哥本身對競選議員並不感興趣，只管辦事業賺錢），所以現在祇能出來競選化錢較少的縣議員。我堅決反對他的主張。理由是：第一、群馬三區一定能選出三名自民黨議員，而在該選區出來競選並能當選者非小淵莫屬；第二、小淵如果出來競選縣議員固能當選，但由此他將與其他縣議員以及落選的議員為敵，將來他欲出來競選國會議員時，不但不能獲得這些地方有力人士的鼎力支持，而且將遭遇到他們的極力反對。這等於說，他的競選國會議員將成為永遠的「美夢」。於是關於應先競選縣議員抑或該直接出來參加國會議員的角逐這個問題，他終於要我跟他再訪問他的選區五天，爾後全權授我做最後的決定。

為此，我們兩個人開了一部車子（由小淵開，我不會開車），幾乎走遍了選區的每一個角落，見過所有應該見的人，包括三位縣議員和當時的自民黨群馬縣黨部幹事長小笠原米一（小笠原曾任群馬縣議會議長，已於三年前逝世）。跟地方人士談小淵出來競選國會議員的事，一概由我負責，他祇是跟我跑。在所有見過的人們當中，最使我高興和感動的是跟小笠原幹事長會談的一幕。跟我們交談之後，小笠原非常熱誠地支持小淵出來競選國會議員，他答應將負責使小淵獲得黨的提名（在日本，一個無名人士，欲獲得自民黨提名為國會議員候選人是非常困難的），並保證將支持小淵到底。由於我知道小笠原是支持中曾根的健將，所以我便很坦白地問他是否真的方便支持小淵。對於我的質問，他毅然答覆說，第一、站在黨的立場，無論如何他希望群馬三區能多選出一個自民黨的議員；第二、他說他絕不是中曾根的「嘍囉」！我跟他握手說大丈夫以一言為定而告別。

訪問之後加強信心

經過五整天的訪問，我更加強了我反對小淵出來競選縣議員的信心，並力勸小淵縱使初次不會當選，也得應該直接競選國會議員。他遵從了我的選擇，並按照我們的計劃，一步一步地展開競選工作。我們重組「小淵會」（他父親時代的後援團體），到處演講，工作頗為成功。

為增多見識，於一九六三年一月初，小淵踏上環遊世界之途。他在臺灣滯留了一個多星期，爾後經過東南亞、印度、中東、歐洲、美國而至南美洲。當年九月底，日本國會在解散前夕，小淵的母親拍電報促其回國籌備選務，當時小淵正在巴西。十月中旬小淵回國，隨國會的解散，而進入「情況」。

佐藤予以積極支持

日本眾議院議員的競選期間是五個星期，我因為事情太忙，無法從頭到尾陪小淵競選，所以到最後一個星期，我纔到小淵家去，並住到投票、開票完全結束為止。佐藤榮作和橋本登美三郎（日後出任佐藤內閣的官房長官和建設大臣）曾特別趕來為小淵助選一整天（橋本來兩天），此外，還有幾位參議院議員來助選。佐藤向選民保證，將來如有何事小淵心有餘而力不足時，他一定負全責替小淵的選民幫忙解決。不消說，佐藤這樣積極的支持，對於小淵的當選幫助很大。由於初次出馬，競選組織雖有些紊亂，但輿論對小淵一天比一天地有利。不過，新聞記者們卻並沒有太注意小淵。投票前三天，我們估計小淵可能獲得四萬七千五百票左右而當選。尤其是公開活動最後一天的黃昏，由中之條的街尾，小淵從車子下來走路走到他家的這一長段，群眾越來越多，大家擁護小淵的熱情溢于巷間，其盛況真使有心人不得不興奮。

最年輕的眾院議員

隔天投票，上午我跟小淵和他哥哥三個人到小淵父親的墓地去獻花。爾後，我陪小淵去投神聖的一票。『東京新聞』的記者為我倆拍了像片。隨即聯袂到他的女朋友（也就是現在的夫人）家去玩。在那裏吃中飯，玩了一個下午，黃昏時才回家。十時許，我跟小淵、他的媽媽、哥哥和選舉事務所總幹事關善平（縣議員）同乘一輛車子到選舉事務所去(小淵的選舉事務所設在澀川車站附近的神田屋旅館)。我們幾個人在同一房間聽著收音機(當然也有電視在時時刻刻報導著全國的選情)。十一月二十二日上午零時二十分，收音機廣播「小淵惠三當選」(在此次選舉，曾任首相的石橋湛山、片山哲，曾任眾議院議長的松永東以及曾任部長的保利茂等落選)，得四萬七千三百五十票。整個旅館的歡聲為之爆發。在外邊等著的日本廣播公司(N・H・K)的電視人員遂請小淵下去拍電視，我和他的媽媽、哥哥和關總幹事同行，惟因人太擁擠，由樓上下去旅館大門口竟費了九牛二虎之力。而電視之所以特地趕來，乃因為小淵以二十六歲(日本憲法規定二十五歲以上纔有眾議院議員的候選資格)，也就是日本政治上最年輕當選之故。(那一年另外還有一位以二十六歲當選者)我們隨即回到中之條小淵之家。上午三時許，在成千上百選民的歡呼聲中，小淵上臺去致謝，但由於太興奮了，說不出什麼話來。好幾個人喊我上去說話，我看很多人在爭著上臺，所以也就沒有上去。我以為小淵既然當選，我已不必多逗留，於是遂乘選民的車子之便，於上午五時許離開中之條。回家裏睡了幾個小時，忽然聽見人家在喊甘迺迪被暗殺。起來之後，寫了兩篇短文：一篇慶祝小淵當選，刊在『每日週刊』(The Sunday Mainichi)，以後轉載於由我發行和主編的日文月刊『現代評論』；一篇弔甘迺迪，刊在『現代評論』。在前者，我送小淵「誠實」、

「謙虛」、「勇敢」（果斷）三句話。又，選舉以前，我曾寫一篇關於小淵之為人的短文，其一部份文字被刊在群馬縣第三選區的「選舉公報」。

隔天一早，小淵到東京來馬上打電話給我，說有事要跟我談。我們兩個人在一家咖啡館吃中飯。他跟我商量第一秘書（他現在有四個秘書）應該用誰；以後關於政策的研究當請那些人參加等等。黃昏時刻，我倆到現任東京「小淵惠三後援會」總幹事伊藤貫造家，伊藤君在一家日本飯館請我倆和幾位大力支持小淵的早稻田大學學生吃晚飯。

對留日同學友善支持

小淵沒有做國會議員以前，就參加過我們的國慶節，而當選國會議員以後，更積極地參加我們的青年節、國慶節、總統華誕等等各種節日；對於中華民國留日同學會更不遺餘力的支持和幫忙。譬如當日的中華民國留日同學會本身沒有電話，借用東京中華學校的電話非常不方便，留學生們無法跟同學會用電話直接聯絡，買一支電話又要二十幾萬日幣，而如果正式申請的話，得等兩年以上纔會給裝設。鑒於這種困難，當時的同學會主席林士珍兄要我請小淵幫忙。那時小淵是眾議院遞信委員會的委員，他馬上給電信局長打電話，不到一個月，同學會專用的電話裝上了。

小淵雖一出馬就當選，但我始終覺得這絕不是他的真正實力，而是他父親的功德和選民對於青年人的期待所促成。所以我在前面那篇祝他當選的文字裏，一方面極力稱讚群馬三區選民非凡的眼光；另方面則一再強調和提醒小淵下一次的選舉纔是他的真正的選舉，下一次審判纔是選民的真正審判，並希望他永遠不可忘記初衷，繼續努力奮鬥下去。小淵很爭氣，他始終篤行我送給他的「誠實」、「謙虛」和「勇敢」那三句話。無論在選區和在國會，他都非常有作為。兩年前，我準備來美國，許多支持小淵的朋友們，要我等小淵第二次選舉後再離開東京。我眼看小淵的政治基礎日趨穩固，且已生根，加以改選時現任首相佐藤榮作和內閣官房長官橋本等一定會去助選，因此堅信他必能以更好的成績連選連任，便束裝赴美。去年一月，日本舉行大選，我估計小淵可能獲得五萬七千票左右，結果竟得了六萬一千多票，而再度光榮當選。

去年九月率團訪華

去年九月間，小淵親自率領五十幾位日本青年親善訪華團團員訪問臺灣，爾後跟三位日本國會議員經歐洲來美考察，在紐約住了一天。當晚紐約日本總領事館歡宴小淵，我也應邀參加，宴後到我家暢談，非常愉快。

以上，我略述了我跟小淵邂逅以及我們支持他當選日本國會議員的大致經過。當然，這並不是說，他之所以能夠當選國會議員，乃完全是我的功勞；而是說，在他當選國會議員的過程中，我曾經以一個外國朋友和研究日本政治史者的身分，幫過他一點忙就是了。現在我倆雖然彼此暫時分離，但在精神上，我們是始終在一起的。當小淵初次出馬而我在他家裏的時候，他媽媽曾經勸我說，將來不要回臺灣，而歸化日本，並以小淵的地盤出來競選參議院議員。我微笑答說：「如果我要出來，我一定要競選眾議院議員。」大前年春假，我回祖國省親，曾到花蓮天祥，買了一幅貝殼做的老虎畫，在那上面我寫了「勇往邁進」四個字送給小淵，小淵則把它掛在他的議員辦公廳，以勵自己。

小淵惠三是今日日本政壇的後起之秀，是一位肯努力、苦幹和求上進的有為青年。我深信：小淵將是明日日本政壇的希望，更是促進中日友好的不二橋樑。願小淵的政運長久，前程萬里，中日邦民，共享幸福。

一九六八年二月五日於紐約

（原載一九六八年四月一日臺北『中外雜誌』）

附記：到目前為止，小淵已經當選三次，而當選兩次時曾出任過郵政省政務次官；最近又出任建設省政務次官。他是日本政治史上最年輕當選為眾議院議員。也一是最年輕的政務次官。本年底，日本可能有大選，如果能連選連任，在四十歲以前，他很可能出任大臣，而如果這樣，他將可能成為日本政治史上最年輕的部長。（一九七二、八、十七）

一九七六年十二月，日本舉行大選，小淵以七萬六千多票連選連任，這是他的第五次當選。他現任眾議院大藏委員會委員長。（一九七七年五月一日補記於東京）

背棄中華民國是可恥的行為

—日本有識之士大聲疾呼恢復中日邦交—

九月二十九日下午一時，為了反對一年前日本田中角榮政府與中共建交之失策，以及堅決主張跟中華民國恢復邦交，數以千計的日本國民，在東京鬧區池袋的豐島公會堂，召開了「日華國交回復國民大會」；與此同一時間，日本愛國黨在東京另一個鬧區銀座數寄屋橋也舉行了同樣性質的集會。

背義行為使信譽掃地

要求恢復中日邦交的國民大會，由亞細亞大學教授工藤重忠擔任委員長，他在大會上演說稱：九月二十九日是日本人最可恥的日子；日本政府對於中華民國的背義行為，使日本在國際上的信譽掃地，外交應唯道義是賴，因此，工藤教授大力呼籲不齒於田中政府背棄國際道義之作法的日本國民，趕緊站起來和團結起來，共同來恢復日本的信譽，這件事與日本的繁榮息息相關，而恢復跟中華民國的邦交，就是挽回日本人和日本這個國家的信譽的第一步。

來賓的眾議院議員林大幹，在百忙中特別趕來致賀辭。他說，去年這個時候他正在臺北，並曾跟蔣經國院長面談，他說蔣院長曾經向他說明，蔣中正總統說過這樣的話：「世界上有可以忘記和不可以忘記的事情。給人家的恩可以忘記；但絕不可以忘記人家給你的恩。一個人如果能將此事銘記五腑，他便不會越出做人的道理。」──蔣總統的這番話，使這位有良心的日本國會議員無地自容。林議員又強調，戰後蔣總統曾不念舊仇，而很迅速地將兩百多萬日本官兵安安全全地遣送日本，蔣總統對日本人實有莫大的恩惠，可是今日的日本政府卻做出完全違反道義的事情來，因此他大聲疾呼大家趕快共同來恢復日本跟中華民國的邦交，以恢復日本的信義和道義。

日外交史上最大失策

林大幹議員還引述了孔子的思想，如口是心非的做法，說謊言，撰寫與事實不符的文章，以騙取群眾等等，來大事抨擊日本左派勢力和日本報紙的一面倒；同時向與會者報告，說九月三十日，包括他在內，有七十名日本國會議員將訪問中華民國，並說明維持中日兩國航線的重要性和他們對此問題的決心。

京都產業大學教授飯守重任在致詞中說，田中政權與中華民國斷絕邦交，乃是日本外交史上最大的失策。一個國家如果不顧道義，這個國家必定滅亡。

繼後選出生長之家政治連合事務局長大峽儷三為大會議長，立東社會長頭山立國和鄉友青年同盟幹事長為大會副議長主持大會。大峽議長演講說，中國五千年的歷史、文化和傳統不在中共，而在中華民國。日華問題協議會常務理事森田大耕報告大會的籌備經過說，去年九月間，田中政府不顧道義，廢棄中日和約，但我們認為應該恢復與中華民國道義的邦交，遂有舉行「日華國交回復國民大會」之議，而才有今日的大會。田中政府和日本的報紙一直在說，日本與中共恢復了邦交，其實這種說法是錯誤的，因為跟日本作戰的是中華民國，日本戰敗投降受降的也是中華民國，而且日本跟中華民國早已恢復了邦交，因此日本跟中共自無恢復邦交之可言。今日，日本政府如果不恢復跟中華民國的邦交，我們就應該以民間的力量，來促進國交以上的民間外交，而本大會的目的，就是要尋求真正的道義外交。

大會通過三項重要決定

留日華僑青年代表張建國，在大會席上向志同道合的日本朋友們諄諄訴說，中國與日本具有數千年的傳統友誼，這兩個國家沒有正常的外交關係，的確是一種很不自然的現象。他以中日斷交後民間的來往比以前頻仍，貿易額的大量增加等事實來說明中日兩國人民關係之如何地密切，更以從大陸冒著生命的危險逃到香港的難民具體數字，來證明中共政權並沒有真正得到人民的支持；最後強調，海外兩千萬華僑的絕對多數都在支持中華民國，在日本的華僑青年為了恢復中日兩國的邦交，希望跟日本有志之士共同奮鬥，他更相信，在不久的一天，青天白日旗將飄揚在北平的天空。

日本學生代表菊地二郎表示，他們將以青年人的熱情和毅力，在日本全國的每一個角落，展開恢復中日邦交的國民運動；女青年代表吉村伸子，以滿腔的感慨，不遺餘力地抨擊今日日本青年人之無志氣和無眼光，她讚許明治維新時代，她們前輩的膽識和奮鬥。

然後，大會通過了站在日本與中華民國多年的親善友好，和尊重道義的立場。要求貫徹左列三點：一、日本政府片面地廢棄中日和約，不但違憲和違反國際法，而且失盡了國際信譽，因此本大會要求恢復中日兩國之邦交；二、要求維持現有的中日航線，不許日本政府重演喪權辱國的外交；三、斷然拒絕中共干涉日本內政，要求日本政府保護留日華僑等決議。

仗義執言正義在人間

爾後，大會敦請作家藤島泰輔演講。藤島說明他為何參加組織日華民族文化協會（日本反共和非共的作家、政論家、大學教授等的組織）的工作，批評日本幾家大報的一面倒。站在道義的立場，他將跟愛好自由的日本人支持中華民國到底。

自從田中政府片面地毀約與我斷交迄今剛剛是一年，在這一年的日子裏，在政治上，日本是中共的天下。可是在這樣惡劣的狀況之下，友我的日本人還能仗義執言，為道義而奮鬥，可謂正義尚存人間。

大會主持者一再強調，這祇是一個開始。是的，我們真的希望這個道義運動能夠隨時間的延長而壯大，更盼望它在不久的將來能開花結果——恢復日本與中華民國的邦交。

（原載一九七三年十月五日『臺灣時報』）

對日關係的一點建議

日本政府之將與毛共「建交」，已經明朗化了。而且照目前的情勢來判斷。田中角榮很可能訪問北平之同時，即宣布與毛共建立所謂「外交」關係。

對於田中政府這種最不友好的行徑，站在自由中國人的立場，我們絕對不能容忍。在這一點，我們是完全支持政府對於田中政權的抗議和譴責的。可是，這種抗議和譴責，實際上很難阻止田中之決心賣身求榮。因此，在這裏，我想多談談我們應該怎麼做的幾個問題。

今日，日本政府之所以硬要往大陸去，美國總統尼克森不能辭其咎。由於尼克森大陸之行，影響了我們在聯合國的席次，而日本因此亦改變其外交政策。

其次，該被譴責的是，日本的那些親共和媚共報刊的言論。在某種意義上，這次日本政府之這樣急於要跟毛共建交，實完全由其親共、媚共報刊的言論所導演。是即這些報刊，製造了日本要跟毛共建交的「輿論」和氣氛。

不過，毛共同路人之製造日本要跟毛共建交的「輿論」並不自今日始。戰後二十七年的日本史，可以說是一部親共份子與反共人士不斷鬥爭的歷史。而田中之要朝拜毛酋，不過是這兩者在其鬥爭過程中親共勢力一時佔了上風的一種表徵而已。

而就一般來講，多數的日本國民和國會議員雖然不反對日本政府與毛共建交，但卻絕對反對跟中華民國政府斷絕邦交關係。這事實說明：在今日日本，反共和非共的人士還是大有人在。而對於這種重大的外交決策，我個人認為，日本政府應該將其付諸國民投票決定纔能算是公道。

如前面所說，在日本，我們有許許多多反共和非共的朋友。我們應該趕緊跟這些朋友緊密地團結在一起，對中日關係，扶大廈之將傾，挽狂瀾於既倒。十幾天前，我回國參加國家建設研究會，返美路經東京時，跟日本論壇健將福田恆存先生見面談及此事，並承蒙他一口答應，雖時間稍遲，為中日關係他願盡其全力。當時，不祗福田一個人，他的朋友們亦都將盡全力。問題在我們如何與之加強聯繫，密切配合。

其次，我要談的是，有關中日合作策進委員會的組織問題。這個組織，不管我方或日方，其構成人員實大有調整和加強的必要。這種調整在技術上如果有困難，那麼應該先從我方著手。其參與人員，必須是真正懂得日本，而且對於日本朝野確實能產生各種影響力的人。最好能由更多的民間人士參加。而日方方面如果不能自動調整，我們不妨考慮另外組織不同的合作機構，以從事和展開多方面的活動。而這項經費，我相信民間人士是樂意負擔的。

昨天我看了九月五日的日本『朝日新聞』，它的頭一版有毛共代表告訴日本三菱重工業社長古賀繁一有關貿易方面的消息。它說：（一）貿易可擴大，但中大陸不成為大量消費的商品市場；（二）中國大陸不是資源供應地，更不許篡奪中國大陸的資源；（三）中國大陸不接受外來投資，也無意投資外邦。

這幾個原則的宣明，對於只認識錢而不認人的日本投機份子，不啻是當頭一棒。無需說，這意味著日本人幻想的破滅。日本以貿易立國，她之所以向毛共頻送秋波，無非是為了經濟利益，而這經濟利益，尚未到手之前，日本在政治上和思想上已經變成毛共的俘虜了。八、九年前，我還在東京時，曾經跟東京大學林健太郎教授談過：如果日本承認毛共，在七年之內，自民黨政府很可能被左派取而代之。而現在的情況，確有這種趨勢。

對於中日關係，祇要能跟反共和非共的日本國民緊密地團結在一起，還是大有可為。對於要到大陸去的日人，我們不必勸阻他；現在應該做的是，在日人中要把真正的敵我分清楚，在日本本土上爭取反共和非共日人的支持。同時，我們應該本於我們自己的主觀條件，盡量地加速減輕對日經濟的依賴性，這是我們真正自立和自強的第一步。

六十一年九月八日

（原載一九七二年九月十六日臺北『中央日報』

轉載一九七二年十月號『旅美學訊』）

日本的億萬大富翁

五月一日，日本稅務局正式公布了去（一九七二）年度日本全國最高所得者的名單，這種名單的公佈，始於一九六九年，以全年所得超過日幣一千萬元者為對象。（目前日元與美金的比率是，二百六十五日元左右等於美金一元）

根據該項公佈，具有一千萬日元以上的所得者大約十三萬人，比前一年增加了一萬人。這等於說，在日本人口七百七十人當中，就有一個所得超過一千萬日幣的人。而在這十三萬人當中，其所得超過一億日元以上者則有兩千五百九十一人。

當然，這些大富豪，各行業皆有，但是，如果就最高所得的一百人來說，因為賣土地或做不動產而成為屬於前一百名最高所得者竟佔九十四人。都市地價之蒸蒸日上，乃是世界一般的趨勢，而東京鬧區地價之高，或為世界之冠。最近在東京新宿車站對面地區成交的買賣，一坪（三・三平方公尺）竟達兩千萬日幣。這說明了都市地價上漲之嚴重性。更證明了國父孫中山先生主張都市地價漲價歸公的眼光之遠大。國內對於這個問題，應及早著手於切實的解決。

惟由於日本對於買賣土地時課徵稅率不同規定，（從一九七〇年至一九七五年賣土地時，其課徵稅率每二年將為一〇％，一五％和二〇％），在最近的將來想賣土地的人仍然會繼續增加。換句話說，在將來的數年中，日本的最高所得者，將仍然大多是與地產有直接關連的人。而日本政府之所以將稅率定為累進，係在於鼓勵私人賣土地，但私人賣土地時，日本政府希望他們賣給公共團體，其鼓勵方法是課徵稅率之大異其趣。

又，去年底，日本最高所得者是中國人韓黎。韓先生今年五十七歲，廣東人，從事不動產業，曾任東京廣東同鄉會會長，來日本二十七年，今年三月間歸化日本，改名範統萬壽，基督教徒，一家五口，除夫人外，還有母親和兩位公子。此外，還有兩位中國人入圍一百名大富豪的名字裏頭，一位是鄭在俊；另一位是林正樹。

其次，在政界，所得最高的是自民黨的宇都宮德馬議員；體育界是棒球名手長島茂雄（去年是王貞治，這次王貞治屈居第二名）；文壇為司馬遼太郎；影壇是片岡千惠藏；歌壇森進一（以前是美空雲雀）

（原載一九七三年五月十六日高雄『臺灣時報』）

東京的聖誕節

聖誕節前夕六時，在日本橋一帶。成千上萬的東京人，正在爭先恐後地往各大商店擠。我所去的一家百貨公司，大約有五萬人左右；我為了給女兒買一個黑人娃娃和聖誕老人，便跟那些人展開了一場搏鬥。此時，我跟剛從法國到達東京的朋友羅傑一道走，他原是來這裏旅行的。在擠來擠去的人海中，他對我說道：「真莫明其妙，人這樣多。日本人這樣化錢，是不是池田首相的財政計劃所賜予？」

「老羅，不要這樣早作結論吧。」等到出來大門口時，我纔這樣答覆他說：「池田首相的所得倍增計劃，老百姓受益要等到十年以後。在目前，日本一般人還領著很低的薪水，日本還是一個貧窮的國家。」

「我也慢慢地知道了。」羅傑說：「在日本旅行社買車票的時候，他們給我一本『請訪問謎的國家日本』的小冊子。現在，我已發現日本的第一個謎，所以我非常高興。日本人一年三百六十五天非但沒有錢，而且負債過日子。然而一到聖誕節，他們卻大喝香檳酒、大開宴會、大送禮物。在酒家飯店好像百萬富翁一樣揮金如土。這些錢從那裏來呢？又為什麼日本人要這樣做呢？身為外國人的我，覺得這是日本聖誕節的第一個謎，……。」

……晚上九點。羅傑要我帶他到熱鬧、興奮、而比較有代表性的地方。所以我把他帶到澀谷區的一家寡婦沙龍。一進去，他便對我小聲問說：「到這裏的客人，是否都是鰥夫呢？」。

在新宿區，我們看到一家酒館由幾百穿制服的女學生所佔領。「那塊黑板寫些什麼東西呢？」羅傑問著。我翻譯說：「醫學課程第一課睡床的使用方法。」羅傑笑著。到池袋，我們去參觀「聖誕節的脫衣舞」。首先出來了一個聖誕老人，旋即把紅色和白色的衣服脫下。瞬間聖誕老人變成脫得精光的漂亮小姐，羅傑興高采烈……。

我們出去溜馬路。顛顛倒倒走來走去的群眾、學生們，醉漢的打架……羅傑似乎在思索。「日本是個很幽靜的國家，女人很謹慎，小姐很漂亮，男人很有禮貌的國家。」羅傑說：「我在書本上知道這些，我相信這些都是真的，然而不幸的很，我把日子搞錯了，我應該在櫻花時節到這裏來纔對。因為那時候它可以證實這些話是真的。惟到年底，日本卻會產生奇蹟，男人失去冷靜，女人露出大腿。這是日本聖誕節的第二個謎……。」

……時快到半夜，地方在赤坂很高級的夜總會，進場需買一張五千元（日幣）

的「招待券」。羅傑一坐下來便指著身邊的東西說：「你看，那牆壁畫著耶穌，那邊有聖瑪利亞，還有東方的聖人……粉紅色的天使……白色而很大的十字架……。」時至午夜，突然聽到鐘聲，樂隊跟教堂一樣隨風琴的伴奏奏起基督教聖詩。

「我現在究竟在什麼地方呢？」羅傑用很奇特的聲音大聲喊笑。「東京呢？還是耶穌基督降生的伯利恒？到這個時候為止，我一直相信日本不是一個基督教的國家。然而，老實說，我從未看過比不懂得耶穌基督教義的日本那樣狂熱地慶祝聖誕節的國家這的確是日本聖誕節的第三個謎。」

當我們準備回到羅傑所住的旅館的時候，在銀座街頭遇到「人的海嘯」阻擋了去路，突然從酒吧出來的一群學生向群眾喊叫：「安保反對，安保反對」（意指反對美日安全條約。）

「聽到沒有？」我說：「那種喊叫可以給你說明我們所談的日本聖誕節的謎。換句話說，反對安保和 Merry Christmas，在他們看來是沒有什麼兩樣的。不久以前，某社會黨議員曾為示威遊行忽然中止，和青年朋友那種滿腔熱情如此迅速地煙消雲散而大聲嘆息；但今天這位議員老爺如果也在此地的話，我相信他一定會承認他過去的感覺是錯誤的。你看！……。」

將近三百部的小汽車和十萬的東京人，在吵雜的街道中排成長龍往前衝。「示威遊行並未絕跡，不過以新的姿態出現而已。」我對我的朋友羅傑說。

「現在雖然沒有岸信介前首相，卻有聖誕節；雖然沒有紅旗，卻有幾百聖誕老爺的紅大衣；雖然沒有在國會面前群眾的騷鬧，卻有年底銀座的騷擾。日本國民從未這樣狂歡過。日本的民主主義正成成長。」

回到旅館羅傑對我說了他的感想：

「我常常聽到人家說，日本人以模倣別人和抄襲別人的東西為能事，但我現在卻明白了這些話都不是事實。反之，日本人倒是十足的發明家。西方人祇創造了聖誕節應該在家裏，以虔誠的信心和深邃的感情來慶祝；而日本人卻發明用威士忌和香檳酒伴奏來唱聖詩。聖誕老人再不以純真的小孩做朋友，而變成喝酒的守護神。於是我得出如下的結論：今天這樣盛大的聖誕節，除名稱外，已經都不是西方的東西，這些都是日本的，而且都是超日本的東西，依我的看法，發明聖誕節的應該是日本人。」

「你講得很對。」我說：「這裏還有一把解開日本的謎的鑰匙。日本社會的結構實在很微妙。為business，日本的社會要求日本人平時拿著很低的薪餉勞動，而在聖誕節和年終發給獎金使他們忘記一年的艱辛。」

「我完全明白了。」羅傑說。

（摘譯自一九六〇年十二月廿四、五日『朝日新聞』，原作筆者羅伯特·季蘭是巴黎世界晚報（Le Mond）駐日本記者）
（原載一九六一年一月十日東京『東方文摘』）

我的筆墨生涯

時間過得真快。自開始練習寫作迄今已逾十三個年頭了。我本來就是很喜歡看書的，尤其歡喜看社會科學和思想方面的專書。但是，對於寫作，卻從來沒有想過。因為要寫東西，確是談何容易的一件事。

不過，人生的確是不可逆料的。一向對於寫作不敢奢望的我，卻因為與任卓宣先生成為師生關係，更有機會住在任先生家裏，而慢慢地我也走上了我素來渴望不已的寫作的道路。

任先生擁有為數萬計的書刊。在臺灣，他恐怕是個人藏書最多的一位。由於藏書很多，和珍惜書刊如命，所以任先生不願意他的房屋跟人家的房屋互相連接，而遭受火災的連累。為此，他費盡苦心，自建與旁人完全隔離的房子；而為從租借的舊房子把所有書刊搬到新房子，包括我在內，四個人整整搬了兩天半。

在有這樣多藏書的環境，和以勤學聞名的任先生影響之下，我的讀書愈來愈勤，加以任先生有時候要我幫他抄稿子，因此對於寫作的興趣，也與日俱增。

住在任先生家裏的某一天，晚飯後，任先生對我說：「你應該練習寫作，我在你這個年齡時候，已經過著寫作的生活。不會寫，但你懂得日文，可以從練習翻譯開始，我可以幫你寫。」我的中文是勝利後從日本回臺灣以後纔學的。大概任先生以為我對於社會科學與思想、哲學方面比一般人有興趣，以及我是任先生所認識不多的臺灣省籍的年輕人之一，所以纔這樣鼓勵我。

由於任先生的這種鼓勵，和自己的一番向上心，我真的開始練習。化了好幾天工夫，寫成一篇長約七千字的東西，郵寄給任先生，並請任先生改正後寄還給我。等了十幾天，沒有消息，於是有一天黃昏，下課之後，匆匆跑到任先生公館去。當時，先生正忙於自己的寫作；但看我來，非常高興。我問任先生收到我的東西沒有，他說有，但還沒有改。任先生說：「給你改，寄給你，對你沒有幫助，因為惟有當面邊說明邊更改，你纔不會犯同樣的錯誤，這樣纔會有進步。」

於是，任先生遂到客廳去。我不知道他要到客廳去做什麼，結果他竟親自拿一個凳子來給我坐。這實在太不敢當了。而對於我的文章，任先生的第一句評語說：「你寫了一大堆，沒有寫出一個東西來。」那一天，任先生足足化了四個半小時，纔把我的「處女作」改完。四個半小時，就極忙的任先生來講，該是多大的代價。此如這般，任先生曾經給我改過兩次稿子，爾後我從未請任何人看過稿，而自己努力推敲，並於民國四十四年十一月開始在報刊上發表文章以還，我曾以陳鼎正、陳鵬仁、東方人等真名和筆名，分別在東京、臺北、高雄和香港等地的四十多種中日文報刊，寫譯過文字①。

以上是我練習和開始寫作的大致經過。而除任先生這樣熱心鼓勵和親自指導外，對於我的寫作，戴杜衡先生和江觀綸先生也給我不少鼓勵。

其次，我的筆墨生活，到目前為止，似可分為三個階段。第一個階段是我離開祖國前往日本東京求學以前，也就是在臺北的階段；第二個階段是我在東京七年的這個階段；第三個階段是我由東京再到美國紐約繼續研究以後的現階段。

在第一個階段，我主要的是寫有關闡揚國父遺教的文章，同時翻譯過河合榮治郎著『社會思想史研究』、五來欣造著『現代政治學』和加藤繁著『中國經濟史』等三書②。（這三書皆尚未出版）

在第二個階段，我寫的大多是有關日本的政治、經濟和國際問題的文字。而這些論章已由臺北帕米爾書店，以『富士山頭雜感集』為書名出版。在東京這個階段，我曾經主編過『東方文摘』月刊（中文），以及發行和主編過『現代評論』（日文月刊）。而似特別值得一提的是，我開始在日本刊物發表文章，並批評和反駁所謂臺獨份子以及日本的親共份子。此外，我曾把任卓宣、胡秋原、鄭學稼、錢穆諸位先生的大作譯成日文，在東京的報刊發表過，又把小泉信三、蠟山政道、吉田茂、中山優、福田恆存、村松剛等諸位先生的文章，譯成中文分別發表於東京、臺北、香港等地的刊物。今年暑期，我擬請帕米爾書店幫我出版一本『小泉信三評論集』③。

在東京七年，我覺得我的收穫不小。其中最大的就是，認識了許多日本的大學教授、作家和評論家。幾年前，我能在日本刊物開始發表文章，這些朋友對我的幫助很大。日本刊物給我的銜頭是評論家；而這些日本朋友眼看我在日本論壇漸漸抬起頭來，於是拼命勸我不要到美國去念博士學位。實際上，一個評論家的成功與否，尤其是在日本，確不在乎有無博士學位。

另外，在東京時，我國駐日本大使館，曾經請我把中央文物供應社出版的『三民主義概略』翻成日文，並印成小冊子，以供擬應徵國父百年誕辰紀念論文者參考。後來，這篇譯文由東京『帝都日日新聞』所連載。又，前年夏天，我受東京自由社之托，寫了一篇七萬字的有關戰後中共對於日本輿情的論文，並連載於去（一九六六）年四、五、六月號的『自由』月刊。對於這篇論文，他們給我三百五十美元稿酬；而我則以此再加一點錢購買到紐約的飛機票。

在第三個階段，我主要的寫有關美國的政情和國際的局勢。來紐約以後，除寫了所謂中國代表權問題、去年美國的中期選舉外，最近還寫了美國聯邦眾議院議員鮑爾事件、美國的猶太人與以色列、美國與日本的遊行示威等文。由於我的文章在東京和臺北發表，因此，對於每一個問題大致要寫成兩篇：一篇中文，一篇日文。今年，我決心多為東京的刊物撰寫，俾以能夠名符其實地確立和鞏固我在日本作為評論家的地位。

現在要說的是，今年九月間，我擬完成我對於國父思想的日文寫作，並準備在東京出專書，這本書，我決定獻給引導我研究和信仰三民主義，以及親自指導我如何從事寫作的吾師任卓宣先生。

今日，我的寫作生活可以說已經走上軌道了。我堅信：祇要我肯再繼續努力，埋頭苦幹下去，當會有一番「成就」。而這一切，都是任卓宣先生、任夫人尉素秋女士、以及各位師長給我的栽培。

最後，我有兩個志願：一個是完成最完美的三民主義日文譯本。據我所知道，三民主義日文版有五種，但這些都翻譯得不夠理想，因此，我希望能夠把它譯成定本。另一個是希望在不久的將來能用英文寫作，並發表於美、英的報刊。是否能夠做得到，那就有待於我個人今後的努力。

五十六年六月三十日於紐約

（原載一九六七年七月十四日臺北『中央日報』副刊）

①作者於一九七三年三月，因工作關係由紐約重返東京。工作之餘，利用晚間，寫譯有關近代史、日本政治經濟方面的文章。迄今為止，在國內、美國、加拿大、日本、香港等地七十多種中英日文報刊發表過作品。

②這三書當中，河合榮治郎的著作，曾以『亞當斯密與經濟學』的書名，於一九七二年由台北商務印書館出版；五來欣造的『現代政治學』一書，也於一九七二年由鑽石出版社印行。

③『小泉信三評論集』一書，於一九六九年，由台北幼獅書店出版。

（一九七七年五月一日補記於東京）

留日工讀記

我在臺灣念大學的時候是公費生，所以從來沒有半工半讀的經驗；但於一九五八年春季赴日求學時，因為是自費生，一切費用得自備。東京的生活程度遠比臺北高，因此，除了富翁子弟和少數領取日本政府或其他團體獎學金者外，所有留學生幾乎都過著半工半讀的生活。好在日本政府並不像美國政府禁止外國留學生平日做工，否則留日學生的生活一定更苦。

據我所知道，在東京的中國留學生，大多在做家庭教師、公司事務員、酒吧、茶館和飯館的工作以補貼他們的生活。就我個人而言，在東京七年，我做過家教、雜誌編輯、和雜工等。

東京的職業介紹所

東京的大學本身，都有專替學生介紹工作的部門，而除大學以外，東京還有幾個專替一般大學生介紹工作的機構。我曾在後者找過兩次工作。

在這種機構找工作，其程序很有趣。首先要辦理登記，登記後給你登記卡片，男生和女生是分開的。登記項目是姓名、年齡、住址、就讀大學科系、年級和特長等等。每天上午辦理登記，下午開始介紹工作，星期天休假。工作的內容、時間、地點和待遇等都寫在黑板上，並加以號碼，而要找工作的學生則按照自己所選擇的工作號碼，把自己的登記卡放進另註有號碼的箱子裏。然後辦事員就所應徵卡片選擇和分配工作。由於登記的學生很多，而我又沒有什麼特長，所以始終不敢奢求待遇較好的工作。結果我得到的是，在神田一家書刊批發商做整理書籍的雜工。

半工半讀生活的開始

那時我念大學的夜間部，白天做工，晚間上課。每天工作八小時，工資三百二十日圓（三百六十日圓合美金一元），所領工資尚不夠維持日常生活。這段生活是我一生中最為艱苦的日子，欠納房租四個月以上，學費只有向師友借貸。當時我只有一件白襯衣，晚上洗，早上穿，冬天裏，有時候到早晨還沒乾，但還是穿上去。窮得沒有錢買菜時，衹吃黃蘿蔔，且每天衹吃兩餐，工作相當緊張，但我每天都利用中午吃飯時間，寫稿和翻譯小泉信三批判馬克思主義的論文，給香港和臺北的刊物發表。過年，從一月三日，我便開始做工，如此我在這家書店整整幹了四個月。而在書店工作最大的好處便是買書可以打折扣。

因為書店待遇太差，我遂另找工作。第二次我找到的是，東京都自來水局管轄下一個工廠的小差事。其工作內容是檢查自來水管的種種零件是否合乎規定。跟以前一樣，每天工作八小時，但工資卻為四百二十日圓，工作還算輕鬆。並且，就是工作時間，也可以高聲談笑。

東方文摘的創辦

有一天，我到神田舊書店去買書時，偶然見到名叫『東方半月刊』的日文刊物。目錄上的撰述者有幾位是我的朋友。我就打電話給他們，而接電話的藤井彰治先生則告訴我說，他們正在籌備出版一本中文雜誌，問我是否有興趣，如有興趣要我去談談。隔天，我到東方通信社去看負實際責任的鄧友德先生，他當場答應用我，並給我月薪一萬四千日幣，三個月後提升一萬七千日圓。於是我就離開自來水局的工作。

我到東方通信社以後，籌備大約兩個月，於一九六〇年九月出版了『東方文摘』創刊號。這本月刊，除轉載國內的佳作外，特約數人專為撰寫，盡量多用圖片，封面精美，每期六十四頁，銷路相當不錯。我們甚至接到歐美、南美和東南亞國家書店的訂購。『東方文摘』出到第八期，因為其姊妹刊物『東方半月刊』銷路太差，使整個通信社不得不關門。

翻譯工作

在東方通信社時，我同時到世界第五，日本最大的廣告公司電通去教中文和翻譯廣告文件。那裏的待遇非常好，教一小時給一千日元，翻譯稿每四百字一千日元，因此最多時，一個晚上，我竟得了將近五十美金的稿費。在電通我幹了三年左右。有一次，我給三菱商事公司取了一個商品名，衹用兩個字，他們給我兩萬日幣和送我一件毛襯衣。俗語說：「一字值千金」，我這一商品名，不僅是「一字值千金」，而且是「一字值萬金」呢！另外，值得一提的是『中央日報』總經理易家駁先生訪問東京時，電通特別為他安排了一個招待日本記者的節目，當時我還被「抓公差」去充當翻譯。

兼任家教

大致在此時，我也兼任家教。教的是兩個兄弟的小學生，每週兩次，每次兩小時，月薪一萬日幣，教書後在學生家裏吃晚餐。與此同時，我向日本的刊物投稿，其收入也相當可觀。最高的報酬，一篇文章（大約七萬字）給三百五十美元。在東京七年中，那時，我的經濟狀況可以說是最好。

此外，我做過一次嚮導。一個朋友介紹我陪一位臺北的企業家到大阪去看國際商展。來往都坐飛機（這是我第一次坐飛機），住大阪的國際大飯店，遊覽大阪、奈良和京都的名勝古蹟，三天兩個人化了十萬日幣。真是我有生以來玩得最痛快和最豪華的一次。這位企業家為人豪爽而大方；前年他來紐約時，曾到我家裏來吃便飯。由嚮導而跟這位企業家成為好朋友，可以算是我留日七年所得的最大收穫之一。

日本的中國留學生生活是清苦的。工作既不好找，待遇又差。東京的日子決非一部份人所能想像那麼容易過的。如其不信，你不妨去親自經歷一下。

（原載一九六九年四月一日紐約『聯合』季刊）

我對留日同學們的建議

目前，在日本讀書、研究的中國同學，據估計，大約有三千人左右。惟由於日本的生活費用特別昂貴，留學生幾乎不可能半工半讀；國內的學生，由於當局的教育方針，懂英文的遠比懂日文者多得許多，所以這幾年來，擬留學的絕對多數同學皆往美國跑，此其一。

有人說，留學就是「鍍金鍍銀」。但留美是「鍍金」，留日是「鍍銀」，當然「鍍金」比「鍍銀」值錢；而在實際上，國內想法和做法也是留美比留日吃香，因此想留學者，便大夥往美國衝，此其二。

由於以上所述兩大理由，最近數年來，國內來日本留學的人數，與年俱降；加以我國與日本去年斷絕了邦交，想來日本留學者因此而減少。這等於說，將來的留日同學，可能祇有減少，不會增加。

而我這種推測，如果不錯的話，將來國人對於日本的研究，必將江河日下。因為過去我們曾經有過那麼許多留日學生，但對於日本的研究，說實在話，我們卻做得實在太少了。我們反觀日本人對於中國的研究，其成果是相當可觀的。以過去那麼眾多的留學生，竟祇有那一點點成績，如果留日學生這樣減少下去的話，我們對於日本的研究，很可能下降到令人不敢想像的地步。

基於這種理由，在這裏，我要向已經畢業而在從事研究工作的，或者尚在學的留學生們，大聲疾呼，大家能根據各自所學的，互相聯繫起來，組織各種各樣的研究會，以此研究會為主體，從各種角度來研究日本問題（做專題研究）。

其次，我要提議，由留日中國同學會單獨，或者跟力行學會聯合起來，發行一份定期刊物，以為同學們討論學問和問題的公共園地；同時成立一個翻譯中心，以專門翻譯值得翻譯或介紹的日文書刊。

有人以為，翻譯沒有多大價值；翻譯容易，寫作難。其實不然。翻譯有翻譯（介紹）的學術價值；而據我個人的經驗，好的翻譯比寫作困難。同學們可以從學習翻譯練習寫作，而這對於研究學問是非常有幫助的。

又，對於上述的專題研究和翻譯，我願意參加工作；對於其所得成果，我可以負責交涉出版。俗語說，讀書不忘愛國。以一個留學生的身份，透過這種方式來盡國民應盡的責任，我想大家都不會不願意吧。

（原載一九七三年十月廿五日東京『中華民國留日同學會會刊』）

中國青年的時代責任

中華民國六十三年的青年節快要到了，值此祖國面臨各種困難的今天，在海外慶祝青年節的意義特別重大。

自從大陸淪陷後，我大陸同胞日日過著求生不得，求死不能的生活，整個大陸竟變為人間地獄，老百姓不但沒有說話的自由，而且連不說話的自由也沒有。

現在，我想先舉兩個例子來證實我以上所述的觀點。

幾年前，正當所謂文化大革命，把錦繡河山搞得天翻地覆的時候，有一位馳名的日本的大學教授，同時又是評論家，曾經到過大陸訪問，有一次他到鄉下去訪問一位老人家，並問說：「你在這窮鄉僻壤，既沒有收音機，也沒有電視，你究竟以甚麼來消遣呢？」這位老人家答覆說：「恭讀毛語錄」；此時，聽到這話的老人家的孫子，遂從裏邊跑了出來並喊道：「我祖父在撒謊，他不識字，不識字怎麼能夠讀毛語錄呢？」

最近，有些跟中國人結婚的日本太太回國省親，其中有一位太太說，在他住的鄉下，有人甚至說「他寧願為美國帝國主義者的原子彈炸死！」由此當可想見，大陸同胞所受壓迫之厲害，以及生活難堪之一斑。

我們暫且不談眾生的被壓迫；而祇要想及毛共九全大會的頂紅人物，毛澤東的「最親密的戰友」，毛共黨明文規定其為毛澤東唯一繼承人林彪的下場如何，就可以明白在毛共統治下的大陸是，個怎樣的世界。

不特此，今日，毛澤東更膽敢向我國至聖孔子挑戰，這意味著毛澤東決心以中國人為敵，以人類的理性為仇，而這當然又意味著毛澤東在自掘墳墓。同時有人說，目前毛澤東之所以批孔，是為了打倒周恩來，若果真如此，這更是獨夫毛澤東獨攬大權，和今日大陸之為毛澤東江山的明證。

各位青年朋友，我錦繡河山是毛澤東個人的嗎？當然不是。它是屬於我們大家的，因此我們絕對不能容許毛澤東這種私天下的現象存在；我們要有這樣的認識：毛澤東江山的存在是現代中國人特別是現代中國青年的恥辱，所以今日的中國青年應以消滅毛澤東江山為己任，否則，我們這代以下的中國青年，將非背負這種莫須有的恥辱生存下去不可。這是多麼可怕、多麼可恥和多麼痛苦的一件事。

我們留日的前輩，在中日現代史上曾經寫下了最光榮和最輝煌的一頁，讓我們今日留學日本的中國青年，為我國歷史寫下更光榮更輝煌的一頁。

（原載一九七四年三月廿九日東京『中華民國留日同學會會刊』）

如何改善中日關係

日本政界元老，前首相吉田茂訪問臺灣回日本以後，日本對於中華民國的關心似比以前濃厚些；但老實說，吉田之訪問臺灣並不能視為日本完全改善了對中華民國的基本政策。日本之對中華民國的基本政策是否有所改善，應視下月大平正芳外相之訪問臺灣以及它的基本態度而定。就目前之各種情勢來判斷，要日本做到我們能夠完全滿足的境地，在事實上似屬不可能。話雖如此，吉田之訪臺，確改善了中日關係不少，我們應該向不辭勞苦，以八十六高齡訪問我國致力改善中日關係的這位日本大政治家致最高之敬意。

自本（三）月十六日起，將在臺北召開中日合作策進委員會臨時會議。筆者在上次通信，曾對該委員會說了些逆耳的話，現在想再來補充一點。在周鴻慶事件中，筆者知道有不少日方委員確曾挺身為我們說話；可是在日本輿論界幾乎沒有發生作用卻也是事實。所以，筆者願向日方委員們提議：希望能多請幾位在輿論界具有很大影響力的評論家參加。理由非常簡單而明白，相信日方委員們一定非常瞭解的。本月十二日夜間，有一個勉勵自民黨青年代議士的會，筆者或許可以在該會席上跟前首相岸信介見面，如果能見面的話，筆者準備向素所尊崇的這位政治家力倡此事。同時，盼國內委員們為大局著想，如果感覺自己忙且沒有多大興趣的掛名委員，能自告奮勇地把委員職務讓給真懂得日本的同胞來效勞。尤其希望能多遴選幾位臺籍先進參加。這是必需的，而且是一件非常重要的事。為祖國計，筆者纔敢和願意說出這種人家所不願意說的話，請各位委員先生原諒。

其次，據報載，最近政府將派定駐日大使，將派誰，那是中央的事，老百姓的我們當然管不了，也不應該多嘴。不過總有一個希望，就是希望將來的駐日大使一定是名符其實地真懂得日本和外交的人。依筆者個人的見解，大使或公使其中一位最好是臺籍的外交官。筆者深信這對於促進中日邦交具有極大的幫助。此外，政府當局應該特別加強駐日大使館的文宣工作。在二十世紀後期的今日，文宣工作實在太重要了。尤其在日本，老實說，除非在輿論界有辦法，否則一切外交工作將落空。今日日本，出版、廣播等事業非常發達，如果在這方面沒有憑藉，在此地的外交工作不會有真正的成就。一般老百姓每天工作，生活都很忙，他們對於某個國家的看法和印象，除一部份有研究或特殊的人士外，都靠這些傳播工具。因此，如果打不進去這些傳播機構，那祇有遭受「不平等」的待遇，甚至被擯斥於輿論社會之外而後已。而我國在此地的文宣工作，則多少有這種不敢領教的傾向。盼政府當局特別留意，切實改革，萬勿敷衍了事。否則，對日外交不會生根，這是筆者所敢斷言的。

再次要說的是，政治革新的問題。根據國內報刊的報導，國內政治在日漸革新，而言論界對此亦倡之甚力，這是很好的現象，筆者也願意藉此機會說幾句話。

外交工作的推展和成就，雖然要靠文宣工作的大力推動，但在基本上，還是以要內政的實績和國家的實力來做後盾的。當然，在某種程度上，文宣工作可以買空賣空，但不能完全買空賣空，這是做不通的。因此，唯有在國內，國人個個能夠自愛，把一切辦得很好，人家纔看得起我們，纔相信我們。也唯有如此，外交工作纔能有真正的成就，我們在國際上的地位纔能提高，國家本身纔能站穩。這就需要政治革新了。所以政治革新很有意義。

而政府革新最重要的，當首推消滅貪污。一個政權如果不能消滅貪污，貪污將消滅這個政權。不錯，每一個國家皆有貪污，但這是程度的問題。我們要盡最大努力把貪污減至最低限度。在此地，我們常常聽到國內貪污的話。辦出境要紅包，動輒要額外的錢。所以，舉凡貪污，不管王親國戚，應澈底追究法辦，這點做不到，國民不會真正支持政府。挽救之一道，則需提高軍公教人員的待遇。對於此點，政府應設法，不該以「沒有辦法」作藉口。當然說「沒有辦法」也是一個「辦法」，但究竟不是辦法。此問題總應有一個治本的辦法。

其次，要有充分的言論自由。凡是善意的，有建設性的言論，應許發表。這或許應該這樣說，凡是不違反基本國策——反攻大陸——的言論，應該鼓勵其發表。世上唯有不健全者纔怕人家的批評，自己站不穩者纔經不起輿論的攻擊；獨裁孤行者纔不許人家有所批判。當然這並不意味著我國沒有輿論自由，筆者在此地倒為此事而替政府辯護，不過常聽人家（來日本或在日本的國人和外國人）說我國沒有言論自由，所以纔來強調這點而已。俗語說：「真金不怕火燒」。我相信每個人都在希望我們的一切都是道道地地的真金。最後，要真正培養人才，提拔青年。「青年是國家的主人翁」，「青年是社會的棟樑」，凡此誰都能說，而且是誰也在說的老話。空喊口號，於事無濟。今日要保衛臺灣當然需要他們。國家的一切建設都需要他們來擔任。這是一切的根本，也是根本的希望。同時希望青年人（當然包括筆者）好好努力，多下功夫，切勿自欺自侮。國家是我們青年人的。社會的一切缺陷都非哀號悲訴的理由，而是你我應該肩負起來的責任！

（原載一九六四年臺北『政治評論』）

由東京看本省人有無對立

二月間，隨同吉田茂先生訪問臺灣的日本各大報記者回到日本以後，都分別寫了訪問記在報紙上發表。在這些報導裏頭，他們幾乎都異口同聲地稱贊我國經濟建設的進步，這是值得慶幸的；但是在另一方面，他們卻強調我們缺乏言論自由和所謂本省人與外省人的對立，這是值得我們反省的。關於言論自由，在上一次通訊中筆者約略提及，這裏擬再稍微補充一點。

無可諱言地，我們要做到使外國人尤其是日本人，認為我們有充分的言論自由在事實上是不可能的。因為，起碼在日本，他們的所謂言論自由，實遠超出正當的言論自由的範圍。當然這裏所謂正當的，並不是說我們的言論自由是正當的，他們的言論自由是不正當的；而是說他們的言論自由幾乎等於可以胡說八道，違背一個民主國家所應有的言論自由的原則。我們要的是，正當且健全的言論自由，而絕不是在他們心目中的那種言論自由。不過，基於這種認識，筆者認為國內的言論自由似可以再放寬些，這決不是為了要人家說我們有言論自由，而是為使政治、經濟、文化、社會乃至於一切的一切的進步所必需。

關於所謂本省人與外省人的對立，祇要在事實上沒有對立，我們便不怕人家說有對立，更不怕第三者惡意的挑撥離間。不過在事實上，本省人與外省人是不是有對立呢？如果一定要在「有」和「沒有」之間，選一個答覆的話，筆者將選前者。然而這個對立並不是絕對不可兩立的對立，而是廣義的對立，或許可以解釋為比較沒有互相接觸的意思。但這祇是就原則而言，如果具體地來說的話，這倒不是本省人與外省人的對立，應該是有利權者與沒有利權者的對立，因為這在本省人與外省人皆有之，而不過是在某一層次本省人與外省人占有利權者的比例互有高低罷了。

事實上，今日就是因為有此現象，所以才有所謂本省人與外省人的對立之說。因此，政府如果能而且肯在這方面多下番功夫的話，筆者相信這種謬論一定會雲散煙消。如果在實際上我們自己都沒有本省人與外省人之分，那裏有所謂本省人與外省人的對立之可說呢？老實說，在本省人裏頭，也有南部人與北部人之分，而日本人自己何嘗沒有對立？日本愛國黨人士與日本共產黨份子的對立才絕對不可兩立的呢！盼望政府不要專與本省若干人相好，而能多提拔優秀的本省籍人士，尤其是有為的本省青年。而本省青年亦當與外省優秀青年共同努力。

× × ×

據說，最近春假回國訪問的留日學生一行，因為張厲生大使曾在松山機場親自接機關照，他們所帶回全部行李得免檢通關。筆者對張大使親自到機場迎接我們留學生一事，表示十二萬分之敬意；但對於留學生帶回行李全部免檢通關一事，則表示遺憾。筆者不悉張大使怎樣關照（筆者相信張大使絕不會關照免檢通關），或許關稅人員看到張大使來迎接留學生，遂馬虎通關甚至自動免檢通關也說不定。不過，如果是因為張大使來機場迎接關照而便全部免檢通關的話，則關稅人員未免太枉法了。幾年前，我們回國的時候，不但經過嚴格的檢查，而且好幾位同學還被課了許多的稅。要不要課稅應課多少稅，凡此固都是關稅機關的權利，我們不能過問；但是，如果因為某某要人關照而不僅沒有課稅，抑且連檢查都沒有檢查的話，這不但不公平，有背民主法治的原則，而且更有思想走私的危險。當然筆者並不是在鼓勵稅關給留學生課稅，為維護法治，盼望稅關人員做到法律之前，人人平等的大原則而已。對於普通人要檢查課稅，對於要人關照者則不檢查不課稅的這種國家，無論如何絕不是一個法治國家。一切對立，是由此而起的！（納稅人與不納稅人之對立！）

× × ×

在此地，我們常常聽到人家說，我們大使館領事組的服務態度差。筆者也曾經聽到過一個日本人說，我們大使館領事組的服務態度在所有外國使領館裏頭，是最差的一個。據筆者個人的看法，他們的服務態度確比國內的公務員好，但卻比日本大多數機關公司行號，還是差得很遠。不過，根據一般人的見解，現在似比以前改進多了。但是筆者認為為消除這種莫須有的不良印象，領事組的窗口似可以用日本人。日本人非常聽話，非常有禮貌，而且服務態度非常好。將來領事組窗口的服務態度如再有人責備，筆者希望能用日本人以謀求根本的解決。慚愧得很，就一般來講，在服務態度方面，我們還是不如日本人。

以上，筆者很拉雜地，指出了我們的幾個缺點，並提出了具體建議。離開祖國將近五年，對於祖國的一切更念念不已。好的應發揚光大，壞的當力求改進。「趕不上時間的錶是廢錶」，「跟不上時代的人是廢人」。同樣道理，趕不上時代的國家是一定會被淘汰的。筆者寫此事後心裏實在有點難過。願與國人反省而共勉之。

（原載一九六四年臺北『中華雜誌』）

回國觀感

我將近六年沒有回國；但今年春季與秋季卻兩次回來省親。春季時是團體回國，且身為團體負責人，公事繁忙，與外界接觸較少；這次乃私人攜眷回國，行動自由，見聞較多，對國內諸事不無感想。茲將春季回國時所得觀感一併誌之如後以共勉。

首先，我以有機會在臺北參加國父百年誕辰紀念盛典為無上光榮和幸福；更為李顯斌等義士駕駛俄製伊留申二八型噴射轟炸機來歸而興奮和高興。我認為，這遠比楊傳廣之榮獲世運全能比賽亞軍和林海峰之贏得日本圍棋名人頭銜有意義。我們應為此事而大聲歡呼！

其次，以臺北為首，各地方的建設都有進步。尤其經濟比以前繁榮許多。但是，我覺得整個的進步還是不夠，幾個地方甚至退步或完全沒有進步。以下所寫，純粹是我個人的觀感；而我之所以寫此，完全是為了祖國的進步和繁榮。由於對祖國的進步情形，已有很多人介紹，所以我準備指出我們應該改進的地方。

大概由於看慣了日本的社會，所以對於祖國社會上的種種作風有些不習慣。

我們這次是坐招商局的輪船回來的。在基隆海關，我看見了人們傳說的海關職員不忠於職務的事實。他們讓我們等一個小時才檢查我們的行李，同船的幾位客人帶了很多很多的東西。在船剛靠岸，就有人來船裏為一位客人的行李打招呼。在檢查房，當天檢查班的負責人將他要「關照」以外的申報單交給他的部下去檢查。而他自己則檢查他要「關照」的行李。幾位同船的迎接人都在外邊等，獨被「關照」的家人進來檢查房與該負責人一起檢查。我看到那種情景，彷彿有祖國的海關是檢查主管所私有的海關之感覺。至於他們究竟怎樣檢查，我毫無所悉，不過我覺得該檢查員有失職守之處。

到達臺北那一天晚上十時許，我送家兄鼎山回南部。由於沒有買到對號快車票，所以他搭十一時的平快車。臺北車站人並不多，但吵得很。進月臺後旅客們並不排隊，都沿著月臺站。車子進來還沒停妥，他們便爭先恐後地擠著上車。甚至於有從窗口爬進去的。月臺有警察在那裏看，但他並不管，我真不知道這位警察是幹什麼的。事後據家兄說，那趟車，為爭先上車而掉下月臺壓死一個人。（我於十時五十分與家兄告別；但不忍自己先回去，故一個人在剪票門附近看著）。這種爭坐車的場面，在戰後的日本，我是看過的，但現在日本早已沒有這種現象了。

由此事，我想起留日學生的秩序。每年青年節、雙十節，在日本我們都有盛大的慶祝，但留學生的秩序卻非常之差。譬如今年雙十節，在東京，留日同學會在有樂町的交通大飯店舉行慶祝晚會，同時發晚餐（也就是辦當）。我們多準備了兩百份，但開始發辦當時，坐在後面的同學，則有好多到前面來要辦當，甚至擅自拿去。這種情況每年都有。留學生尚且如此，何況國內一般老百姓怎能要其完全遵守秩序？為什麼會這樣？教育尤其家庭教育差？抑亦民族性？是否 國父所說的一盤散沙？我覺得，一般社會的公共道德都沒有進步。自覺運動推行，至今並未得其應有的效果。我認為這種缺欠公共道德，完全來自「不管他」主義。

由於這種「不管他」主義，許多人便不管交通規則而亂闖。汽車、三輪車、馬達車而至腳踏車，對於行人是絕不肯讓步的。春季回國時，為汽車的喇叭聲，我一個月沒有睡過好覺。對於違反交通規則的取締，警察當局有特別加緊的必要。違反則取締，萬勿講情。

在國外，常聽人說警察怎樣怎樣。不過，我覺得老百姓也有很多是應受責備的。有一次我看到一位警員欲令一部違反交通規則的計程車停車，但是，那部計程車卻很快地衝過去。我問那位警員說：「你為什麼沒有令那部車子停車？」他答說：「要給它壓死！」（臺語）他的意思是說，為逃法，司機是不管警察死活的！

回到國內，我常聽人家說警察、稅務員好拿紅包。公務員之拿紅包可能有兩種：一種是真正的指油；另一種是老百姓為貪小便宜而自動送上的。前一種是公務員的不法、不正；後一種是老百姓的自私。譬如一個警察或稅務員抓到一件犯法案件，該案件的當事人（通常是老百姓），為避免受法律的制裁，便千方百計，想盡辦法利誘取締的人員，紅包於是出現。而送紅包解決犯法的人，卻偏偏到處去向人家說他被某人揩油；可是這時他並不說他為什麼（犯法）被揩油。所以，在這種場合，收紅包的公務員固然犯法，但是送紅包的人也是犯法的。我堅決主張：一發現這種情形，兩者皆應從嚴處罰。因此，對於公務員這類的貪污，老百姓也是要負很大責任的。十一月十一日晨，我們由臺南準備北上參加國父百年誕辰盛典。乘車前，在臺南車站前面攤子吃早餐。我們向他各要一個粽子，但是賣的人故意各弄兩個。在車上（臺南八時五十九分開對號特快），我們座位的茶杯少一個蓋子，我向車輛服務生要。但服務生卻問我從什麼地方上車。我說從臺南（原來，我們的座位從高雄就有人坐。），服務生說一定有蓋子。車子開到臺中以後，他才給我們送來。

今年春假回來時，我曾經跟朋友到大世界戲院去看過一場電影。買票時我問售票員有沒有對號，她答說：「有！為什麼沒有！」（閩南話）在外國（日本）住久的人，對於這種對待客人的態度自然是非常難過的。

那個時候，我去過中和鄉。上公路局車子後，問售票員到中和要多少錢。她對我比兩根手指。再問她一次，她說：「兩塊了！」（臺語），年輕的女服務員為何態度這樣差？

同樣今年春假回國時候的事。三月初，跟家兄準備回南部。到臺北火車站時，距夜快車時間還有一些時候。欲買車票時，有一個人來說有一部遊覽車馬上要往高雄開，問要不要坐。我倆遂決定搭這部車子。但是這部車子（基隆新自由汽車公司）讓我倆等了將近兩小時，我們買到善化的票，可是到善化天還黑，沒有其他車子可搭，所以臨時決定到臺南去。在車內與其他旅客閒談，知道他買到臺南祇化六十五元，而我們買到善化卻化了七十元。因此我們以為傍的人以六十五元可以坐到臺南，我們也可以去。但該車車長和司機硬要我們一個人再補十元。我們祇有補交給他，因為我們上了他們的當！不過，我覺得這種掛羊頭賣狗肉式的遊覽車，實不應該讓其繼續存在。（起初我以為是真正的遊覽車。）

住旅館，隔壁的客人又吵得要命。我們中國人講話一向大聲是不錯的，但是實在太離譜了。過了十二點甚至一點鐘，還在高聲談笑。好像這家旅館祇有他一個人住的樣子。下女請客人聽電話又不來請，而由樓下高聲喊叫。客人之高聲談笑，不分外省本省。我住的旅館客人大部份是本省人，裏頭有商人、公務員、民意代表；但都是一樣吵。又，前幾天，有一位公務員來這裏住兩夜。他要下女開一張沒有寫明金額的收據。下女不肯。結果請下女寫一張住五天，一天七十元（實際上是二十五元，他住最便宜的房間）的收據拿回去報旅費。

在國內，打電話是我覺得最頭痛的一件事。找人唯有靠打電話，但接電話的人，除自己的電話外，好像很不高興替我們接。尤其機關的電話最難打。像我好久不在臺北，而現在在臺北時間又不長，需要找到人，但接電話者卻似以為我在找他（她）麻煩的樣子，根本不理，甚至沒說兩句話，就把電話掛斷。嗚呼哀哉！

在街上走路，常常聽到很熟很熟的歌曲。原來是把日本話變成閩南話的日本歌。書店裏滿都是海盜版書籍，唱片更不用說。文化商人真會做生意；但這是祖國的恥辱。

到機關辦事（幾乎不管什麼事），大家都要找主管；而事實上，有很多事不找主管是不能解決問題的。辦事人對於熟人非常客氣、親切，但對於不熟的人，簡直是在對待罪人。我真不知道這些人為什麼這樣不親切。這種現象，不只是機關，民間社會亦復如此。我覺得我們的同胞愛祇及於自己周圍有關的人，這是非常可怕的現象。

以上，我很拉雜地說了一些我回國的社會感想。這些感想可以說是反面的，也就是一些小牢騷，對於整個社會的牢騷。可是這些事雖小，但關係很大。一個社會在這些小事上如此，是不能做出好的大事的。我所要說的，歸根結底祇有一句話：就是要實在，要實實在在。一個人實在，自會恪遵職守，安分守己，大家愉快；否則，這個社會的前途將不堪設想。自覺運動之推行，莫非要每個人實實在在。每個人實實在在，同胞愛、公共道德、甚至反攻大陸、復國建國都不成問題；否則，這個社會恐怕會愈來愈黑暗。幾個十層大樓的建築雖然是經濟進步的表徵；但它究竟不是社會的根本。切不可以為這是小事情。這決不是民族性的原故，因為不是人人如此，而且不是不可改的。這畢竟是教育問題，而我們沒有重視它。盼望我同胞（包括筆者）互相反省、自覺，力求上進，萬勿自甘落伍。

（原載一九六五年十二月號臺北『中華雜誌』）

國內肅貪海外喝采

閱讀最近國內報章，得知基隆港口八位治安人員，因包庇走私而被逮捕，並送法院嚴辦。關於基隆港口的枉法行為，筆者早在六年前已經寫過。在今日臺灣，說實在話，最枉法，最假公濟私的公務人員就是某些海關的官史，司法界的法官，警察人員、稅務人員和管理兵役的人。

以前，我尚在日本時，據說，有專門利用留學生包機勾結關稅人員，專做走私生意者。去年，在哥倫比亞大學，我曾經遇到一位美籍哥大學生說，他曾經從日本帶了冰箱、彩色電視機等等到臺北，因未被課稅，賺了很多錢。對於這種洋人，海關絕不能客氣。你對他客氣，他反而看不起你，以為你怕他。因此，海關的整頓實刻不容緩，而這次八個人之被起訴，乃是它的開始。這種事情之發生雖然不幸，但我卻要為當局之明快執法而歡呼。

在國外，常常聽到從國內出來考察或探親的人，傾訴國內司法界之腐敗。知法而犯法，罪該十倍。要檢舉不肖官員之貪污，單靠調查局人員是不夠的。這是社會上每個人的責任和義務。我要很誠懇地奉勸國內父老兄弟，你如果沒有勇氣去檢舉，請你不要在國外到處說你被指油，被敲榨……。同時，我更希望調查局也應該經常調查它自己的調查人員，以鞏固調查局在社會上應有的尊嚴地位。這是肅清貪污的第一步。

八、九年前，我還在東京時，曾遇到一位現在新加坡做生意而以前在臺北經商的人。據他說，臺北的某稅務人員曾經要他給多少錢，然後將減少他的稅額。他因為看不慣這種作風，遂前往新加坡。這種給錢後將減稅的話，時有所聞。萬望執法的稅務人員自尊和自愛，更希望賺錢的各位商人，為國家社會的繁榮和安定，憑良心繳稅，否則，一出紕漏，勢將得不償失。而今日奸商之膽敢繼續冒險，乃因為我們的制度或執法人員，還不能徹底做到使為非作歹者，必得不償失的地步所致。

有人說，只要政府的基本政策和施政方針正確，這些皆屬枝葉末節。但我敢斷言，上述這些情事如不能適時杜絕，政府政策再好，也難贏得民心。

六年前，我回國省親時，家兄要我替他帶一輛五十CC的小型馬達車。我為他帶回去了，可是外貿會卻說得申請外匯。我按照規定去申請，並回臺南縣老家去等候消息。過了一些日子，我接到外貿會主辦人員的公函。它祇寫著四個字：「來組一談」。我以為什麼都辦好了，於是遂到臺北去見那位主辦人員。可是，這位仁兄一看到我卻向我要三樣東西：一、護照；二、圖章；三、戶口謄本。我家在臺南鄉下，要戶口謄本，最少得等三天以上。要這些東西，為什麼不事先在公函上寫清楚，而偏偏祇寫「來組一談」呢？這種作風，怎能得民心？當時，我想的是，有多少老百姓天天受著這種官僚氣在過日子！

社會風氣之興革，應由公務人員開始。公務人員是社會的中堅，皆是知識份子，理應懂得便民和愛民的道理。公務人員在處事方面，如能迅速公正，真正便民、愛民，民眾那裏有不擁護政府之理？而政府現在正在大力從事這種改革，改革成功，社會自有公是和公非。有公是公非的社會，人民纔有安居樂業之餘地；不待宣傳，僑胞自會嚮往自由祖國；外國也絕不敢輕視我們。最近一連串的國內政治措施，已經普遍地贏得了僑胞和留學生的大喝采。這是人同此心，心同此理的鐵證。但我還要強調數年來我經常在強調的一句話，曰：「一個政權如果不能消滅貪污；貪污將消滅這個政權」。願政府大員念茲在茲，力行不懈。

（民國六十一年八月三日於紐約）

（原載一九七二年八月十九日香港『新聞天地』；轉載一九七二年十二月卅一日紐約『中華青年』）

反共文化鬥士任卓宣先生

——為紀念任先生六秩華誕而撰——

「人生一切的缺陷，都非哀號悲訴的理由，而是你必須肩負起來的責任！」——拉卡德（Lagarde）。

一

公元一九〇〇年，即前清光緒二十六年。義和團事變的時候，當時美國國務卿約翰海（John Hay）曾說過：

「全世界的暴風雨之中心點，目前業已轉移到中國去了，任何人士儻能從社會、政治、經濟、宗教各方面瞭解中國，誰便可預測此後五百年世界政治局面之變化」。

這是他對於此後五百年世界歷史所作的一個偉大的預言，迄今屆指計算衹過了五十五年，僅歷他所預言的時間十分之一強，他的預言價值，已逐漸被證實，但他的預言，卻也為世人所逐漸忘記。

二

由於故美國羅斯福總統不瞭解中國，更不能瞭解中國在此後五百年世界歷史上所應佔有之地位和比重，始與狂妄的禍首史大林，簽訂出賣曾經併肩作戰，榮獲第二次世界大戰全面勝利和反共最早最澈底的中國的雅爾達密約，而惟恐天下不貧不弱不衰不亂的毛共，卻叨光了這個密約的「碩果」——受其祖國俄帝之指使和接濟，自勝利後不到四年，席捲整個大陸，橫行亞洲，侵略鄰邦，屠殺同胞，無惡不作，好話說完，壞事做盡。殘暴冷酷，絕滅人性的毛共之滋長和中國人民所受的苦難乃成正比例，毛共的勢力愈大，人民所受的劫難愈深，現在毛共的勢力，在大陸上已膨脹到飽和點，因此，大陸上所有的同胞，無論性別、職業、老幼，都同樣底陷於絕境，不是被迫參軍戰死沙場，就是淪為暗無天日的奴工，一萬四千的反共義士之投奔自由，說明了這個事實，這是真憑實據，毋庸置疑。

三

沒有安定的中國，就沒有安全的亞洲，沒有安全的亞洲，便沒有和平的世界。中國目前所遭遇的，是我們整個國家民族的生死存亡，和五千年歷史、文化絕續的艱苦時代。德國歷史哲學家司班格勒（O. Spengler）曾大聲疾呼說：「偉大的時代是痛苦的」。這個偉大時代最大的痛苦，落在少數人的智識分子身上，但在這少數人中，在今天的自由中國，真正名符其實底能夠肩負起這個重責大任者並不算少，然而名政論家任卓宣先生，卻的的確確地肩負起了這個責任。任先生從事反共文化戰鬥廿五年如一日，即在環境不容許他反共的時候，他仍一本初衷照樣反共，因此，被毛共指斥為「破壞國共團結」的「奸人」和「民族敗類」，而且在其所謂「戰犯」名單裏，說他為「主要的戰爭鼓吹者」而被列為「特等戰犯」之一。

他受盡了類似上述的謾罵、侮辱、恐嚇、威迫和冷酷無情的打擊，這些打擊正說明了他的艱苦奮鬥和他在反共文化戰鬥上的驚人成就。他並不因為受了這種打擊而稍懈其奮鬥意志，反而愈挫愈奮，再接再厲，百折不回地為實現三民主義而反共到底。尤其任先生廿五年前當日之單槍匹馬孤軍無援之艱苦奮鬥的真情實景，自非淺陋的筆者所能形容。環顧國內某些無聊的文人或失意的政客，從政多年，位高、多金、勢厚，夙為政府所信任者，或變節「靠攏」或準備「應變」，甚至有特任大員，臨時改入外籍以謀一已之安全者。在人心惶惶，眾人不知所措之際，始終度其寒士生活，徹底反共，不計個人功名利祿之任卓宣先生更是難能可貴。他真不愧為自由中國當代的名政論家，更不失為反共抗俄偉大陣營中之一顆光芒萬丈的巨星。

四

任先生說：「我從事反共文化戰鬥廿五年，只是略盡一點國民責任，並不算甚麼一回事」。這是多麼懇摯而謙遜的一句話！今後他毫無疑問地當然會繼續反共，因為他又說：「因為『漢賊不兩立，王業不偏安』，我們只有反共到底之一途，這是惟一的出路。一天沒有獲得最後勝利，是一天也不能停止的。反共成了時代的事業，它是我們的歷史任務和革命任務」。他已奮鬥了廿五年，但願他最少同我們再奮鬥廿五年，筆者深信這是他可以做得到的。讓筆者再說一遍：「一切人生的缺陷，都非哀號悲訴的理由，而是你必須肩負起來的責任！」。筆者盼望有心人，尤其身為知識分子的青年朋友們，應該向任先生學習和看齊。在這「萬事莫如反共急」的今天，來慶祝反共文化鬥士任卓宣先生的生誕，確實很有意義。

（原載一九五五年臺北『保警半月刊』）

任卓宣先生與我

——為紀念任先生七秩華誕而作——

十三年前，在一個訓練班，我初次聽任卓宣（葉青）先生主講有關三民主義和批判共產主義的課。而在這以前，對三民主義、共產主義以及其他社會思想，我雖已有粗淺的和基本的瞭解；但任先生的課卻使我對這些主義有更深一層和更進一步的理解和認識。老實說，在沒有聽過任先生的課以前，我是看不起中國學者的，惟由於聽過任先生的課，我纔對於中國學者發生欽仰之意。的確，在使我對於中國的學人重新評估這一點，應該感謝任先生。

在受訓期間，有一次任先生的課剛剛跟我站崗的時間衝突，由於我對於任先生的課非聽不可，於是遂下了很大的決心，即無論受到何種處分，我也要去聽任先生的課。心既定，我便把站崗的職務棄而不顧，而偷偷地跑到教室去聽課。現在回想起這樁事，愈覺任先生對我的影響如何地重大。

對於任先生的治學、為人、道德、文章、貢獻和功績等等，已有很多人介紹，而且都介紹得非常詳細和正確，因此，在這裏，我祇說兩件事和略述我個人受任先生的陶冶以後，在研究國父遺教方面所做和所可能做的事情。

我以為任先生最值得我們欽佩和效法的一點就是他的勤奮。在臺北求學的時候，有一段時間我住在任先生家裏。這時我發現：任先生比任何一個學生（包括準備升學和考高、普考的人。）都努力用功，埋頭研究。任先生晚上比我睡得晚（我是睡得相當晚的），早上比我起得早。前前後後，我在任先生家裏住了六個月左右，但我卻不知道，任先生究竟是什麼時候就寢，和什麼時候起床。好像晚上一直都沒有休息的樣子。而且，任先生的用功態度實在驚人。任先生在吃晚飯後，開始寫作以前，常常在念法文書。任先生之念法文書，不是以眼睛來念的，而是一句一句像小孩子讀三字經一樣念出聲音的。我深信這是任先生的法文所以比人家好的理由。

最值得我們欽佩和效法的第二點，就是任先生的生活態度之謙虛和實在。任先生的學問高人一等，但他的生活態度卻非常謙虛和實在。任先生是從不誇耀、不自傲，絕不浮華、不敷衍的一個人。他道道地地是一個說話算數的君子和大丈夫。我常常在心裏想，中國如果能多幾個任卓宣先生，我相信中國絕不是今日的景象。今日，我們所需要而求之不得的正是這種實實在在的人。

其次我要說的是，我的碩士論文是以「孫中山先生的民權主義思想與五權憲法」為題目這件事。這是用日文寫，向日本的大學研究院提出的，而且甚獲日本教授們的好評。這篇論文，除擬節錄刊登於日本的刊物之外，決定刊登於我在東京創辦的日文雜誌『現代評論』。另外，為紀念國父的百年誕辰，政府決定在東京出日文版的『國父全集』；而此項工作或許將由我來分擔。為國家的榮譽，更為報答任先生薰陶我的高恩，我將悉力以赴，俾能出一部空前最完整的日文版『國父全集』。我堅信，這項工作的順利完成，當是我獻給任卓宣先生七秩華誕至大而最可貴的不二禮物。

一九六五年三月於臺北

（原載一九六五年七月號臺北『中國世紀』）

給周百鍊先生的一封公開信

百鍊先生：

我們兩年多沒有見面了。在這兩年之內，臺北的政界有過很大的變化。其中最大的當推黃啟瑞市長之被撤職，和先生之被任命代長臺北市。

五年半前，當黨要提名市長候選人的時候，我們一致擁護您，認為您是今日臺北最理想的市長候選人；可惜，因為一部份的人對您認識不夠，而致使您變成「邊際失敗者」。當時，這些對您認識不夠的人，都異口同聲地說：「周百鍊行政經驗不夠「行政經驗不夠的周百鍊」，而且這些說您行政經驗不夠的人，更因此而減少了您四年半的「行政經驗」呢。實在可惜。

人家說您行政經驗不夠，而事實上，您的行政經驗也確不如某人。可是，行政經驗較豐的人，不一定就是最理想（好）的市長，這個理由很簡單而明白，不必由我來解說。現在我希望您的是，您應該善用您的理智，動員一切可以動員的力量，憑自己良心，對市民負責，大膽做去，不必過慮人家的議論是非。當然，這並不就是說要您一切自作自斷，蠻幹一番的意思。

其次，對於人事應該少予更動。我認為，除不得已者和為工作上所必需者外，千萬不能也不應該輕易更動人事。因為在科學如此發達，分工這樣細密的今日，公務員已經變成一種專門職業，行政工作是一種不折不扣的技術，有如軍隊的官兵一樣，不是張三李四可以隨便頂替的。如果這一點做不到，就是再有行政經驗的人，也決幹不好市長，更無所謂建樹可言。這是一定的道理。

再次，有人說您「弄一個頭腦並不如何清楚的林衡道去兼任臺北市的文獻委員會主委。」這是不足信的。林衡道是否最適於兼任（或專任）北市文獻委員會主委我不敢說，不過，林衡道這個人的頭腦是非常清楚的。老實說，林衡道是今日市府工作同仁中頭腦最清楚的一個人。人家說他的「頭腦並不如何清楚」，乃基於他在議會的「表演失常」。但這是由於林衡道的不善於辭令所致，決非他的「頭腦並不如何清楚」使然。不善於辭令者，不就是「頭腦並不如何清楚」者。這是兩件事。據我個人的見解，您大可以用他。

前幾天，幾個朋友在一起談到臺北市的政治和社會風氣等問題。黃某因為貪污而垮臺，不消說，這是一件最丟臉的事件。不過，在座的一個朋友斷言說，周某在這幾年之內也一定會跟黃某一樣因為貪污案件而垮臺。他認為臺灣（尤其是臺北）的政界貪污成風，無可救藥，縱令周某不會貪污，他身邊的人必定貪污，而最後終會拖垮周某。……世界任一個國家都有貪官污吏的現象；不過，臺北的貪污的確是相當嚴重的。當然我堅信您絕不會貪污，因此堅決反他認為您「在這幾年之內也一定會跟黃某一樣因為貪污案件而垮臺」的說法。於是，由在座的另一個朋友做證人，我跟他遂打了一個很大的賭，所以，您絕不能貪污，更得注意和防止您身邊的人和所有部下的貪污。否則，不但我將打輸這個有生以來的大賭，而且您的政治生命亦將隨之嗚呼而哀哉！因此，舉凡貪污者，不管任何人，您應該拿出勇氣來，絕不能再要他！

最後，我要指出您的個性（性格）最大的優點和最大的缺點。前者是大公無私；後者是性情太急。我的看法是不是對，您自己最清楚，盼您發揮其長，力補其短。對了，我忘記給您恭賀。恭賀您代長臺北市。不過，我現在祇給您恭賀一半，剩下的一半，等到您下任的那一天。因為，一個政治家的成功與否，不是要看他的上場；而是要看他的下場。

專此不一　敬請

政安

陳鵬仁　啟

三月十四日於東京

（載一九六一年四月廿五日臺北『政治評論』）

為胡秋原，鄭學稼先生說兩句話

當有關中西文化問題論戰最激烈、最有聲有色的時候，在東京的一位對於此問題頗有興趣的朋友對我說，此時，你大應該出來為我們年輕人說說話。……他所持的理由是，不管李某的見解對不對，一個這樣年紀輕輕的人，會寫那麼好的文章，跟自由中國當代的幾十位名流學者論戰，實在很了不起，……你也是一個輕年人，所以應該聲援他，幫助他。

當時，我已看過『文星』和『政治評論』的幾篇有關文章，自然心裡已經有數。於是我拒絕了這位朋友善意的勸告。理由非常簡單而明白，學術上的是非，斷不能也不許以年齡的大小來評判；而應百分之百地以真理為依歸。如果是賽乒乓球或網球（單打），對手是老前輩，李某打輸了我來聲援他可以，而且我也很樂意為他聲援。但是，學術上的事情，絕不能也不可以這樣做。是就是是；非就是非，它與年齡、籍貫、性別等等毫無關係。

李某在見解上既有錯誤，當然應予批評；而他亦應虛心接受這種批評。這是學人應有的風度。老實說，有錯誤而接受人家的批評並不丟臉；反此，有錯誤而又李某在見解上犯有什麼錯誤呢？其詳情請看他自己和批評他的文章。這裡不贅。

現在，這一場論戰已告一個段落，孰是孰非各位讀者自有公斷。惟因李某等妄誣胡秋原和鄭學稼先生為毛共方面的人，以致告到法院去。事至此已非學術問題，而是思想問題和法律問題。後者應由法官遵循法律去解決；關於前者，趙慎安、林翠兩位先生寫很多，而且很詳細。因此不必再說什麼。

今天，我想來說說胡秋原、鄭學稼先生在日本所佔的學術（公共）聲譽。胡秋原、鄭學稼兩位先生在日本學術界有其相當高的地位。我曾在抗戰時期的日本書本上看過日本人提到或批評胡、鄭兩位先生的文字。而在目前，舉凡對於中國問題稍有興趣的日本人，尤其反共的人，幾乎都知道胡秋原和鄭學稼先生的大名。起碼這三年來，我曾翻譯過不少胡秋原和鄭學稼先生的文章發表於日本刊物。而將來日本人很可能為之出單行本。對於連外國人都這樣尊重的這兩位反共學人，在國內竟有人公然藐視和誹謗。這是否因為「全盤西化」所致？真是開玩笑。

如照李某等的說法，胡秋原和鄭學稼先生是毛共方面的人，那麼介紹他倆之文章的我，亦當屬親共份子。但是，中共在東京的『大地報』卻批評「親共份子」

的我。請問這又應該怎樣解釋呢？

總之，胡秋原和鄭學稼兩位先生是，名符其實的自由世界不可多得的反共學人，衛護自由中國的鬥士，斷不容污衊、誹謗和陷害；誰予以污衊、誹謗和陷害，誰就是民族的公敵。

一九六三・元旦　於東京

（原載一九六三年二月十日臺北『政治評論』）

為開發西伯利亞敬致趙尺子先生

先生在『政治評論』第七卷第七期所發表「與日本人士討論『合作開發西伯利亞』的問題」一篇大作，內容非常豐富，尤其關於鮮卑語的考證，更是難得，確為一篇不可多得的文章。敝人於此除表示十二萬分之敬意外，願奉告有關數事。

關於北村德太郎這個人：北村係京都人，今年七十五歲，曾當選眾議院議員六次（由長崎縣第二選區選出），隸於執政的自由民主黨，派屬於河一郎派。不過，在派裡頭還有一個北村系（大約三個人）。前年十一月舉行大選時，北村「光榮」落選。理由很簡單，因為他是一個「靠左邊走」的親俄政客，所以為他的選民所棄。在自民黨國會議員裡頭，他是最親共的份子之一。一九五一年十月廿六日，在第十二屆臨時國會期中，眾議院表決舊金山和約和舊美日安全條約的時候，以及前年五月十九日表決新美日安全條約的時候，他都是在表決前退席的。由此當可知道他是一個什麼立場的人。

其次，他雖當過一次大藏大臣和運輸大臣，但這不是因為他能幹，人家要他做，而是因其立場和論功行賞得來的。他出任運輸大臣是一九四七年社會黨組閣之時，那時社會黨在國會席數最多（迄今，社會黨在國會佔比較多數的祇有這一次，所以組閣也是第一次，首相為今日民社黨最高顧問的片山哲），惟因不是絕對多數，所以與當時的民主黨（與自由黨在一九五五年十一月合併為自由民主黨，亦即今日的執政黨，北村係民主黨的人）組織聯合內閣。當時出任運輸大臣的是苫米地義三，後來因故而由北村繼任。所以他黨運輸大臣不過幾個月（片山內閣的壽命為六個月）。而北村之所以能出任大藏大臣，乃在民主黨時代，蘆田均與幣原喜重郎互爭該黨總裁的時候，北村玩弄權謀，使他所擁護的蘆田當選總裁，爾後蘆田出組內閣時，遂論功行賞，起用北村為大藏大臣（一九四八年三月）。所以北村之出任大藏大臣和運輸大臣並沒有什麼了不得。

再次，最重要的所謂「開發西伯利亞問題」，北村的大言對於日本政界和財界也沒有發生重大影響。有如日本社會黨訪問團與毛共發表宣言說：「美帝國主義是日中（共）兩國人民的共同敵人」一樣，就日本人來講，是『馬取東風』。年屆古稀的北村，如不趁眼黑的今日大喊大叫，恐怕已再無機會可言了。去年十二月三日的『朝日 Journal』，曾刊出北村的「西伯利亞的開發與日本經濟」一文。在該文中他說他希望日本財界的王牌石坂泰三和足立正兩位，前往俄國跟俄酋談有關開發西伯利亞和日俄貿易的問題，但卻被這兩位反共健將所拒絕。不過，在日本思想界左傾勢力如此猖獗的今日，日俄之間的種種往來和接觸是難免的。所以，今年四、五月間日本代表團之前往西伯利亞是可能的。至於會有何種成果，那又是另外一回事了。

再其次，先生在大作中所說日譯『西伯利亞開發史』一書。沒有註出著者姓名和於那一年由何書局出版，所以無法查閱。敝人曾在日本國會圖書館（有二百四十萬部藏書）查過，但沒有類似這一本書的著作。

最後，要把大作譯成日本轉寄給北村或發表於日本刊物一事，在事實上有若干困難，而且亦無這種必要。因為老頑固的北村既不會接受這種意見，而今日日本刊物也不易刊登這類文章。

一九六二・二・九　東京

（原載一九六二年三月廿五日臺北『政治評論』）

我所知道的哈瑪紹先生

前些日子，英國『經濟學人』雜雜聯合國應該怎樣的時候，曾經認為我們應該向瑞典、挪威和丹麥北歐三國代表看齊。的確，這三個國家常駐聯合國的首席代表，個個都是非常能幹、冷靜而堅實。在冷戰不斷襲擊的今日聯合國，冷靜的判斷和堅實的措施，老實說比什麼都重要。

因此，聯合國首任秘書長李（挪威人）和第二任秘書長哈瑪紹之全為北歐人，確非偶然。

哈瑪紹出自世家並有「神童」之號

哈瑪紹（Dag Hammarskjöld）出生於一九〇五年，排為四男。哈瑪紹家係於一六一〇年，經卡爾九世列為貴族的瑞典名門。在最近三十年，曾經出了五個部長；父親是第一次世界大戰期間的瑞典首相，日後更出任海牙國際法院院長和諾貝爾和平獎金委員會的委員，一九五三年以九十一歲高齡與世長辭。

哈瑪紹是一個名符其實的神童。在大學學的是文學和經濟，以「景氣論」的論文，獲得斯德哥爾摩大學的經濟學博士學位。日後被財政部長威克羅斯提拔主持失業救濟委員會，卅一歲任財政部政務次長，卅六歲時出任國家銀行總裁。在任七年（一九四一——八年），對於瑞典經濟和工資的安定有非凡的貢獻。瑞典人對於當時的他批評是：「不言而實行的人」。是的，他就是這樣默默寡言專心做事的一個人。

牛刀小試見才能從此蜚聲政壇

一九五一年，哈瑪紹出任不管部部長兼外交部副部長，幾乎出席所有重要的經濟會議，他的才能在國際上具有很高的評價；翌年即被任命為常駐聯合國的首席代表。

一九五一年李秘書長任期（五年）已經屆滿，但由於蘇俄不滿聯軍參加韓戰而反對他的連任，聯合國此時採取臨時辦法，把他的任期延長了兩年。聯合國秘書長乃基於安全理事會的推薦而由大會選出的。

本來，哈瑪紹是一匹黑馬，法國提名了他，其餘的四大強國（中、美、英、蘇）亦無異議，於是一九五三年春天，安全理事會便以全體一致通過而任命哈瑪紹為秘書長。上任不久，他的真能實才便愈分明了。冷靜、沉著、公正、機警、健康、勤奮——舉凡聯合國秘書長所應該具有的素質，樣樣他都具備。尤其是他的勤奮是驚人的。一切重要事情，他都親自作決定。秘書處四千名的職員都非常警仰他，尤其對於他的工作熱誠更驚愕不已。當蘇伊士、匈牙利事件在聯合國大會日以繼夜審查的時候，他幾乎每天只睡一、二小時，但是，他仍然跟平常一樣精神飽滿，且不斷地含笑工作。

照片般的記憶力哈瑪紹的超人處

他的工作速度非常之快，文件是斜著看，這樣他就可以知道它的內容。記憶力特別強，人家把他的記憶力形容為「猶如照片的記憶力」(Photographic memory)。無論怎樣重要的事情，談個三十來分鐘，他就可以抓住問題的重心（所在），真是難能可貴。他精通瑞、英、法、德語文（不是在國內隨便所說的「精通」，而是能寫能講能看的真通——譯者），此外似乎還可以讀八個國家的文字。他雖不善於辭令，但寫和講卻正確無比。身為聯合國憲章的衛護者，的確是最適當不過的人。既不偏左，也不袒右，亟以公正為第一要義。惟其根本思想，仍以西歐的自由民主思想為基礎。他所取的立場，乃是盡可能地跟共產集團謀求和平共存之道，並企圖以此為和平的根基。

面對複雜的現實，而往高遠的理想腳踏實地一步一步的前進。因此，既非常有耐心，而一遇有機會他就提出適當又富有建設性的辦法——這是哈瑪紹外交的骨幹，而這種富有現實性的辦法顯得最突出的，就是在蘇伊士運河紛爭和匈牙利事件的時候。「聯合國緊急部隊」使埃及侵略部隊撤退，並為防止武力衝突的危險，隨時組織起中立國家的十國軍隊，而這就是他和當時的加拿大外長皮爾遜商量創設的。當時我非常感佩他的熱誠；而日後他更把這個緊急部隊變為常設部隊。皮爾遜因為這個功績，而獲得了諾貝爾和平獎。

一九五五年，他為周旋中共釋放美軍飛機駕駛員，曾飛往北平，當時跟周恩來似談得還不錯，所以常常追述當時的情形。翌（五六）年前往莫斯科與克里姆林宮的巨頭會談時，曾為日本參加聯合國問題做種種重要的勸告。日本能夠參加聯合國，他的幫助是非常大的。

具有爬山的個性酷愛音樂文學

哈瑪紹很喜歡爬山。我記得他是瑞典山岳協會的會長。有一次閒談時，他說：「爬山需要忍耐心和耐久力。而且非確實把握現實和很慎重地計劃不可。更需要充分知道它的危險和決不為任何困難而退卻的勇氣」。並附帶指出：「爬山最要不得的是開玩笑」。我相信這種爬山的信條就是他以往在聯合國做事的信條。

由於他的工作非常忙，所以出席任何宴會的時間都很短。但只要他高興，他都很樂意談音樂、論文學。音樂，愛好巴哈和貝多芬；文學，喜歡愛利奧（T. S. Eliot）、赫塞（H. Hesse）和吳爾夫（V. Woolf）。

記得有一次在聊天時，談到如果將來在無人島過隱居生活時，要帶什麼書的時候，我問他說：「是不是聖經？」他說：「可能是唐吉訶德」Quixote（西班牙人Cervantes的小說，西班牙文為Don Quijote——譯者）。

這也是刻畫他某一面的閒話。他是一個獨身漢，但卻沒有什麼捕風捉影的謠言。如果非要說出他的缺點，那麼我就要指出他似不夠帥（Handsome）。但無論如何我認為他是個現代外交官的典型。一九五七年九月，聯合國大會大又通過他的連任，我以為這是應該的，為世界的和平，這是很值得慶祝和歡欣的一件事。

五十年九月十九日於東京

（原載臺北『中國一周』第五三期。原作者為加瀨俊一）

海外學人上了一課

從八月十五日到二十四日，前後十天，政府曾經邀請了一百三十多位遍布世界各國的學人，加上國內的三十幾位學者，在臺北舉行了第一屆海外學人國家建設研究會。這個研究會，大體來說，可以分成兩個部份，一部份是問題的討論和研究，包括政府首長的有關報告；另一部份是國家建設成果的參觀。

開幕和閉幕時，行政院長蔣經國都曾經對與會者講話。開幕時他很誠懇地要求大家說，不要說好聽話，而應該講實在話，說他平常聽不到的話。蔣先生這番誠意，贏得了全場的喝采。而的確，大家也都抱著這種心情和態度不遠千里而回國的。

對日本問題太生疏

分組時，我選擇了外交、僑務與國際宣傳研究組。而在討論外交問題的時候，由於日本正在準備跟中共建立其所謂正常關係，因此發言者十之八、九，也就自然而然地集中在中日關係的問題上面。惟因參加者對這類問題大多並沒有專門研究，因此所談者，有的是一時的感想，有的發言甚至於連基本常識都成問題。

當時，我曾私下主張，應該先請外交部官員報告中日關係的現狀，它的問題所在，以及外交部擬採取之對策，然後再請大家對於外交部的這種對策提出具體的批評或意見，一層一層地討論下去，纔能夠得出真正可行的具體結論。可惜，主持者沒有接納。因此，這種討論，從外交部的官員看來，簡直是上日本問題第一課，當然談不上研究。

僑務與國際宣傳問題的討論，比較具體而可行。這與主辦單位的準備工作做得充分，以及大家都來自海外，對於自己僑居地的各種情況比較熟悉有不可分割的關係。而由於這種原因，這些問題的討論，大體上可以說是成功的。

最後一天的綜合座談會，上午仍然討論外交、僑務與國際宣傳問題。這大概是因大家皆來自海外，政府希望大家回到僑居地以後在這方面多所貢獻，所以纔有這樣安排；下午纔是綜合性的討論。

蔣經國表示失望

閉幕時，蔣院長致詞。也許他看了大家的發言內容；也許從綜合座談的情況來判斷，在這些學人面前，他坦白地說，他對這這次研究會的結果非常失望。無需說，他這種坦誠的指出，贏得了大家由衷的敬意和喝采。因為，在整個研究和討論的過程中，大多數的參加者，捫問良心，自愧還是未能為祖國描繪出一個更良好更明確的建設藍圖。而大家對於蔣院長所以有長久長久的鼓掌喝采，無非是自愧的表示，更是對蔣院長所指出弱點的共鳴。

從以上所述，我個人認為，這次的國家建設研究會，在實務上不能說是成功，最低限度，在外交、僑務與國際宣傳問題的討論，我敢這樣斷言；但如果整個地來說，尤其是從政治的意義上來說的話，還是成功的。

在以往，許多人以為，中國官場很多場合，講的是一回事，做的又是一回事。言行一致者少，言行不一致是普通的現象。因此對於國內的政治革新不抱太大希望，甚至於不敢抱什麼希望。可是自從蔣經國上臺以後，對於政治革新，透過國內報章的報導，其能度已有所改變；迨至回國，親自聽見蔣院長肺腑之言，看到他腳踏實地，實事求是的作風以後，他們對於政府開始信賴，對於國家逐漸產生信心，而經過國家建設成果的參觀以後，他們便愈覺祖國之可愛。信賴政府，對於國家前途有信心，這是一個人愛國的開端，也是一個人愛國的根本。而蔣院長之未對大家說客套話，是他給這些一百多顆心以信賴和信心的主要原因。如果蔣院長在當時也說些官樣文章，我深信這些人絕不會給他這樣熱烈非常的鼓掌，更激起不了這批人對政府的信賴和對祖國前途的信心。基於這種認識，我說，在政治上，這次會議是沒有白開的。

事先應有充份準備

但是，為什麼蔣院長對這次會議的結果表示失望呢？據我個人的解釋，他認為大家對於問題的討論不夠具體，對於問題的分析不夠深度，因此所提意見對於政府在實務上的處理，幫助並不大。而其所以致此，乃由於大家未能把握國家立國的基本精神。

而我這種解釋如果是不錯的話，我願意乘此機會提出以後召開類似會議時所應該注意或改進的意見。

㈠在分組討論時，最好還是有政治問題研究組的設置。這是大家共同的願望，也是大家這次感覺美中不足的地方。㈡問題的提出不要籠統，應該具體；而教育部這次所提出八大問題的方式非常適宜。希望有關單位都能這樣做。㈢所提各種問題，最好事先寄給與會者，好讓他們回國前有充分的時間去研究。㈣由於這種原因，要有充足的時間來籌備，最低限度應該在八個月或半年以前就著手。㈤對於所邀請人選，應當考慮其所學和所長。

（原載一九七二年九月三十日香港『新聞天地』）

讀了『中國人之心』以後

書　名：中國人之心
作　者：伊藤喜久藏編著
出版者：日本社團法人時事問題研究所
出版時間：一九七二年八月一日

這本書一共有五章。前四章是編著者伊藤喜久藏與村松瑛、佐藤慎一郎、羅伯・基蘭和衛藤瀋吉的對談；最後一章是編著者本身的總結。第一章叫做「文化革命與中國文化」；第二章是「中國人的民族性與人性」；第三章為「中國的將來與日本」；第四章是「日本人的反應」；最後一章是「中國人之心與日本人」。

在第一章村松瑛的發言中，使我最感興趣的是，他斷定從中共的文化革命中產生不了文化這件事。他認為，文化這個東西，固然可以從勞動的過程中產生，但最主要的還是由於因為機器的發明，人們可以節省勞動的時間，從而能夠從事其他活動累積而成的。（二三頁）所以他不贊成中共在工廠傍邊或農村蓋學校能夠促進文化之進步的說法和做法。

其次使我感覺興趣的是，村松瑛說，一九五六年，在北平郭沫若的歡宴席上，他父親因為喝醉了，對於某日本人批評蔣總統的言行大為不滿，遂站起來稱讚蔣總統，並提議為蔣總統的健康而乾杯（一〇——一一頁）；以及他認識一位北大女生，要他陪她去選購布料的經過。他說，這位女生的選購態度跟日本小姐的選購態度毫無兩樣，皆把布料拿到鏡子前面，從肩膀上掛著試了再試。他問她：「你喜歡漂亮嗎？」她答：「當然了，因為我是個女人。」因此村松教授認為毛澤東說中國女性「不愛紅裝，而愛武裝」的說法與事實不符。（四二頁）

對於中國人的民族性，佐藤慎一郎說，由於地理上的關係，南方的中國人和北方的中國人，在性格上有很大的差異。「南船北馬」、「南學北學」、「南畫北畫」、「南性北命」、「南帖北碑」、「南頓北漸」等語的產生，充分表明了中國南北方的特徵。（五〇——五一頁）

但佐藤教授認為，中國人的哲學是以人為中心的哲學。中國人重情理甚於重論理。中國人的性格猶如水，把它放在圓形的容器便變成圓形，把它放在方形的容器便成為方形。對於環境，中國人雖然這樣順從，但卻絕不向任何環境低頭。（七五——七六頁）對於編著者伊藤問在大陸的中國人有沒有變的問題時，佐藤教授答說，根據他多年來每年到香港去採訪從大陸冒生命之危險逃出來的人們的經驗，百分之

二十的人變了，但百分之八十的中國人仍然還是以前的中國人，在本質上並沒有變。（八九頁）

佐藤慎一郎以為，現代中國的原動力仍然是民族主義。他對於日本政治也有所批評。他說：「今日日本祇有政黨，沒有政治。」（六二頁）這一點，我認為他說得很對。日本政治的貧困，是舉世公認的。

對於中國的將來，法國的新聞記者基蘭認為，中國大陸已經不可能從現在的共產主義制度後退。（一二〇頁）他說，在中國大陸，中國人在創造些新的東西。不過，他並沒有說「新的東西」究竟好還是壞，但他對於這種嘗試卻感覺有「吸引力」。（一二二頁）

二次大戰後，基蘭到過大陸七次，曾經寫過兩本有關中共的專書『六億的螞蟻』和『中國—未來的三十年』。不過基蘭雖為中共政權抹粉，但中共對於他的著作『中國—未來的三十年』的批評卻是：基蘭的思想是資產階級的，具有反共的情緒，因此需要重新教育（改造）。（九八—九九頁）

衛藤瀋吉在第四章裡，說明了尼克森訪問中國大陸在國際政治上的來龍去脈，認為越戰和蘇聯的問題，促成了美毛的接近。下來，他大事批評日本報紙報導之欠缺公正。他說，日本報紙之所以對中共軟弱，一是想派遣或維持在北平的特派員；

二是對於「左派是對的」這種錯覺。這種錯覺，來自日本近代史中；二次大戰期間，批判日本軍國主義的是左派這些事實。（一四四頁）

但衛藤教授極力主張日本的自主性。他認為，惟有堅持這種自主性對中共做種種交涉，日本才能獲得應有的尊重和成果。換句話說，對於中共，日本人應該自始就明白說日本人不是共產主義者，因此日本人跟中共的立場完全不同，絕不應該含混其詞。（一六八頁）

編著者伊藤喜久藏在這本書的結論說，在大體上，村松瑛、佐藤慎一郎和衛藤瀋吉的見解相通，而跟基蘭的見解有所差異（一七四頁）。這本書出版於毛日建交的前夕，因此編著者伊藤提出對於跟中共交涉時應該堅持以下三點：

第一，不要使中共以日本人善意的對於過去罪行的承認，來對日本做更大的討價還價的本錢（一九〇頁）；第二，日本本身要有自主性，不要太軟弱（九一頁）；第三，對於日本而言，中共究竟應該佔有怎樣的位置等問題當有徹底的認識。（一九六頁）伊藤最後引用西德的新聞記者孟聶爾德的見解說，將來日本和中共的關係，不可能比日本和美國的關係更密切。伊藤更認為，站在真正互惠平等的立場來處理日本和中共的關係，對於日本最重要。（二〇四頁）

（原載一九七三年八月十一日香港『新聞天地』）

我們需要翻譯

十一月十二日中副所刊「何必翻譯」一文，值得商榷。該文作者的意思是說，我們不必翻譯西人著作，而應該約請我國科學專家寫專書或作論文。我以為，陶龍生先生後半的話是正確的，但前一半的話未必正確。

因為，問題不是需要不需要翻譯，而是應該翻譯些什麼書的問題。我認為，翻譯外國人所寫值得翻譯的書和論文是需要的。至於那些書和論文值得翻譯的問題，當然有爭論的餘地，但最低限度我們必須翻譯在國際上已經成名的中國專家所埋頭研究的那些科學名著。

其次，要久居國外的中國科學專家以中文寫書或作論文，在時間上和行筆上恐怕都有困難。（我認識一位來美二十年，現在美國某大學政治學部門的中國教授，已不能用中文寫信）何況寫專書不是一朝一夕可蹴的。科學知識日新月異，而旅居海外的中國專家不知何時纔能以中文寫出各部門的且夠水準的專書來。在這種狀況之下，我們是不是一定要等到我們的專家用中文寫出專書或論文以後纔來吸收最新的科學知識？為求迅速吸收和普遍研究新科學知識，我們實有翻譯和介紹外國科學著作的必要。

須知，日本人不祇過去介紹外國的新科學知識，他們現在仍然繼續不斷地，且更加大量地在介紹和翻譯外國的尤其是歐美的新科學書呢！日人介紹外國人著作，我們也翻譯外國人的論著，這並不意味著我們跟著日本人走。這不過是因為日本人需要最新的科學知識，我們也同樣需要，所以兩者纔走上同一條路而已，而決非誰跟著誰走。因此，我們不但需要約請我們的專家用中文寫專書或作論文，而且也需要大量地和很快地介紹和翻譯外國人的最新科學著作和論文。

（原載一九六九年十一月卅日臺北『中央日報』副刊）

「新八股」之風不可長

今天我想寫寫幾年來想寫而沒寫的事。這就是國內太過於重視博士學位這件事。打開國內報紙，我們常常看到張三以最優異成績拿到美國某著名大學的博士學位；李四通過了國內某大學的博士考試；某某博士回國做什麼等消息。對於博士學位，國內一些人似有把它看做萬能的傾向，對於此種社會風氣，我把它稱作「新八股」。

博士是甚麼？在美國，它是在大專院校裡教書的執照；而嚴格地來說，它是某人在一定期間內，對於某特定部門的學問有專門的研究，並通過一切考試和論文，大學所授與的一種資格。

換句話說，博士學位，是證明他已經受過做學問的科學訓練，並且已經具備能夠單獨從事研究的能力，如此而已。所以它是做學問的一個開始，不是他已經很有學問的證據，更非博學之士的意思。

正因為攻讀博士學位是接受研究學問之訓練的一種過程，所以每個博士班學生都有其特定的指導教授，這位教授指導他如何研究，怎樣寫論文，並幫他改論文。

因此，博士論文是學生和指導教授合作的產物，不純粹是學生自己撰寫的著作。這等於說，博士論文是從事著作的一種實習，故真正學問的成就，實有待於博士本身日後的努力。也正因為博士是做學問的一個開端，所以他初開始執教時所得到的職位是助理教授（Assistant Professor）。譬如在哥倫比亞大學，助理教授如果在五年之內，未能晉升為副教授（Associate professor）的話，他一定得走路。

而是否能從助理教授升任副教授，固然要看有沒有副教授的底缺，但助理教授之是否有著作或論文發表是個很大的因素。一個做學問的人，最重要的是，他能不能不斷地有學術著作或論文提出。跟不生蛋的母雞沒有存在價值一樣，不能發表新著作或論文的學者，也沒有存在的價值。

其次，如上所述，博士是作專門研究的人。他既然是對於某特定學問有專門研究的人，那麼他自有其專門部門的用途。通常，它的用途在於研究機構，而研究機構的大宗就是大學。因此除大專院校和一些專門從事研究的機構以外，鮮用得上博士大人。

惟因為許許多多的地方不必用博士，所以這幾年來美國拿到博士學位的中國留學生到處找不到工作，結果有許多人，反以碩士或學士學位才覓得工作。這個事實說明了博士不是萬能的，它沒有那麼廣大的用途。

由於國內有過份重視博士學位的風氣，因此在國內大學畢業生之間，便有非出去留學不可的現象。而出國之後，並非人人都能拿到博士學位。因為拿博士有拿博士的主客觀條件，而這絕非個個都能具備。結果造成一些朋友來美十幾年，因為父母堅決主張非拿博士不能回國，以致一直不敢回去，你說可悲不可悲？

以上，我所要強調的是，博士學位本身不是有學問的證據，有沒有學問要看他有甚麼新的著作，尤其要看他的著作對學術界有甚麼貢獻。如果不從這個根本著眼，而專看其招牌就予以大吹大擂，那麼這種做法，勢將摧殘青年，貽害社會而後已。

因此，我堅決主張，報刊如果要報導某某博士的事情，最好能詳細具體地介紹他的研究內容；並詳論其對學術或社會的貢獻，萬勿籠統地，做英雄式的妄捧。

最後我要指出的是，國內報刊對於有博士學位者和沒有博士學位者的不平等待遇問題。他們對於有博士學位者稱呼為某某博士，對於沒有博士學位的人則稱名道姓。這既欠公平，又不禮貌。

按照我們的傳統，寫文章時可以稱名道姓，如果這樣，就統統應該如此做，如果要用稱呼，則當一視同仁。在美國和日本，報刊報導消息觸及某個人時，都用Mr. Mrs. Miss氏等稱呼，除罪犯外，從不稱名道姓的。這點，我們應該改正過來。

要使用稱呼，一律用之；不用，則全部稱名道姓。這是我的意見，願聽聽別人的高見。

（原載一九七二年十二月廿三日香港『新聞天地』；
轉載一九七四年二月廿五日東京『中華民國留日同學會會刊』）

原來如此

某日，『紐約時報』有一則小小的廣告說：「九分新的卡德拉克轎車要賣一美元。」卡德拉克牌轎車（Cadillac）是美國製最高級的車子，據說這個牌子也有幾種，但最便宜者也要六千美元。在美國，甚至於在世界，坐卡德拉克轎車是有錢人的一個有力的證據。因為這樣高貴的車子說要賣一塊美金，所以看廣告者也就都以為這是開開玩笑的。但其中有一個好奇的人，卻拿著這一則廣告去找那個廣告者，並問這則廣告是不是真的。刊廣告是一位老太婆，她說這是真話。這個人真以一塊美金買了那部轎車。事後他便問老太婆天下為何有這種傻事，要把那麼貴的車子祇賣一美元。她答道：「我的先生臨終時留了一個遺囑說：『把賣掉卡德拉克轎車的錢送給我的秘書。』」。換句話說，她因為嫉妒那女秘書，不願多給她錢，所以就把它祇賣一美元。雖然不近乎生意的常情，但她到底實踐了她丈夫的遺囑。要寫這種遺囑者，請特別留意措詞；在紐約想買便宜貨者，請多看小方塊廣告。

洛克斐勒洞

一九二九年是發生世界經濟大恐慌的一年，而紐約著名的洛克斐勒中心（包括十八個高樓大廈，其中最高者有六十五層，每天平均有十六萬人去參觀和遊覽，日常在這裡工作者達四萬八千五百人，我國駐紐約總領事館也設在這裡，是美國私有的商業和娛樂中心規模最大者），也大致在此時建設的。據說，本來要建設的主要建築物是一座音樂廳（music hall），惟因經濟恐慌，恐怕不會有生意，所以臨時改建辦公廳大廈（office building）。而正在建設時，因為工程特別大，地基挖得很深，行人有墜下去的危險，因此遂用高牆把四面圍起來。不過人們好奇，都想進去看看究竟在建設什麼和建設進度如何。起初，曾有人向守門者說，他是洛克斐勒而進去看的，但後來假洛克斐勒之名者愈來愈多，守門者遂火起來，並下定決心拒絕所有的人。有一天，真洛克斐勒來了。他對守門者說：「我是洛克斐勒，讓我進去看看。」守門者對他答說：「來者每個人都說他是洛克斐勒，你是什麼洛克斐勒，我纔是威爾遜總統！」，結果真洛克斐勒照樣未得進去。不數日，洛克斐勒遂令監工在圍牆上四處挖洞套上玻璃，俾給任何人隨時可以看見內部。這是今日在美國建設中的工程，其四週的圍牆上必有幾個大洞的原因，也是它被叫做洛克斐勒洞（the Rockefeller hole）的理由。

不必怕退稿

這是一個美國作家的故事。他年輕剛開始練習寫作時，曾把一篇相當長的稿子拿去賣給一家出版社。這家出版社以為他是個無名小卒，不買他的稿。他帶回去隨便把它丟在雜卷宗裡。過了大約二十年，他的文名滿天下。有一天，他整理東西時偶然發現了這篇舊稿，他遂拿著這篇稿子又到那家出版社，那家出版社竟以三萬六千美元買了這篇舊稿子。請注意：這不是今日的三萬六千美元，而是一百年前的三萬六千美元。遭遇退稿者，請不必灰心。

自作聰明

在臺灣的時候，我不止一次聽人家說過日本的早稻田大學是農業大學，美國的哥倫比亞大學是一所音樂大學。早稻田這個名稱，因有「稻」有「田」，所以自作聰明者也就斷定它是一個農業大學。其實，早稻田大學不但不是農業大學，而且它根本連農科也沒有。至於哥倫比亞大學之所以有人說成音樂大學，是因為世上有著名的哥倫比亞唱片。但哥倫比亞大學不是音樂大學，而是一所普通的最高學府，不懂者，請不要自作聰明。

五十九年元旦於紐約

（原載一九七〇年三月廿八日臺北『中央日報』副刊）

嗚呼！吳爾布希特閣下！

編者按：這是一篇日本著作家遊歷東德的感想。吳爾布希特 Walter Urbricht，一八九三年生，德共領袖之一，希特勒時代亡命蘇俄，二次戰後為東德共黨領袖。

一

自從臭名四溢的「圍牆」築成以來（一九六一年八月十三日），在統計上，東德的經濟確有些進步。但來東柏林一看，它與四年前並沒有什麼兩樣。他們還在用舊的計程車；而東柏林的車子，根本就少得可憐。因此，我相信縱令你邊想邊走馬路，也不會惹起車禍。

有則似為俄國製的政治雋語(wit)：

「地上最早的共產主義者是誰？」

「亞當與夏娃」。

「為什麼？」

「因為他們雖然沒有衣服可穿，沒有東西可吃，可是他們仍然相信他們在天堂」。

不過這種政治雋語已經太陳舊了，它已不適用於今日的東德。因為在今日的東德，衣、食已經夠了。尤其是食品很便宜。在食堂，三馬克（如與西德同樣的比率計算，則值二百七十日圓）可以吃到相當不錯的炸肉片。日本的炸肉片雖然要比它的厚些，但他們的薪水仍為日本的三倍或四倍，所以日本吃的東西太貴了。不過我這樣的說法或許不公平。因為在東德，最便宜的汽車也要一百五十萬日圓（在日本，四十萬日圓左右就可以買到——譯者）；電視要十八萬日圓（在日本，則大約為三萬日圓左右——譯者）。而且，你要買一部汽車，起碼也得等幾個月以上纔能買到。

有這樣的政治雋語：

某人問自古巴回來的水手朋友說：

「古巴社會主義的發展情形怎樣？」

「我覺得他們還沒有趕上我們的水準。」

「為什麼？」

「因為還可以買到雪茄煙。」

這個政治雋語現在也已經慢慢地陳舊了。四年前，我曾在東德買過彩色底片，惟在日本不能沖洗，所以這次又把它帶到東德來。在東柏林沖洗它要兩馬克半。我說在日本買彩色底片是包含沖洗在內的，但他們根本不理你那一套。十天後去拿，它竟沒有外框。在日本它是連帶外框。欲向該店買，他們說沒有那種東西。無奈，遂到以前常去的三家相館去，但這些人祇是聳聳肩膀說：「下星期或下下星期可能進貨，不過沒有把握」。

類似上述的回答，在四年前我已經聽得很多。而「下星期」去，我從來沒有聽說過已進貨；他們頂多對你說：「昨天進了貨，但已經賣光了」。當然，我知道由這樣零碎的東西來推論東德的整個經濟是不公正的，不過他們幾乎不重視消費物資的生產卻是無可否認的事實。在東德，最缺乏的是醫藥品。今日，由西德到東德來看朋友而帶來的東西最受歡迎的就是醫藥品。有這樣的笑話：有一個東德的醫生診斷病人後說：「要治好你的病非常困難。因為如果用我國的藥，你將送命；如果指示你買西德的藥，我將受到嚴厲的制裁。」

在某學校的口試：

「請述西德的經濟狀況。」

「今日西德的經濟已經達到資本主義經濟的最後階段，正在崩潰的邊緣。」

「很好。答得很好。而我國的經濟呢？」

「將要趕上西德。」

這個政治雋語大概來自俄國；不過我在愛費特卻也有過類似的經驗。

有一個父親到一家鞋舖去，想為兒子買一雙皮鞋。

「對不起，小孩的鞋子剛剛賣完。下次不知道什麼時候纔會進貨，……」

「沒有小孩的，就買我的。有沒有四十二號的鞋子？」

「對不起，那種也剛賣完。……，」

「那麼就買我內人的。有沒有三十八號的？」

「三十八號的？昨天剛賣光。……」

這個老子生氣說：

「你是不是要我們打著赤腳趕上西德？」

二

在東德，勞動者的平均收入，據他們的統計，是四萬五千至五萬四千日圓。

現在，我將東柏林的商店所排出來的東西及其價格介紹如左，請各位予以比較。不過，如前面所說，是否能夠隨時買到自己所需要的東西，或其品質是否優良都是有問題的。而東德馬克與西德馬克其比率是否相等也不無疑問；現在且將與西德馬克同等計算如後：

電視（十九英吋的）	十八萬至二十四萬日圓
電氣冰箱（一百四十公升的）	十三萬日圓
電氣冰箱（六十公升的）	九萬九千日圓
電氣洗衣機（小的）	六萬三千日圓
電氣洗衣機（大的）	十二萬日圓
縫衣機（普通的）	四萬五千日圓
縫衣機（鋸齒形的）	六萬日圓
腳踏車	二萬日圓
馬達車	二十萬日圓
手錶	三千五百至一萬二千日圓
搖籃車（大的）	二萬三千日圓
搖籃車（小的）	一萬一千日圓
滑雪鞋子	一萬六千日圓

高級女人鞋子　四千至七千日圓

襪子　四、五百日圓以上

話雖如此，我們還是不宜低估東德的經濟力量。因為在共產集團裏面，東德的工業生產力僅次於俄國。果爾，東德的生產品既不為人民所享受，那麼究竟都到那裏去了呢？據經濟專家的說法，都是用以輸出，以賺取外匯。每年，自東德輸出到西德的衣料品約三百萬套，尤其俄國是東德的最大主顧。惟俄國與東德的買賣，在實際上是俄國剝削東德，這種事實於一九六五年十二月十四日，我到柏林的時候，暴露出來，成為當日的頭條新聞。各位或許還記得，東德的經濟部長亞柏爾(Apel)在簽定德蘇經濟協定以後不久就以手槍自盡。據說，這是因為他受俄國方面無理壓迫，苦悶而終於自殺者。

根據一般的看法，如果東德對於東歐經濟圈內部的「出血輸出」終止了的話，東德的經濟一定會更加繁榮。因此，事事惟聽命於俄國的吳爾布希特政權，非常受人民的反感。在這裏，我們再介紹幾個政治雋語。

有一天，太陽直射頭上，但吳爾布希特卻打一把雨傘上班，於是秘書驚訝地問他，他即答道：

「因為據收音機報導說，現在莫斯科正在下雨呢！」

又，吳爾布希特的辦公桌上有一架與眾不同的電話機。覺得奇怪的外國來訪者便問說：「這架電話機很新穎，似為貴國新發明者，不過它卻沒有送話機而祇有受話機，到底這是做什麼用的？」

吳爾布希特說：「這是直通莫斯科的電話」。

又，吳爾布希特從莫斯科買回來一套新西裝，想在太座面前穿給她賞識賞識。但其袖子和長度卻都太短。

「真奇怪！在莫斯科穿的時候剛剛好。……」

他太太想了一會兒說：

「我明白了。你在莫斯科的時候常常低著頭罷。」

當然，對於吳爾布希特的反感，也就是對於俄國的反感。當東西德尚被佔領時，曾有過這樣的政治雋語。

這是東德人和西德人的交談。

東德人：「美國大兵的態度怎樣？」

「馬馬虎虎。不過他們卻有個看不順眼的習慣。那就是他們一天到晚要把手插在褲子的口袋裏。」

「我們這邊的俄國大兵也是這樣呀！」

「他們也要把手插在口袋裏嗎？」

「是的。不過他們要插的並不是自己的口袋而是我們的口袋呢！」

又，在國際勞工節，看到寫有Go Home！的招貼而不懂英文的一個人問說：「那是什麼意思呀？」「『滾蛋！』的意思」。「用英文寫，俄國大兵看得懂嗎？」

這裏還有更直截了當的。在東德某學校的上課中：

老師：「我們為什麼愛俄國呢？」

學生：「因為俄國解放了我們。」

老師：「那麼，我們為什麼恨美國？」

學生：「因為美國不解放我們。」

而給我印象最深的是，書店裏頭的書遠比四年前減少了許多這個事實。根據東德的統計，他們曾經出版了很多托瑪斯・曼(Thomas Mann)的全集；但是，在東柏林的書店，我就看不到這些東西。曼的全集，以前在日本可以買到，但這裏卻一套也沒有。在東柏林，我所看到的祇是海涅(Heinrich Heine)、克來斯特(Heinrich Kleist)和凱勒(Gottfried Keller)的全集，和以前就有而至今尚未全部完成的哥德全集；至於辭典類，祇有西班牙文和波蘭文的，而最常用的Duden或百科辭典等也遍處找不到。是否購書的組織系統與西方不同，亦抑發行得太少，或是辭典、全集也是「輸出品」呢？

三

有人說，自柏林「圍牆」事件以後，東德的文化界也開始其自由化的第一步。據說，一向被禁止的卡夫卡(Franz Kafka)的作品也將有選集出版，但無論到那一家書店，卻連卡夫卡的名字也找不到。一九六五年十二月，我到東柏林時，曾經聽到東德共產黨正在加強對於詩人俾亞曼(Bicrmann)的壓迫，以及對作家海姆(Stepfan Heym)的批判。一九六六年一月十四日，在西柏林本擬舉行海姆與西柏林作家克拉斯(Gunther Grass)的公開討論會，我曾經取得入場券，但結果流產了。因為準備要到西柏林的海姆未能獲准前往。這次討論的題目是「作家具有改革社會的能力嗎？」。這項討論會如果實施了的話，我相信一定很精采。

我們再來看看東德的政治雋語。

東柏林的狗跟西柏林的狗在西柏林見面。西柏林的狗問說：

「喂！東柏林最近怎樣？」

「很好！請不要多操心！」

「今天你為什麼又到西柏林來了？」

「沒有什麼，就是因為想吠吠叫叫。」

今日似有人在耽心東德也許會恢復史大林主義；但我覺得好像沒有這種可能。當然，這裏有時候會變得很寒冷，但敢不斷吠叫的人似乎在慢慢地增加；而前洪保特大學教授哈佛曼(Havemann)就是其中的一位。根據今日的報紙，哲加斯(Anna Seghers)和吳爾夫(Christa Walf)(「使其分裂的天空」之作者)也在受批判。我覺得有人被批判是一種好現象；因為如果沒有人發言也就不會受到任何批判。我以為，最可怕的並非受批判，而是大家噤若寒蟬，不敢說話。

不過，大家不敢說話之日，也正是政治雋語和諷刺最活躍、最精采之時。這裏有輯成納粹時代的專書；而在日本，江戶時代的「川柳文學」裏也有這種傑作。

我覺得最佳的一則傑作是：

一個九十歲的老人，因為罵吳爾布希特「混蛋」而被判十二個月的拘役。但是他不服氣地說：

「在帝制時代，我罵威廉二世混蛋時，不過被判一個月的拘役；就是在最專制的希特勒時代，我罵希特勒混蛋時，也不過同樣被判一個月的拘役；可是這次卻給我判十二個月，實在太重，請法官給我改判一個月。」

法官：「實際上我也衹給你判一個月；其他的十一個月是因為你洩漏國家的機

密而加上的。」

最使我笑得不可開交的是：

在東德某監獄關有三個犯人。當監獄長問他們的罪狀時：

第一個答說：「我每天早晨提前五分鐘上班去，結果他們以間諜的嫌疑抓我。」

第二個人說：「我每天遲到五分鐘上班，結果他們以怠工的罪名抓了我。」

第三個人說：「我每天都很準確地按照時間上班去，可是，他們卻以我使用西德的手錶而抓我。」

（譯自東京『自由』月刊，一九六六年六月號，寄自美國）

（原載一九六七年八月十八日台北『中華雜誌』，原作者西義之）

史上最醜的投降會談——慕尼黑

一九三八年，正是希特勒叱吒風雲執歐洲牛耳的最狂妄最得意之時。在以建立「一個民族，一個領袖，一個國家」大德意志主義為目標之世界無雙的獨裁者欲併吞捷克之際，以古稀的年紀，為挽救歐洲和平挺身而出，以「空中的和平使徒」這個姿態，搭上有生以來第一次飛機的張伯倫，卻忍聲吞淚屈服於納粹面前在歷史上寫下了最醜的一頁。

哥特斯巴格位於萊茵河畔，距今天西德首都波昂溯該河大約五公哩的地方。該地自古就是名勝之地，適於療養；今天更以希特勒、張伯倫會談之地，和分割捷克的共謀之地馳名於世。

哥特(Gott)是神，巴格(Berg)為山，乃神山之意，應該是極其神聖的一個地方。惟從慕尼黑會談的結果看來，它可以說是「百鬼夜行之山」。在這樣神聖的地方，成立如此醜惡的會談，確是歷史上的一大諷刺。「空中的和平使徒」張伯倫，於一九三八年九月二十二日上午九時十五分，從黑斯頓機場起飛，十二時三十六分抵達凱倫，由德國外相李賓特洛甫出而迎接，一道坐上汽車向哥特斯巴格一路而去。這時，張伯倫拿著從不放手的洋傘。

張、希會談舉行於九月二十二日和二十三日，正確地說，結束於九月二十四日的上午一時三十分。張伯倫底隨員是他底左右手威爾遜外相和駐德大使亨達遜；而希特勒底幕僚當然是李賓特洛甫外相，除此而外，宣傳部長格伯爾斯和參謀總長戈特爾亦時或露面。

英法兩國的共同提案認為，現在租特登是德國人居有一半以上人口的地區，應該讓給德國，並以「最後通牒」要捷克接受。捷克政府由於時勢所迫不得不委曲求全忍心接受，但希特勒卻不以此為滿意，為打開這種僵局，威爾遜和亨達遜甚至也不得不在彼大斯巴格的張伯倫居所，和特列任的希特勒公館之間當跑差。這種以文書往還談判的結果，終於成立了所謂「哥特斯巴格覺書」，我們可以直截了當地說它是「希特勒覺書」。其內容如下：

一、捷克一切軍隊、警察、憲兵和邊界官員，必須在十月一日以前從租特登撤退，並將該地交給德國掌管，撤退地區，必須以現狀移交。

二、捷克政府必須即時解放現正服役或服從於捷克軍隊或警察的一切租特登德國人許其回家；並釋放德國的一切政治犯。

三、德國政府最遲也必須在十一月二十五日以前，在租特登舉行人民投票，其結果，新的國界將由國際委員會劃定。

這在形式上說是人民投票，實際上卻無異於要求租特登即時無條件的割讓。對於第三國家的領土，其他國家是否可以這樣隨便處分呢？固然捷克在事先確曾委曲求全忍心屈服於英法兩國的「最後通牒」而接受了她們的共同提案，但這究竟祇限於德國人居有一半以上的區域。然而，「哥特斯巴格覺書」卻幾乎要捷克割讓租特登的整個地區。

捷克政府是否接受這種莫明其妙的覺書呢？

第一次世界大戰以後，法國不以國際聯盟的集體安全和萊茵地區之不得武裝化為滿足，更進一步要求英國以及其他強國保證德國的不再度侵略。這裏所謂德國的再度侵略捷克等國的武力攻擊也算是對於法國的間接侵略。是以戰前的直接侵略和間接侵略是這樣使用的。

法國這種悲願，終以羅加諾安全保障條約的形態開花結果。此外，法國為保障其他國家，也跟她們簽訂幾個同盟和互助條約。為羅加諾條約集體安全的一環，法國跟捷克於一九二五年曾簽訂兩國間的雙邊互助條約。它以任何一方受德國侵略時，他方將予以武力援助為主旨。

然而，法國在此時卻毫無履行條約上義務的力量和誠意。前面所說英法兩國對於捷克所提出，要其割讓租特登之一部分的「最後通牒」似的提案，就是法國對於捷克將不予以條約上武力援助的「事先通告」。

嗚呼！歐洲的孤兒捷克！當時的霍札內閣與接受英法共同提案的同時，負悲劇之責提出總辭職。繼起的內閣，就是隻眼將軍陸軍部長希羅維底國防政府。

哥特斯巴格覺書於一九三八年九月二十四日，由英國政府的特使麥克花蓮上校經布勒格手交捷克政府。

九月二十五日，捷克駐英大使馬查力克對於英國政府作了如下的答覆：

『覺書在事實上是最後通牒，它非但超出由英法所提出經本政府所同意之提案的範圍，而且也將剝盡我國存立的一切保障。對於德國這種無理的要求，捷克政府不可能絕對的和毫無條件地接受。面對這種新的殘酷無情的要求，我們祇有出於抗戰到底之一途，我們願靠神底保佑與德國開戰。我們相信聖溫徹斯拉斯、約翰·霍斯和托瑪斯，馬查力克底祖國絕不會淪為奴隸國家。我們雖痛心疾首委曲求全遵從英法兩國政府的意思，但現在卻已到日暮途窮千鈞一髮，該站起來的時候了。我們深信西歐二大民主國家將不遺餘力地支援我們。』

硬心腸的英法兩國政府，至此也為它所感動。法國首相達拉白和外相波聶遂聯袂飛往倫敦和張伯倫會商，並表示捷克如被攻擊，法國將履行條約上的義務。於是英國便開始調兵遣將動員艦隊。而希特勒即通知英國的特使威爾遜將於九月二十八日下午二時正開始採取軍事行動。此時的局面，正是名符其實的一觸即發之勢。

於整個法國在恐慌之中，英國在準備毒瓦斯用具的一九三八年九月二十八日下午二時四十五分，絞盡腦漿用盡所有辦法而祇有聽從天命的張伯倫，正在瀰漫著緊張氣氛的下院作會談經過的詳細報告。說為尋覓妥協之道，願三度前往德國與希特勒作最後一次會談，如果可能希望加義大利和法國的代表來調停德國和捷克的磋商；曾致書墨索里尼首相請其贊成張伯倫底提案，並請其說服希特勒，就此墨索里尼透過義大利駐德大使，請希特勒延緩採取軍事行動，而希特勒也已答覆至少也要延期二十四小時以上等等。正在此時，坐在二樓傍聽席的哈里發克斯外相接到匆匆忙忙從樓下上來之外交部職員帶來的一封信（哈氏是貴族院議員，所以不能在下院發言），時為下午三時四十分，打開一看，裏頭有「A、C」的署名（是外交部政務次長卡特亢）。首相底議會秘書達格拉斯手拿此信一直往樓下跑。財相西門接手一瞥遂交給首相。接到卡特亢外次來信的張伯倫一時滿面春風。

不特此，還有一事奉告。現在剛剛接到希特勒來信說明晨希在慕尼黑見面，要我到那裏去。

以嚴肅、秩序的傳統馳名於世的英國下院，在此時也不禁滿場譁然。

舞台遂移至慕尼黑。

這裏是納粹黨誕生之地慕尼黑。

在紀念納粹政變的紀念塔旁邊，站立著兩個肩背刀槍的衛兵為這個納粹「聖地」助威嚴。而希特勒為該黨設立的第一個辦公廳，也原封不動地為一個老同志所守著。

在這個納粹運動發源地聚首的是義大利首相墨索里尼、法國首相達拉白、主角張伯倫和元兇希特勒。張伯倫與墨索里尼是初次見面。達拉白和希特勒與墨索里尼也是初逢。隨行的羅馬駐法國大使碰瑟，就這四巨頭的聚首有如此的描寫。

參加會談者雖彼此很鄭重地互為握手，但其表情卻很冷淡。墨索里尼著黨服繫大皮帶，宛如凱撒的氣慨，似在自家的態度。隨行的吉亞諾，精力充沛，體軀宏魁，始終跟著主人，與其說是外相，不如說是儀典官較為恰當。

張伯倫稍微貓背，厚眼眉，突牙，是英國法律所結晶之老人的典型。隨員是威爾遜和外交部歐洲司長斯特蘭克。

希特勒底聲音像鑼聲，儀表雖佳，但臉色不好，情緒也欠安定。而且不能直接跟客人說話。他既不會說英、法和義大利話，而客人也不懂得德國話。惟墨索里尼是例外，所以希特勒抓緊墨索里尼，始終不肯他遠離。

一九三八年九月二十九日下午一時三十分，在慕尼黑總統官邸四巨頭開始會談。從布拉格趕到此地的捷克外交部的馬查力克和駐德大使巴斯特尼在宿舍等候，但卻毫無消息。此時，捷克的領土正在被割分。下午七時，他倆纔跟英國外交部的瓦特金見面，但也毫無所知。下午十時，威爾遜向他倆說了一個大概。他倆就宰割捷克四巨頭所做的決定向威爾遜提出嚴重的抗議，但威爾遜卻裝傻再度進入議場。

九月三十日上午一時三十分，以九月二十九日的日期簽就所謂「慕尼黑協定」。此時他倆才被請進議場。與威爾遜、達拉臼和法國外交部的勒珠面敘，遂即對捷克作死亡的宣告。巴斯特尼拚命抗議；張伯倫疲倦得不可開交。

在布拉格。

捷克政府於九月三十日下午五時，與發表慕尼黑協定的同時，希羅維首相悄然站在麥克風面前，為強權所迫，更為拯救國家和民族，不得不揮淚接受這個史上最醜的投降會談——慕尼黑協定。

如此這般，租特登這個地區遂與祖國分袂而去——為德國所併吞。

（原載第七卷第八期台北『中興評論』）

史大林是帝俄的間諜

不可公開的秘密

一九三七年（民國廿六年）秋天，我從服務地點西班牙到巴黎訪問的時候，在當時萬國展覽會蘇俄會館裏，偶然碰上史大林的義兄，我的舊知己坡爾・亞利騮也夫。乍見之餘，似有心思必須相告於心腹之友的樣子，所以另約當天晚間兩人相見。

那天晚上沿賽納河散步片刻後，隨即到一家並不太豪華的飯館去。當我們的話，談到當時蘇俄國內情勢以及可驚又可怕的血淋淋的大整肅時，我也很自然地問到以杜哈契夫斯基元帥為首之紅軍最高統帥將領們為什麼被整肅清算的內幕。

坡爾以似乎要我銘記於五腑之中的姿態，一句一句慢慢地說：「亞歷山大・奥洛夫君，請千萬不要向任何人打聽或探問有關杜哈契夫斯基事件的內幕，因為知道它，就好像呼吸了可怕的毒瓦斯一樣」。

就從那個時候起，一直到二年後坡爾在紐約突然死亡為止，為知道他到底吸取了多少那一種毒瓦斯，我費盡了心血，百思而未得其解。當然，坡爾也無從知道我倆在巴黎的那一家小飯館談話時，我也吸了滿胸膛的毒瓦斯。這是因為當時在海外俄國人中，我是充分洞悉一九三七年紅軍大整肅內幕之少數人中的一人——或許祇有我一個人知道——。現在，我準備將此項秘密全盤托出。

究竟是什麼秘密

這個秘密就是用史大林這個名字，而在歷史上很為熟悉的約瑟夫・德瑪格薛維里（烏里也諾夫）之怪誕離奇可怕的一生之秘密，而且是被隱藏得最完善的一個秘密，更是白晝黑夜無時無刻不在責備史大林之「良心」和對被懷疑可能知道他的秘密的人處以死刑的秘密。

一九五三年，我在拙著『史大林罪行秘史』一書裏曾經這樣寫著：「當杜哈契夫斯基事件的一切被弄清楚的時候，世人亦就可以知道為什麼史大林非搞（幹）這件事不可……。我在此地所以敢做如是斷言，乃因為我知悉杜哈契夫斯基元帥事件與史大林的秘密有極其密切的關係。而這個秘密如果被公諸於世，那麼過去所有史大林一切為人所不能瞭解的行動，亦將獲得全盤的瞭解」。

是以這個秘密如果能公開於世，我們就可以瞭然今日赫魯雪夫之流為什麼夙夜戰戰兢兢地拚命指斥史大林的罪過、錯誤，從而企圖破壞史大林之神秘的偉大傳統。

赫魯雪夫在去年（一九五六年）二月俄共第二十次全國代表大會席上所發表的言論，非但震撼了俄國本身，而且驚倒了自由世界。他說：

「一九三七年，史大林曾予杜哈契夫斯基元帥和其他七個將領以叛逆者的罪名，未經任何程序的裁判就處死刑，爾後又殘殺五千以上的軍官。

「史大林非但槍斃了俄共中央委員會一百三十三名委員中的七十個委員，同時又殺害了幾百布爾塞維克的元老同志。

「史大林肅清了幾百甚至幾千的產業界領導者和工程師，由之更使俄國的經濟瀕於絕境——幾呈麻痺狀態。

「史大林是一個當納粹希特勒的軍隊迫近莫斯科時逃出首都的卑怯者——沒有出息的人。

「史大林是一個殺人犯。他拷問了無數的良民且冠以莫須有的罪名。」

赫魯雪夫繼著又說：「當我們被喊到史大林的面前時，我們都無法（從）得悉自己是否能活著離開他的面前」。據說，赫魯雪夫在一一揭開他們的「仁慈而絕對無錯誤的領袖」之真面目的時候，他的雙眼卻閃炫著淚光。

然而在斯時此地，赫魯雪夫亦未發表史大林一生最大和最邪惡的醜陋秘密。現在我所要講的，就是很早以前就已知道，今日赫魯雪夫亦必定知道而又未發表的秘密全貌和我得悉這一樁秘密的經緯。

魔鬼將下降人間

一九三六年，史大林大整肅的兇風已開始吹起。當年我曾以秘密警察將官的身份出席莫斯科第一次裁判法庭，並參與從頭到尾（自起訴至宣判死刑）的裁判。我當時就預感這是我終身所可能經驗最殘酷的悲劇，然而更殘酷無情的悲劇卻正等待著我和我的朋友，否，它更等待著俄國和史大林。

一九三六年九月，我奉政治局的命令，到內亂中的西班牙去做防諜活動和指導佛蘭哥軍的游擊戰，企圖從而建立西班牙的共產政權。在此期間，我因翻車負了折斷兩支椎骨的重傷。在西班牙的醫院治療之後，於一九三七年元月移住巴黎的醫院，我在那裏靜養了整整一個月。

有一天——記得不是一九三七年二月十五日就是十六日下午——我床邊的電話機響著。這是蘇俄秘密警察常駐巴黎的斯密爾諾夫打來的電話，他以極其爽快的聲音說：「請你聽著，有一個一定使你驚喜交集的好消息」，後來換了另一個人講話，這個聲音的確使我大吃一驚。

因為這是我的表兄吉諾維的聲音。他剛剛到達巴黎準備來醫院看我的。

我和吉諾維不僅有親戚關係，而且從童年時代就混在一起，我們的親密關係，可謂與年齡之增長而俱增。我的莫斯科大學學生時代，就是在他家裏過的。在革命戰爭時代，我們兩個人在紅軍第十二部隊同艱苦共生死。嗣後，我倆猶如旭日東昇，在新蘇維埃政權裏頭飛鴻騰達直步青雲。

可怕的往事

一九三七年，吉諾維躍登俄共中央委員會委員的位置，並被任命為駐烏克蘭秘密警察隊的代理副隊長。所以他在這個時候，已獲得時常能跟俄國的最高級官員來往的機會。就中，政治局局員科西奧爾是我最親密的朋友之一。

吉諾維由斯密爾諾夫的嚮導來到我病房。我們在此地確以十二萬分快樂的心情相會。吉諾維告訴我說，他將在巴黎和蘇俄的高級特務機關人員會晤。當斯密爾諾夫在場時，我們都說一些人情世事的話。

斯密爾諾夫走了之後，吉諾維隨即認真起來。他說他完全不知道我在巴黎，故準備到西班牙去找我，在巴黎從斯密爾諾夫處得悉我在巴黎纔未到西班牙。他說：

「給斯密爾諾夫知道我倆相會有些不方便」。

我覺得很奇怪，表兄弟見面有什麼理由必須守秘密。吉諾維馬上告訴我這個理由，當時他所說的往事，確使我駭不成體。吉諾維之所以敢告訴我這些話，當然是由於我倆多年互信和深厚的友誼。

我在這裏即將介紹的吉諾維底話，除幾個必須附註說明者外，其餘的都是當時直接由他嘴裏說出來的。

史大林演出最初的莫斯科裁判時，曾向當時的秘密警察首長雅果達(Jagoda)提出一個妙案，而雅果達之解釋它為一則命令也是很自然的。當時史大林的提案是，使每個人民都相信即將被清算的那幾個人是帝俄秘密警察首領奥夫拉那的爪牙，而要雅果達設法弄到是項資料的提案。

無需說，這是一個偽造文書的提案。這是輕而易舉的，因為偽造文書是蘇俄秘密警察家常便飯的普通工作。然而雅果達看透這一件事可能成為世界矚目的焦點，所以認為完全用偽造的資料危險萬分，它實大有被世人看穿之虞。

因此雅果達終於想出一個更安全可靠的辦法。他所想出的妙計為：找出革命後舊奥夫拉那的隊員，命令他們出庭作證人，證明史大林即將整肅的被告確實都是奥夫拉那的爪牙就行了。祇要迫害被告，欲得出這種結果是很容易的。準備就緒後，命他們出庭，並令他們按照計劃說話，就可以使全國國民相信他們——被告——誠為俄國人絕不可寬恕的國家罪人。

意外資料之發現

然而要找出舊奧夫拉那的隊員，並不似雅果達所想像內的那麼容易。因為帝俄爪牙的大部分，在革命戰爭混亂時代，不是被逮捕槍決，就是亡命到海外；而在國內的，大部分都逃到鄉下，偽造身分證過著他們的新生活。於是，雅果達認為調查帝俄時代的警察老檔案是尋找舊隊員最有效和最迅速的辦法。帝俄時代警察老檔案非常之多，並散佈在俄國領域內每一個城市裏。就中最多的仍在列寧格勒。可是雅果達的一主管門斯基所管轄的機構也儲存很多革命初期以來的文書。於是馬上將這些文件搬出來，並由曾經參加莫斯科第一次裁判準備工作之名叫史泰茵的秘密警察進行調查。

在進行調查的某一天，史泰茵忽然發現了一宗文書，這是帝俄秘密警察次長維薩里奧諾夫為避免任何人看見而親自保管的絕對機密文件。史泰茵在翻閱這宗文件時，偶然發現了貼有史達林年輕時代照片之文件．史泰茵滿以為他發掘了布爾塞維克黨之偉大的領導者，尚在地下工作時代從事革命運動之紀念品，所以高興之餘準備報告他的上司雅果達。

史泰茵為慎重其事，先把它看了一遍，由此，他從喜悅轉成恐怖，甚至不寒而慄。因為在這一張文件裏，寫有為史泰茵所熟悉的史大林之呈給維薩里奧諾夫之報告的筆跡。史泰茵所發現的固然是他所想像之有關史大林的文書，但它的內容卻非描寫革命家的史大林，而是為帝俄秘密警察效勞賣命出賣布爾塞維克的叛徒史大林！

史泰茵將這份文件放在抽屜裏絞盡腦汁思索了幾天，然而百思未得其解，所以最後決心前往烏克蘭的基輔，跟曾經為他的上司又是他的心腹之友商量這一樁怪事。這個人便是烏克蘭共產黨政治局局員、蘇俄共產黨中央委員，兼烏克蘭秘密警察首長的V．巴力基。我的表兄吉諾維是巴力基革命初期以來的知交，且又是他當時的副手。

當巴力基看過這份文件時，亦跟史泰茵一樣震撼戰慄。巴力基馬上請史泰茵進來。他們很仔細地一張一張檢查這一宗文書。雖然一看就知道這一宗文書是真的，但是為特別慎重其事起見，他們更用化驗的分析方法來檢查紙張的古舊和筆跡的真偽。

化驗檢查的結果，毫無疑問地這是史大林的筆跡。原來，偉大的史大林曾是帝俄秘密警察的犬鷲爪牙，且一直幹到一九一三年的初期呢！在這宗文件裏，非但有史大林的間諜報告，並且有史大林掙扎欲榮升的寶貴資料！

史大林大部分的報告是在一九一二年寫的，這些都是有關第四托馬（帝俄時代的俄國議會）的報告。當時布爾塞維克在此議會擁有六個議席，其領袖為羅曼・馬利諾夫斯基。第一次革命後，因為奧夫拉那所保管文書的公開，獲證馬利諾夫斯基是帝俄的鷹犬，為一共產黨同志的出賣者，因此，一到布黨騙取政權後，即被判決槍殺。

史大林所幹的出賣行為

當列寧在國外指揮共產黨（俄共）的時候，在俄國代表他的是馬利諾夫斯基。所以，馬利諾夫斯基具有可以自己單獨決定加添新的黨中央委員會委員的權限；而於一九一二年任命史大林為中央委員的，也是馬利諾夫斯基。此時史大林住在聖・彼得堡（即現今的列寧格勒），並擔任馬利諾夫斯基與列寧間的連絡工作。

如斯，當史大林逐漸獲得共產黨內之信任和地位的時候，卻遭帝俄秘密警察逮捕了數次，然而不知怎樣搞的，他都終於逃亡成功。

我們可以從史大林寫給維薩里奧諾夫的報告，很清楚地瞭悉史大林是知道馬利諾夫斯基的真面目的。同時，我們也可以從那些報告裏頭，知悉史大林對於馬利諾夫斯基在帝俄秘密警察和共產黨內所佔據的地位抱有很深的嫉妒心。那個時候，史大林的確想把馬利諾夫斯基搞垮，並取代混進布爾塞維克運動內部中第一個帝俄秘密警察的鷹犬之地位。

一九一三年元月，史大林和馬利諾夫斯基聯袂出席當時在奧國領土之波蘭克拉哥所主持列寧的別壘會議。他們在此會議席上，曾經洋洋得意地報告他們已深入奧夫拉那的內部，出席會議的重要人物為吉諾維也夫、卡門涅夫、日後俄國駐美大使托魯也諾夫斯基。從維薩里奧諾夫的文書裏，也可發現史大林逐一將此會議的情形報告給帝俄秘密警察。在這項報告中，史大林曾經做出席會議者的人物分析、意見衝突的介紹，和會中所決定的事項。

克拉哥會議後不久，史大林便決心搞垮在奧夫拉那下秘密活動的頂頭上司馬利諾夫斯基。為了實行它，他開始做越級報告。他直接寫信給支配指揮全國帝俄秘密警察當時之內政部次長左洛塔列夫。史大林於其信首先，再三說明他曾在某公共食堂被介紹並謁見過次長，然後再入本論，極端非難馬利諾夫斯基。史大林這樣寫道：敝人在克拉哥會議席上曾經很細心地觀察過馬利諾夫斯基的態度，結果敝人發現馬利諾夫斯基所忠誠的並非帝俄秘密警察，而是列寧！

間諜史大林的末日

然而，欲搞垮馬利諾夫斯基的史大林的陰謀卻歸於失敗。史大林寫給內政部次長的書信空白裏，次長親自批了如下的文字：「這個傢伙應該送到西伯利亞集中營，因他在祈求著它」。這顯然是左洛塔列夫對於史大林之越級寫信報告不感興趣的結果，所以他將史大林的書信加添自己的意見，交給維薩里奧諾夫。

數星期後，史大林和幾個布爾塞維克同志便在聖．彼得堡被捕——而且巧得很，是被馬利諾夫斯基的爪牙所逮捕。

前面說過，史大林雖曾被逮捕數次，但都逃亡成功。可是，史大林卻從未發表過其逃亡的經過，就這一點事實來講，我們有很充分的理由判斷史大林的確是帝俄秘密警察的耳目；而秘密警察之逮捕史大林，完全是為了掩飾世人之耳目所搞的勾當，和為欲史大林繼續替秘密警察工作而偷偷讓他逃亡所玩的把戲。

可是一九一三年逮捕史大林的情形就不同了。可能是奧夫拉那的上司已不欣賞、寵愛史大林，所以史大林在此時遂被判處四年有期徒刑，遣送至北極圈的斯克地帶。嗣後，史大林便在此地過著漫長暗淡的日子，一直到所謂二月革命之時。

這是由史泰茵發現，經由巴力基、史泰茵和我的表兄吉諾維三個人再三再四鑑定調查的結果，認為毫無疑問是史大林所寫的報告之可驚的內幕。

那麼他們怎樣去處理這宗文件呢？

杜哈契夫斯基的「陰謀」

在巴黎醫院我底病房，吉諾維繼續向我談以後所發生一切事件之經過。

巴力基和吉諾維又將此事實轉告給他們的兩個心腹之友，這兩個人在烏克蘭也是頂有地位和力量的人。一個是烏克蘭的軍司令雅基爾(E.Yakir)將軍；另一個是蘇俄共產黨中央委員會委員兼書記，又是烏克蘭實際上的獨裁者科西爾（他是當時在俄共上層日漸嶄露頭角的赫魯雪夫的頂頭上司。於一九三八年被整肅，一直到最近俄共第二十次黨大會纔「恢復其榮譽」）。

如此這般，這個令人不寒而慄的事實，逐漸被更多的人所知悉。日後雅基爾將軍到莫斯科的時候，亦向他的朋友紅軍總司令杜哈契夫斯基元帥陳述關於這樁事的一切。而杜元帥之不滿史大林乃眾所周知的事實。杜元帥亦將此事轉告富於正義感又受人民所擁戴的國防人民委員會代理委員加馬爾尼克(Gamarnik)，而柯爾克(Kork)將軍也是被轉告的一個人，吉諾維告訴我的人名也僅僅是這幾個人。

在這種氣氛、動向中產生出來的，便是以杜哈契夫斯基元帥為首之欲終止史大林支配的「陰謀」。當時的俄國，正在進行血腥整肅，所以社會空氣瀰漫著苦悶和厭憎的情緒，因此是很有利於倒史的時期。既知以恐怖壓制的殺人魔獨夫，非但不是革命家，而且是可憎的帝俄爪牙。於是反對史大林的人們遂勇氣百倍，急速進行他們的倒史計劃。他們為挽救祖國既倒的命運正不顧個人的生命，而準備幹掉業已爬上王座出賣布爾塞維克黨同志的史大林。

根據吉諾維的談話，一九三七年二月，紅軍將帥們尚在「逐漸集中勢力」的階段，他們在此時，對於政變(coup dĒtat)的具體計劃，意見上雖未一致，但杜哈契夫斯基卻決意實行如下的步驟。

首先找一個適當的藉口說要協調某重要軍事問題，說服國防人民委員會委員伏羅希洛夫(Klim Voroshilov)，要他奏請史大林召集烏克蘭、莫斯科軍管區和「陰謀者」所指揮的區域最高層緊急軍事會議，杜元帥等「陰謀者」即率領心腹的副官出席此項會議，並定時或用某種暗號動員兩個營的紅軍控制通達克里姆林宮的一切要道，以阻止秘密警察部隊通行；與此同時，在會議席上宣告逮捕史大林。杜元帥並深信這一次的政變計劃，在克里姆林宮裏必定輕而易舉獲得成功。

根據吉諾維的說明，政變成功以後，對於如何處理史大林這一個問題上，「陰謀者」間卻有下面不同的兩種意見。杜哈契夫斯基和其他將領都主張將史大林當場幹掉，然後再行召集黨中央委員會全體委員會議，在此會議席上公開這宗文件以證明其為帝俄秘密警察的鷹犬即可；反此，科西爾、巴力基、吉諾維（文官派的人）卻主張將史大林拖到黨中央委員會全體委員面前，根據該宗文件鄭重宣佈史大林是布爾塞維克同志的出賣者。

政變失敗

吉諾維講完這段往事，在未離開我的病房以前，頗有心思地這樣說：「如果這個計劃失敗，我和愛麗娜因而被槍殺的話，請你和瑪利關照我的小女兒吧！」。所謂愛麗娜，乃是他的太太，而瑪利是我的內人。當時，他的小女兒祇有三歲，父老女幼的關係使他愈發酷愛他的千金。說畢瞬間，他的兩眼充滿了眼淚。為要交代他的千金，他纔準備從隔離那麼遙遠的烏克蘭前往西班牙去找我。

我鼓勵他說：「這個計劃是絕不會失敗的，因為杜哈契夫斯基是眾望所歸的紅軍總司令，莫斯科軍管區亦在他手裏，他和其他將領們亦各持有克里姆林宮的通行證，且杜哈契夫斯基元帥又定期去向史大林報告有關軍事問題，所以一點都不會被人懷疑，因此這個計劃是絕不會失敗的」。

我繼續鼓勵他說：「任何一種陰謀計劃的危險是，決定於這一陰謀者間的某一份子會不會出賣整個陰謀計劃，而當此時，即無這種危險性。因為腦筋稍微清楚的人，都會知道當他向史大林報告有關帝俄秘密警察的機密文件時，他所可能遭遇到的結果是什麼——當場即遭清算殺頭。」

我們互相擁抱、親臉以後，吉諾維纔離開我的病房，這是我所親見的他的最後一面。

數日後，我便回到西班牙。連續幾個月，我注意每天的報紙，有空時即開收音機收聽消息。

一九三七年六月十一日那一天，我從法國西境開車往巴爾瑟魯那(Barcelona)去。這一天天氣晴朗，風平浪靜，我眺望著起伏不定的小丘陵，聽著法國廣播電台播出的輕音樂。忽然音樂停止，並以很緊張的口吻，用法語插播臨時新聞說：「這裏是土魯斯(Toulouse)廣播電台，現在有號外消息！俄國以杜哈契夫斯基元帥為首的紅軍將領們，因叛變造反陰謀事件而被逮捕，他們即將付諸軍法裁判」。

隔天早報登載俄國政府的正式聲明說：軍法裁判已告終結。八個將領——杜哈契夫斯基、雅基爾、柯爾克、烏布列維奇(Uborevich)、浦特拿(Putna)、普李馬科夫(Pimakov)、斐德曼(Feldman)和艾得曼(Eideman)——被處死刑。嗣後我所得悉者，即首先發現史大林文件的秘密警察史泰茵以手槍自盡，柯西爾亦被逮捕，加馬爾尼克自殺，巴力基被槍斃。

迨至七月中旬，我纔接到表兄吉諾維槍決的消息。可是一直到今天，我還不知道我的嫂夫人和姪女的下落。

死的亂舞

如斯這般，參加吐哈契夫斯基「陰謀」的人們都被史大林一殺而光。但血腥的整肅清算並未停止於此。舉凡被判斷知道或可能知道史大林秘密文件的個人或集團、被處死刑者的親信關係者，無一能夠倖免於難。直接間接受過被處死刑的將領們之恩惠的軍人，都成為槍殺的候補者。這樣瞬息之間，數百上千的軍官都被剝奪官階，一路送上另一個世界的監獄裏。

我親眼看到的莫斯科第一次裁判，就比發瘋者臨死的狂舞還要淒涼慘痛。史大林恐怖狂暴的魔掌，逐漸延伸到杜哈契夫斯基事件的證人身上。因為此事件而曾在軍事裁判判決書上簽過名的元帥將軍都失蹤了，秘密警察的高級幹部亦與日俱減。如此，俄國大小機關的官員未犧牲一人而能夠了事者，可謂絕無僅有。

一九三七年十月，為秘密警察最高幹部之一的施皮加格拉斯(Shpigelglas)來西班牙看我。當時我就意識到紅軍軍官的檢舉已迫近我的身邊。施皮加格拉斯就杜哈契夫斯基元帥被捕和處死刑發表了如下的談話。他說：「政府最高首腦們都起了恐慌(panic)。克里姆林宮的全部通行證突然失效，而我們秘密警察部隊均完成所有戰備待命出動，這的確是一次巨大的陰謀事件。」

史大林為掩飾清算杜哈契夫斯基等人們事件的真正理由，特發表說這些被處死刑的將領們是納粹德國的間諜，而史大林之強詞奪理、歪曲事實，莫此為甚！因為，我們從被處死刑的八個將領裏頭之三個（雅基爾、艾德曼和斐德曼）為猶太人看來就可不言而喻了。雖然如此，史大夫的騙局卻獲得意外的成功，一年比一年，有更多的新聞工作人員和歷史學家，都以為杜哈契夫斯基元帥與納粹的勾結是鐵定的事實。而它的情報來源，卻是前任捷克斯拉夫的總統維涅斯(Eduard Benes)。連最老練的歷史學家邱吉爾也被它欺騙了。

你錯了

當史大林的繼承者都承認史大林是大規模清算裁判的慣犯，和被處死刑的紅軍將領們並非希特勒的間諜為事實的今日，邱翁何必為克里姆林宮一再否認其為事實，而維涅斯卻硬稱它是事實的這個問題傷透腦筋。至於我，卻有幾次能夠得知其詳情的機會，且深信今日亡命在自由世界各個角落的舊捷克政府官員，亦可替我證實我在這裏所說的話完全是事實。

一九三六年，俄國駐德大使館裏，有一位名字叫做伊斯拉維魯維奇的常駐秘密警察，我和他很熟悉。他在此從事諜報活動，在許多替他做情報工作的人們裏頭，有兩個德國參謀本部的高級軍官，然而在德國秘密警察(Gestapo)嚴密監視下，與這兩個提供情報者連絡是危險萬狀的，於是他便隔著一定的時間在鄰邦的捷克跟他們連絡。

一九三六年某一天，伊斯拉維魯維奇在布拉格(Prague)的飯館和這兩個德國軍官密會。辦完了事情之後那兩個德國軍官先走，一會兒，他也裝沒什麼事似地悄悄離開飯館，出門沒幾分鐘捷克警察就逮捕了他，並從他身上搜出一卷膠卷，這些是剛從兩個德國軍官手裏接過來的。

捷克警察對他說：「我命令我的部下跟蹤你，他們看到你和兩個德國人在做買賣，你是納粹的間諜吧！」。怯懦的伊斯拉維魯維奇聽他這樣一說，馬上慌起來，本來他只須告訴警察請他通知俄國大使館說他被捕就可以了，然而他卻在這個捷克警察面前自我辯護起來。他說：「我是德國的間諜？你錯了，他們纔是我的間諜呢！這支膠卷是他們給我的，這是拍攝德國參謀本部秘密文件的膠卷」。聰明的捷克警察讓好大喜功的伊斯拉維魯維奇說出他的諜報活動情形並紀錄下來之後纔釋放他。

當然這一樁事很快就被報告到捷克外交部，從而上達維涅斯手裏。當時捷克正受到納粹德國的威脅而感到不安亟需加強親蘇關係的時候，所以，維涅斯總統就很迅速地將此調查紀錄送給捷克駐俄大使，並命令他，可能的話最好直接面交史大林，如果不方便，就交給外交部長李特維諾夫(Maxim Litvinov)。而俄國外交部，即以史大林的名義「衷心銘感」維涅斯此種深厚可貴的「國誼」。然而，可憐的伊斯拉維魯維奇卻被調回俄國，並被判送到酷寒的北極處五年徒刑。

隔年，發生杜哈契夫斯基事件時，史大林又想起這件事情。所以，他便請捷克政府說伊斯拉維魯維奇是杜哈契夫斯基與德國間之諜報機關的秘密通訊連絡員。當時捷克雖然知悉這件事的真相，但因為太需要史大林進一步的援助，因此，就照俄國老大哥的意思，以它為伊斯拉維魯維奇事件的真相而向世界宣布。

於是，史大林便以為杜哈契夫斯基事件的真相，自此以後就永遠矇在鼓裏，而大可高枕無憂了。

為何到現在？

然而，事隔十九年以後的今天，赫魯雪夫卻口誅筆伐大咒特罵曾經為他們領袖的史大林，這究竟是為了什麼？到底是怎麼一回事？

有人說赫魯雪夫者流，因為在史大林的鼻息下受氣受得太多太久，所以，他們為發洩滿肚子怨氣而在做私人的報復。但說這一種話的人，都忘記了他們曾經二十年如一日地為史大林的忠實信徒，在這個期間，他們已養成「政治便宜」遠比個人感情還要重要的觀念。史大林站在個人感情的立場，是既恨又怨而且駡在遺書中彈劾他的列寧，因此，他非但迫害列寧的未亡人，而且殺光列寧的親朋友戚。然而史大林也很清楚什麼才是對他有利的「政治家」，故他時時刻刻努力建立、鞏固列寧的神化，和自命他是史大林獨一無二的真正繼承者。

赫魯雪夫者流本來大可以繼承史大林那一種為虎作倀的做法，因為多年來他們都是史大林的最親信者；所以他們亦大可繼承史大林那一種無限的權力，然而他們卻並未使史大林個人崇拜（偶像）永久化，為什麼他們不促使對他們有利的史大林個人崇拜（偶像）永久化？

史大林以假史料篡改整個俄國歷史，由此他變成了十月革命的最高和最佳的戰略家，是共產主義世界裏唯一絕不會犯錯的「英明」領導者。他將未開發的俄國築成「強盛龐大」的工業帝國。他獲得俄國歷史上從未有過的空前軍事勝利。他在德黑蘭(Tehran)、雅爾達(Yalta)和中國大陸玩弄西方國家。他更使俄國的努力擴充到九萬萬人的身上！赫魯雪夫、布加寧之流對於擁有此種「光輝無比的」前輩史大林，應該是心滿意足的。

不僅此也，赫魯雪夫之流亦很清楚如果彈劾了史大林之後，必然使他們自己陷於窮途絕境，因為他們都是史魔的真腳實爪，他們明知史大林的犯罪行為卻裝傻不知。如果他們忽然開始攻擊史大林，俄國國民必然地會想到下面的事體而開始咆哮憤怒。

赫魯雪夫、布加寧、卡岡諾維奇(Kaganovich)、米高揚(Mikoian)、馬連可夫(Malonkov)之流，過去曾在俄國國民的面前如何地稱讚歌頌史大林和他的政策；他們亦曾努力欲將史大林殘酷無情的血腥整肅化為天經地義理所當然的行為；他們更歌頌紅軍將領們被槍殺乃是「造反者該受的懲罰」等等。

俄國國民如果得悉了史大林的罪行以後，必然會引起今日克里姆林宮的領導者就是共犯者的疑問，若是，他們就毫無資格和理由當俄國以及共產集團的領導者，而克里姆林宮的酋首們，是很清楚這個道理的。

雖然如此，赫魯雪夫之流卻認為有將史大林的罪狀公諸於世的必要。他們為什麼要冒這一種對於他們毫無益處的險呢？尤其在此時此地，他們為何非這樣做不可呢？

真正理由

記得一九三七年二月的某一天，我的表兄吉諾維在巴黎我病房裡，曾經跟我談過史大林的奧夫拉那秘密文件的內容曾拍成若干張照片。自杜哈契夫斯基等政變失敗以來，這些照片的下落如何……等疑問，從來就沒有離開過我的腦筋一天。一九三七年被清算的犧牲者，必定被拷打說出了它們的下落，但俄國政府當局是否已將其全部找出沒收了呢？實大有疑問，我猜想，必定還有未發覺的照片。

這些瞞過政府當局耳目的可怕文件，經過十九年後的今天，必然有人把它示於今日克里姆林宮主人的面前，而隱藏此項照片的人，可能不是軍人，就是軍人的親戚朋友。

而被呈送這項文件的人，很可能是朱可夫元帥。朱可夫更將此項文件給他「集體領導」的同事看，而且，這正是俄共第二十次全國代表大會開會的前夕。

朱可夫是西班牙內戰時來此觀戰的武官，所以我跟他很熟。我曾跟他說過普通朋友所不願意或不敢說的話，因此，我很清楚他是絕不會照史大林的意旨來行動的一個人。

一九三七年的杜哈契夫斯基事件，使紅軍的「榮譽」一敗塗地，而身為軍人的朱可夫，亦必覺得這是他們軍人最大的侮辱和諷刺。第二次世界大戰期間，俄軍戰敗的責任都歸紅軍的將領們負；而最後勝利的碩果卻由史大林一個人獨享。對於這，他必然有心不甘情不願的滿腹牢騷。如果看了奧夫拉那秘密文件以後，有起來採取行動之俄國領導者的話，我當然要猜測他是朱可夫元帥。

世界為之震驚

無論如何，我深信史大林是帝俄秘密警察爪牙（間諜）的文件，在今日已成為「集體領導」圈子裏人人皆知的秘密。而克里姆林宮的上層領導者，除及早採取行動，將此人類史上無可比擬的空前詐欺漢史大林和他們的關係截斷以外，決無他途可循。

當然，這樣做確具有極端的危險性，但如果他們不趁早採取非常措施，且完全切斷與帝俄秘密警察之腳爪關係的話，他們的命運，便具有功虧一簣同歸於盡的更大危險。因此，他們是絕不可能也不容許冒這種可怕的秘密繼續存在下去的危險。

在拚命隱藏這項秘密的史大林入了鬼籍的今日，這個秘密之揭開暴露的可能性更大。而且，必定有勸說如果不及早澈底將史大林的秘密公諸於世，早晚總會暴露於俄國國民面前的人——如朱可夫這一類人。

為防止這個秘密在俄國國民之間以另外一種方式暴露流傳，克里姆林宮的領導者本身，很可能自動發表這個醜惡不堪的秘密，或許由於本文的發表，而促成克里姆林宮當局早日採取此項措施。在此之前，克里姆林宮當權者，或許可能以現今的史魔鞭屍運動，以緩衝來日俄國國民對此秘密的衝擊。

然而自由世界本身，卻更應該早日完成能夠克服與此不同的新衝擊之準備。因為，舊奧夫拉那爪牙史大林的繼承者，並不因他們鞭了史魔的屍就會與史大林的整個遺產完全脫離關係，他們仍然會假借另外一種政治見解以重彈史大林的舊調，更不會開放由史大林一手裝滿填成的龐大集中營鐵門——鐵幕。

尤其他們在言詞、文字和行動方面，並未放棄史大林企圖征服世界奴役人類的野心；不僅此也，他們更企圖以現今之史魔鞭屍運動洗淨他們所遺留下來的污點，重整旗鼓，更積極地往邪惡狂妄的目標邁步蠻進！

（譯自東京『文藝春秋』第三十四卷第七號）
（原載一九五九年五月卅日、六月卅日臺北『中與評論』。
原作者亞歷山大．奧洛夫）

宗教改革與自由

一

所謂宗教改革，乃是對於支配中世紀西歐之羅馬天主教會所發起的一種改革運動。因此，它是屬於基督教史上的大事，同時亦為一般歷史上最重要的一件事。歐洲在中世紀，其宗教只有一個。而且所有的人都在信仰這個獨一無二的宗教。他們個個都是羅馬教會的忠實信徒（當時東歐即在希臘教會勢力之下）。兼有宗教、政治兩種團體的性質，這也就是羅馬教會的特徵。所以教會在當時，是地上的神國。而為其首長的教皇，即是被委託支配地上神國之「基督的代理人」。因此，他是地上最高的權威者。不但對於靈魂，對於世上的一切，他都具有最高的權威。他所手持的「兩劍」，實支配著精神界和世俗界。國家、社會、文化、道德和生活等等，無不受教皇意志的支配。即使是一國的皇帝、君主，也得屈服於他的權威之下。所謂信仰自由、思想自由云云，在當時簡直是荒唐的無稽之談。人人都懼怕掌握靈魂的命運並可以自由啟開天國之門的權威者。在這位權威者面前，誰人敢反抗？

教會在這一種情勢之下，維持著某種秩序和形成著某種世界，而在此時，對於這一種統一的秩序沒有一個人能或敢破壞它。

縱觀中世紀，教皇的權力曾經有過盛衰消長。十三世紀是教會勢力最高的時期，嗣後便走下坡路。教會的內鬨，道德的頹廢，經濟的窮困，使教會日漸失去信用。而主張改革者亦隨之日眾。並且，在教會統轄下的勢力，亦逐漸步入獨立的道路。民族國家的抬頭，城市的興起，學藝的繁榮，個性的自覺，世界交通的發達，使人與人之間的活動日趨活潑、頻繁。然而在馬丁．路德(Martin Luther)降世的十五世紀末，和他逐漸瞭解改革教會之原理的十六世紀初葉，教會的信仰和勢力並未動搖。當時的世界仍是羅馬的，人並不想離開羅馬來過活，而且也不能這樣想。司教的儀式對於民眾仍有極大的魅力，赦免狀的賣買仍舊興盛，諸賢者仍被尊崇，遺物的禮拜仍繼續在進行。

而予擁有這一種強韌組織的中世紀世界以終結之宣告的，就是宗教改革。近代世界實始於宗教改革。因為欲改革宗教的運動，乃以打倒羅馬教會為目標。是即在還沒打倒羅馬教會以前，近代世界是絕無法出現的。而扮演這一個運動的主角者，就是上述的馬丁．路德。

二

馬丁．路德於一四八三年十一月十日，誕生在德國中部條麟根(Thuringen)的美拉。一五〇五年六月，他放棄法律的攻讀，並違父意而入愛費特奧古斯汀派的修行院。據說，他入此院的動機，在於履行他在旅行途次遭遇雷雨的恐怖而向聖安那所立的誓言。這一派的修行極嚴，他在這個修行院，百分之百地實行一個修行僧所應實行的一切戒律。然而，他並不因此獲靈魂得救的確信，和教會所約束淨福的經驗，而且反覺陷於蹂躪神律的罪人所應有的煩惱、恐懼和可怕之神的憤怒。他在此時實達於煩惱的極點，他說「凡經過半個鐘點或十分之一小時這種苦悶的人，即行死亡，而他的骨頭即將化為灰塵……」云云，可為鐵證。

而將他從這一種危機救出來的，就是『聖經』。「羅馬書」第一章第十七節保羅之言「神的義，正在這福音上顯現出來；這義是本於信，以致於信。……義人必因信得生」。這一句話的新解釋，使路德甦生。

路德依聖靈體會顯現於人之罪惡的憤怒，甚至致人於死的神義，實即耶穌基督的福音。因此，這並非對於罪的一種刑罰，而是神對於罪人的一種赦免或憐憫。『聖經』決非神的憤怒，而是神的憐憫和恩賜。欲以理性體會是不可能的，它舍真心信仰莫屬，是即它是惟信仰、服從纔能體會的真理。

經過這種劃時代的經驗——所謂「塔的體驗」之後，路德便在愛費特大學開始講授神學（一五一二年，並得神學博士學位）。在此期間，他終於養成牢不可破的根本信念，即宗教改革的原理，是路德賭其生命所獲得獨特的『聖經』體驗，和日後研究『聖經』所得的結晶，絕非與神秘主義者的接觸或受人文主義的影響，更非受奧斯丁派的唆使所導致的。當然，他們對於路德思想的發展是有多少貢獻或影響的，但卻非為其決定力量，他的改革原理，實現於一五一一年與一五一二年之間。而且就是在當時，他也絕沒有絲毫意思去充當羅馬教會的改革者，他始終都是想做一個羅馬教會的忠實教徒。惟客觀的事實和路德的信仰，在一五一七年，以赦免狀的販賣為契機，終於導致正面的衝突。同年十月卅一日，當路德在威丁堡(Wittenburg)「城教會」的牆壁上貼了九十五條有關赦免狀質問的時候，宗教改革的烽火便開始點燃著了。他在當時因為負責一個教會，所以實際上必須表明他對於販賣赦免狀的態度，並訴諸輿論，如此而已，並沒有反抗教會的意思。但是當時的客觀形勢，使他成為教會的改革者。

赦免狀由來已久。然而在路德的時代，正因為它是教皇所發行的，因此就是良心毫無慚愧的人，祇要持有赦免狀，就具有赦罪的保障，甚至對於煉獄之火中的死人，它也被認為具有效力。而且這項赦免狀，更被利用為教皇有力的財源，且花費於教會富麗堂皇的建築、藝術的欣賞和享樂的費用，這就路德來說，的確是絕不可寬恕的冒瀆。路德以為罪的赦免祇有依靠自己，亦即必須與對於罪的悔恨相聯結，和對於耶穌基督虔誠的信仰。所以，承認赦免狀本身具有贖罪的能力，應該是異教的教條，斷非耶穌的福音。雖是教皇，也絕不可能有這一種魔術的力量。教皇對於路德的看法，起初認為很簡單，後來看情形不對，遂千方百計，或以寬恕、或以威脅要求路德完全放棄其主張，然而路德不屈服於教會的恫嚇，且或用文字或以口頭鼓吹宣傳他的主張，大肆攻擊教皇。一五二〇年七月十五日，路德被送達開除教籍書。這張開除教籍書宣告路德的主張是異端，更命令他燒卻他一切的著作，並限於六十天內取消他一切的主張，否則他將是異端者，從而將被引渡給教皇。而路德，卻在威丁堡的廣場上，在學生、教授的歡呼聲中，燒棄這一張「莫明其妙」的開除教籍書。如此這般，佈了背水之陣的他，便不得不挺身而出與羅馬教會作殊死戰鬥了。

三

為中世紀之支配者的羅馬教皇，以為要結束這一個「荒唐」的僧侶是輕而易舉的，好像過去燒死波希米亞(Bohemia)的胡斯(Johannes Huss)和費連結（Firenze）的薩服那洛拉(Girolamo Savonarola)一樣。然而對付路德的時候，卻不是那麼容易辦到的。雖然一五二一年在窩牧(Warms)會議席上，皇帝卡爾五世(Karl V.)曾以「聖旨」把他逐出受國法保護的門外，但卻沒有一個人敢或願意對路德下手。教會改革時機之如何地成熟，當可想見。而在實際上，宗教改革運動也惟有在當時的德國纔能實現。當時，反對羅馬的氣氛瀰漫於整個德國，而等待著其實現。因此，路德便以德國民族英雄的姿態受到歡迎，德國人民不但同情他，而且保護他，幫助他，跟他並肩反抗羅馬教皇。為他聲援者，有各階層的人——司教、僧侶、神學家、人文學者和其他來自每一個角落的人。如是，經過數載，路德的新教運動遂普及於整個德國，甚至匈牙利、瑞士等地。

如此這般，宗教改革運動便很迅速地展開了。然而，如果欲從純宗教的觀點去瞭解宗教改革的真義，那是不可能的。前面已說過，在當時，德國對於羅馬教會的改革機運已相當成熟。在政治方面，當時的德國即分為數以百計的小邦和城市，國家欠缺統一，所以皇帝的命令不能貫徹，教皇的開除教籍和「皇帝」的聖旨都無法充分發揮其威力。而且民族主義的機運，在當時的德國民族之間已經抬頭。他們在此時已不以受羅馬的支配為榮，更憎恨教皇的經濟剝削。路德在其「別捷隆

(Besserung)的基督徒告德國基督教貴族書」(一五二〇年)裏頭說:『我們德國人受教皇的掠奪和剝削的苦楚是怎樣的呢?……。現在,我們在奉送羅馬教皇以過去我們奉送我們的領主更多的東西,年年從德國運到羅馬的進貢實不下三十萬塊(Gluten);而所得的報酬,卻是眾所周知的迷信和禍害。然而我們的王侯貴族卻在驚訝城市、寺院、田園和人民為什麼日趨窘困!……』就是其最具體的說明。現在再舉一個經濟剝削的事例。赦免狀雖可赦免污辱聖靈的罪,但在這裏卻有一種罪是絕不能赦免的,這就是欲侵犯教皇管轄下之明礬礦山的獨佔者,雖具有赦免狀,也絕不能赦免。加以城市的發達和貨幣經濟的確立,人的自覺、批評精神的養成等等,使人覺悟為他人的奴隸(精神)之可恥。如此這般,對於新的社會、新的政治、新的學問之憧憬和熱烈的要求從羅馬教會之宗教和政治中解放。以上種種的社會情勢合而為一,形成宗教改革運動的推動主力,加緊改革的迅速發展,從而導致改革的實現。

四

宗教改革就是人類精神的解放運動,從這個運動產生了有信仰的個人、不受他人拘束的自由個人,這種個人終於變成宗教改革後,世界的支配者。這裏所謂自由的個人，就是具有「個人自由」的個人。然而，宗教改革所建立的所謂「個人自由」就外表來看雖頗類似於近代人所謂「個人自由」，但在其本質上卻完全不同。近代人之所謂自由，乃立足於他自己，依一己之理性的判斷而不顧他人的自由一種自由。這種自由是啟蒙思想的產物，連接於文藝復興，淵源於古代的斯多亞主義思想。而宗教改革所發現（再發現）的自由，是原始基督教的，保羅的，是受基督所拯救之神的自由。路德在其『關於基督教』的自由一書中所強調的這種自由，決非近代「自由主義」之意味著自律個人自由。即是一個人的得救，單靠教皇的權威或一張赦免狀是不行的。於此，信仰自由的重要性遂獲得理論上的合理根據。從信仰自由，而產生思想自由、集會結社之自由，乃至於言論、講學、著作、出版等等自由。人們之所以說近代世界始於宗教改革，恐怕就是這個道理。

要之，宗教改革雖是宗教史上的一件大事，但這是絕不能也不可以單從純宗教的觀點去瞭解的，它實具有宗教、政治、經濟、社會方面的性質。而在政治方面，政教的分離，思想、信仰、集會、結社等等自由的實現，在民主自由運動史上，佔有極其重要的地位和具有永不可磨滅的貢獻。

（此文大都取材於山谷省吾博士的「宗教改革」一文，特予聲明。）

（原載一九五九年台北『政治評論』）

法蘭西與義大利的國民性

法國人和義大利人，雖依地方而異，但其國民性，就大體上來講，都是羅曼蒂克的民族，既富於感情，又長於文學，而且都很愛好藝術。

有人向天下徵求有獎論文，其題目為「象」，曾有幾個國家的國民應徵。其中，英國人以「獵象在南非」的題目，得意洋洋地敘述了他的經驗談；美國人以「世界最大的動物」為題目，以很幽默的筆調，說明象如何地巨大；義大利人以「敬仰象的題目」，撰寫了象鼻般細長的抒情詩；法國人以「象的戀愛」為題目，敘述其雌雄的親密及其性生活；德國人則寄來了一本凡六〇〇頁的論著，其題目是「象之研究序論」；波蘭人即以憂國悲憤的語調，送來了「象與波蘭的關係」的巨著；日本人可能論「象的壽命與國家的長命」。

由上所述，我們可以知道，法國和義大利這兩個國家的國民，與其說是理智的，毋寧說是感情的，這是她兩國國民性的長處，同時也是她們的短處。他們不希冀以冷靜的理智治其國，而希望用感情收拾民心，近幾年來法國動盪不定的政局，證實了這一點。

英語與法語

有人說，英語是實用的，所以修飾較少；法語即反是，字字都是美麗的。同樣一件事情，請這兩國人來說，法語的字數必定多得很多。有一詩人說，英語該用於商人的買賣；法語宜於與愛人談情說愛，誠非虛言。

怪誕的人物分類法

以前在日內瓦國際聯盟裏，曾經有過這樣怪誕的人物分類法的人。

第一等人是知道而講的人；

第二等人是知道而不講的人；

第三等人是不知道而又不講的人；

第四等人是不知道又愛說的人。

英、法大部分的人代表第一等；日本有些人代表第二等，屬於第三等的雖不少，但不好意思說出其國名；屬於第四等的雖絕無僅有，但法國的某些有名的政治家似屬這一類。

日本人也有五根手指

在德國某國際學生會議席上，有一個希臘的學生，把一個日本學生當做中國學生，後來得悉這個並非中國學生的日本學生，對於希臘的先哲學人有興趣，而趨前向那個日本學生握了手之後，拿著他的手，數其手指驚愕地說：「你是日本人，我是希臘人，希臘人的手指有五根，日本人的手指也有五根，據說你對於我國的先哲學人有相當的興趣，奇怪得很，奇怪得很」，邊說邊盯視著他。

（原載一九五九年台北『筆匯』）

懷念與期待

去年四月間，李德廉先生被摩托車撞倒，不幸與世長辭，無論於公於私，可謂永不可補償的莫大損失。

從公的方面來說，李先生是黨國的真正台柱，他從來做事決不敷衍，絕對負責到底。他這種敢做敢為，勇於負責的態度，實為我們青年人的楷模。他不僅敢做敢為，勇於負責，而且更以寬大為懷對待所有的人。李先生為黨國做事，本著忠黨愛國的熱情，腳踏實地一步一步做起。日華親善協會在日本各地前後建立起來，實在完全是李先生的功勞。

我與李先生之交，始於東京，也終於東京。這是我終身最遺憾和最感不幸的一件事。李先生有如我父，有如我師，更有如我兄。在東京時代，他一有事便找我；我有事也必先去請教他。他跟我談國家大事、個人學業、家庭生活，無所不談。三年前，我們要到美國繼續研究的時候，他曾經一個人親自把我們送到飛機底下。一月二十二日東京羽田機場的冷風是刺人的，而他的背影至今尚在我眼前。

李先生調回國內榮任中央第五組副主任，我們一方面為他高興；另方面期望他能為國內帶來一股新的作風和新的風氣。他屢次來信說，國內一切正在進步，並希望我們早日完成學業，趕快回國參加復國建國的偉大行列。我聽到他在國內日以繼夜這樣地努力奮鬥，我真為黨國的前途而歡欣鼓舞。

這次我有機會回國參加中國國民黨的十全大會，如果李先生在世，他不知將如何地高興。我此次回國感覺得最痛苦的就是再也無法與李先生見一面這件事。抵達台北的第二天早晨，我便奉陪李夫人、小龍君和李先生的幾位生前好友（倪豪先生、王蘊先生以及其家人）前往拜墓，報告一切。在紐約，我與家人，談的就是李先生以及夫人和小龍的事。

李夫人、小龍，我們雖然力量有限，但我們卻有一顆耿耿的赤心，如有需要我們效力的地方，我們決盡棉薄，效勞到底；將來小龍長大，你應以令尊而驕傲，更該好好努力學習，做為頂天立地的一個中國人，這樣你纔不辜負令尊對於你的扶養和期待。

一九六九年四月六日於台北中泰賓館

（原載台北『李德廉先生紀念集』）

乙武洋匡：（五體不滿足）的奮鬥的人生

最近，日本最暢銷的一本書是乙武洋匡著『五體不滿足』，這個書名譯成中文應該是『五體不全』，即沒有手沒有腳，祇有頭和上身的意思。而到目前為止，這本書已銷售一百三十萬本。

早稻田高材生，五體不全

這是乙武自出生到目前為止的自傳。他生於一九七六年四月六日，天生沒有手腳，出門都坐電動椅子車，但卻與普通小孩一樣，上一般的小學、初、高中，而至日本最著名私立大學之一的早稻田大學政經學部政治學科，目前是四年級學生。早稻田大學政經學部是該大學最難考的一個學院，創辦人是曾任首相的大隈重信，其畢業生石橋湛山、竹下登、海部俊樹曾任首相，現任首相小淵惠三也是早大的畢業生。去年十一月，訪問日本的江澤民，就在該大學演講。

那麼，為什麼這本會這樣暢銷呢？因為它告訴讀者，五體不全的他，如何奮鬥，克服一切困難，與一般青少年一起學習和生活，而且有極其優異的表現。故在有些青少年不知奮發，往往有危害社會之行為的今日，這本書無疑是暮鼓晨鐘，值得大家一讀再讀，作為人生寶鑑。

運動不落人後，競技樣樣都來

念小學時，乙武最喜歡玩棒球。打棒球時，他把球棒夾在腋下，旋轉身體來打。他打的球如果超出內野，便算是全壘打；如果是安打，同學則替他跑。這是同學們特別為他訂定的遊戲規則。

跳高時，同學們的規則是愈跳愈高；但乙武是鑽下面，愈鑽愈低。同學們練單槓時，他利用遊樂場的立體方格鐵架與同學們作同樣的運動。跳繩課時，沒有腳的他，拼命用屁股練習，結果最多竟跳了三十四次。

小學五年級時，級任老師給他一部 word processor，專門替老師打班上的佈告、上課用的講義、遠足的說明書等等，以代替參加班上的大掃除。

跑步時，乙武拖著屁股跑。一百公尺，跑得慢的小孩大約跑二十秒左右；但乙武要跑兩分鐘以上。六年級時，有一次他參加了游泳，花一分鐘五十七秒游了二十五公尺，令許多女性家長感動得哭泣不停。在背漢字的比賽中，他始終保持冠軍。

初中時代，乙武參加籃球隊，無需說，運球時愈低愈不會給人家搶走。乙武運球時比對方的膝蓋還要低，因此屢次建奇功。初中時最大的活動是運動會和校慶（日人稱為文化祭）。乙武將重點擺在後者，曾被選為文化實行委員會委員長。此時，他首次收到素不相識的學妹的情書，使他非常興奮，不知如何是好。

高中，乙武考上具有一百年以上歷史的東京都立戶山高校，在這裡他參加了美國式足球的社團。他無法實際參加此項運動，故擔任經理的工作，以電腦分析對方所有選手的一切動作，以為因應，結果曾令戶山高校拿過關東地區的冠軍。

要為殘障同胞，建立無障礙社會

以超過人家幾十倍的努力，乙武考上了早稻田大學，並在有從外國回來者參加的英語比賽中榮獲了冠軍。這時，他天天思考怎樣才能把這個人生過得更有意義，而他所得出的結論是：他生為殘障，就是要做唯有殘障者才能做的工作。

他與有關人士正在做有益於早稻田大學地區的工作，包括清掃街道，預防天災地變，建議早大建設有助於殘障者進出的設施等等。他的目標是要建立完全沒有障礙的社會，好使殘障者與一般人一樣過著自由自在的生活。

（原載一九九九年四月『中央綜合月刊』）

靈異交叉點　天眼通　宜保愛子

清明節假期期間，我看了日本NHK有關天眼通宜保愛子的節目。從前，我常常聽人家說某某人是天眼通，是天耳通。但我一直半信半疑，甚至於完全不相信，可是看了宜保的節目以後，我不得不相信有天眼通了。

兩年前，宜保愛子應邀訪問英國蘇格蘭的舊首都愛丁堡，該市市政府職員把宜保領到位於市政府地下洞裡，洞很深，有許多房間，宜保進洞裡以後說，這個地方曾經關過許多人，這些人多死在這裡，宜保特別被一個房間的靈氣吸引，而走進這個房間，宜保說，有一個女孩的靈魂告訴宜保：「我被我母親遺棄死在這裡，我很想要一個洋娃娃。」

對此，擔任嚮導的市政府職員解釋說，大約兩百年前愛丁堡流行過一場百斯篤（pest）病，為了避免傳染給別人，衛生當局曾將百斯篤患者統統關在這裡，在這個房間，曾有人見過女孩的陰影，於是宜保要他們趕快去買一個洋娃娃供，宜保將洋娃娃供了之後說，從今以後不會有人再看到那位女孩的陰影了。

宜保在夏威夷與一位今年八十歲的日人後裔老翁會面，老先生拿相簿給宜保看，並說他有一個弟弟在二次大戰期間回日本讀書以後至今仍然下落不明。宜保「靈視」一陣子以後說：「你母親要我轉告你，她說她很對不起你，因為你幫她照顧兄弟姐妹長大，致使你終生沒有結婚，但你母親很保佑你。」

這位先生的父親移民到夏威夷以後三十五歲時就去世，留下了五個兄弟，三個姐妹，因此身為長子的他，全力幫助母親養大這些兄弟姐妹，其中一個弟弟回日本就讀於明治大學。宜保說，你這個弟弟於一九四一年被徵召從軍，在南洋新幾內亞被蚊子咬生病，死於戰地醫院，臨終時渴得不得了，一直想喝水，故宜保建議老先生，從現在起，每天要準備一杯水，擺在任何地方都可以，你弟弟會來喝。

NHK的主持人從靖國神社（相當於我國的忠烈祠）要來了有關老先生弟弟的資料，包括死亡通知書，死亡通知書寫明他弟弟於一九四一年因瘧疾死於新幾內亞。死亡通知書本應寄給死亡者的家族的，惟因當時老先生是敵國的國民（美國人），所以不便寄遞，NHK的主持人將這死亡通知書交給宜保，並問她希望不希望再到夏威夷把這死亡通知書交給老先生，宜保說她很想能再見到老先生，主持人立刻將老位先生請出來，宜保親自將死亡通知書面交老先生，同時流下眼淚，老先生說，由此他了了一件心事，而掉下淚珠。

宜保諸如此類的靈視故事，不勝枚舉。她還到過美國、俄羅斯、印尼等國，都是為靈驗而應邀去的。宜保表示：她六歲時開始能夠看到靈魂，並能與靈魂溝通，這個溝通大多與因車禍去世的弟弟學的，因她常看到很特別的人和事並說出來，故常被她父親責罵，罵她「亂講」，她父親是一個科學萬能主義者，所以很討厭宜保的「危言聳聽」。

宜保說，她從小學一年級到五年級，從未與同學交談過，五年級時，因班上發生一件偷竊案件，級任導師和校長要對某一位同學採取行動，準備請來警察時，宜保開口說此事與該同學無關，因宜保從不講話，故大家相信她的話，而洗刷了這位同學的冤枉。

宜保愛子是一位普通的家庭主婦，先生是平凡的工資工作者，兩個兒子都已經成人了。宜保的天眼通，於二十一歲時因患腎臟病而消失，十七年後她三十八歲的時候才又恢復。前韓國總統朴正熙的夫人被暗殺前兩天，宜保說她曾靈視預見。

目前，宜保在日本的電視、廣播、報刊等大眾傳播界極受歡迎，她自己出版過三十幾本（一九九一年初）有關靈魂的專書，其中「宜保愛子之死後的世界」一書最暢銷，可能已經銷售了五十萬冊以上。

宜保表示：她絕不談與政治和宗教有關聯的事件，更不以自己的天眼通來「歛財」，即不把自己的靈視能力當作謀生的工具。她說：過去的人、事她都能靈視；

未來的人、事，只能看到很近的未來。

宜保的這種「靈能力」，為世人所絕無僅有，英國一位以研究和測驗靈能力馳名的女教授說，她看過和測驗過許多自稱為天眼通的人士，但多名不符實，惟獨對宜保的靈能力佩服得五體投地。

宜保愛子並不認為她自己有什麼特別的本事，她說她天生具有能到「靈界」，並與靈魂溝通罷了，宜保稱，她最大的希望是；有一天科學家能解析她為何具有這種靈視能力。

今日，我國上下都在為千島湖船難事件大事懊惱和悲憤，於茲我建議罹難者遺族或許可聯絡宜保愛子女士，請她靈視這個不明不白，令人百思不得其解的離奇事件的真相，為我二十四位無辜的同胞伸冤，相信宜保女士定肯仗義執言。

（原載一九九四年四月十六日『台灣新生報』）。

東京知多少

東京是世界上人口最多的都市。去年東京的人口為一千一百八十八萬四千七百一十五人（一九九一年十月一日的統計），但這是住在東京的人口數目，其白天，在東京活動者就有一千三百九十九萬七千六百四十九人（一九八五年的數字）。

東京是一般的稱呼，其行政區域的正式名稱為東京都，有首都東京，或者大東京之意。東京都包括二十三區、二十七市、五町（鎮）、九村，面積二千一百八十三・四二平方公里（一九九〇年），人口密度，在二十三區，每一平方公里為一萬三千一百九十九人（去年）。

東京有二十五萬零一百九十八人的外國人，其中韓國人（包括北韓）最多，為九萬七千一百六十四人；其次是中國人（包括中國大陸人），有六萬八千三百二十七人；第三位是美國人，為一萬七千六百五十九人；英國人六千五百五十六人；德國人二千二百人。（一九九一年）。

東京都今年度的預算為七兆二千三百一十四億日圓（合大約一兆五千億臺幣）；目前，東京都廳（政府）有員工二十萬一千一百五十九人，缺員六百九十六人。都知事（市長）的月薪為一百五十四萬日圓（大約三十一萬臺幣），員工全部一年的薪水達一兆八千二百八十二億日圓。其達到退休年齡退休時，其退職金最高可以拿到六十二・七個月份的薪金。東京都有一千四百七十七所小學，八百五十七所初中，四百六十八所高中，七十九所專科學校和一百餘所大學。此外，還有五所盲學校，十所啞大學，一千三百所幼稚園，四百六十二所職業學校，以及二百五十五所其他學校。

東京都擁有三百四十一所圖書館，藏書三千四百六十三萬一千八百四十二冊。東京國立博物館，一年的參觀者為一百二十七萬七千一百六十九人；上野動物園和上野水族館的參觀人數達四百四十五萬七千三百九十三人。（一九九〇年）。

東京都政府以三千六百六十一部車子，每天收集一萬六千一百一十公噸的垃圾。如以五十一公分乘四十五公分，十公斤裝的袋子來計算，大約等於二百一十八個富士山的高度。其中一萬零四百八十四公噸垃圾燒掉，五千三百六十八公噸填海（東京灣）。兩年前，在東京，處理一公噸垃圾的成本需要四萬五千一百九十七日圓，將近一萬臺幣；如果是人體排泄物，每公斤的處理費用達二萬九千二百二十八日圓（大約合六千臺幣）。

東京一天平均要使用四百八十五萬八千立方公尺的自來水（一九九〇年）；每

天搭乘電車（地上、地下）、巴士、計程車等的乘客達二千六百八十六萬五千人次。據說，單新宿車站，一天就有一百五十萬人次左右的乘客。

東京都每人（當然是工作者）每月的平均所得為四十七萬五千二百五十日圓（大約九萬五千臺幣，它包括各種津貼和獎金），工作時間每月一百六十・六小時（實際工作時間）；總就業人口為三百九十一萬四千八百八十三人，其中男性二百七十二萬零一百七十二人，女性一百一十九萬四千七百一十一人。（一九九一年）。

東京都知事任期四年，得連選連任，現任知事鈴木俊一（八十歲），目前是第四任，去年改選時得二百二十九萬二千八百四十六票。

東京都議會議員的任期也是四年，得連選連任，議員總數為一百二十八人。目前，自民黨議員四十五人，社會黨三十六人，公明黨三十六人，共產黨十三人，民社黨四人，其他二人，缺額二人，其中女性議員為十五人。

最後，我想拿出兩年前東京都一天的數字，各位讀者或許有興趣。出生：二百八十五人；死亡一百九十三人，結婚二百二十四對；離婚四十九對。交通事故一千四百一十三件；死傷一百六十七・三人。根據中央批發市場的統計，消費牛肉二百五十六・三公噸；豬肉一百二十三・四公噸；魚二千九百八十四公噸，蔬菜六千七百四十八・六公噸；水果二千八百五十七・四公噸。

東京的消費，雖然是世界上數一數二，但卻很值得國人去旅遊、求學和做生意的地方。以上所述種種，相信對這個城市的認識有所幫助。

（原載一九九二年八月三十日『中華日報』）

高陽與我

六月六日，歷史小說家高陽先生與世長辭，享年七十一歲，留下七十幾部著作，為文藝界惋惜不已。

我雖然與高陽沒見過面，但卻跟他有些因緣。大約十一年前，王新衡先生將我所翻譯有關張作霖被炸死的文稿交給高陽，高陽則將其交付臺北聚珍書屋出版社，於一九八二年以『我殺死了張作霖』的書名出版，高陽且為此書撰寫「張作霖之死與楊宇霆之死」一文作為「跋」。此文後來在『傳記文學』第四十二卷第一期刊出。

高陽的「張作霖之死與楊宇霆之死」，對於炸死張作霖的河本大作和張作霖的軍事顧問町野武馬所說的話，認為有所隱瞞，而予以反駁和揭穿，是一篇極富史料價值的文章，將來我一定要把它譯成日文在日本發表，以糾正和補充日本人對有關炸死張作霖事件的錯誤認識。

『我殺死了張作霖』這本書，經過四年之後，東北吉林省的文史出版社，曾經予以翻印，而且初版就印了三萬三千八百本。

後來聚珍書屋出版社倒閉，我經該出版社負責人董鼐先生同意，加上另外一篇文章，於一九八七年，由水牛出版社，以『張作霖與日本』這個書名再版。

大約九年前，端午節前一天，「XX報」刊出一本名為『中國的三千年』英文書上的一張照片，並誣指說站在溥儀旁邊者是蔣中正先生。那時我服務於亞東關係協會東京辦事處。國內來電希望代查所謂「蔣介石」這個人是誰。馬樹禮代表將此事交給我去辦。

「XX報」在那張照片上，作一——十的號碼，猜這些人是誰，但除溥儀和那個人是當時的關東軍司令官菱刈隆以外，其他的八個人都沒猜中。端午節第二天。「XX報」刊出高陽一篇文章說，昨天他犧牲與其女兒一起過端午節寫了這篇東西，理由是我們說人家不通，我們自己要搞通，因而經過考證，就前述照片猜了一陣子。記得他猜中其他八個人當中的三個人。

於是我帶著「XX報」和放大鏡去找九一八事變當時的關東軍參謀片倉衷（片倉現年九十三歲，日本投降時是第二〇二師團長，陸軍少將），請他辦別這些人究竟是誰，因為他認識這些人，他都一一認出來，然後我寫了一篇短文寄給「XX報」，但「XX報」沒刊出。

我曾經將這篇短文，影印一份寄給高陽，希望幫助他「搞通」這張照片上的人到底是何許人。同時我自己雖然也留下了一份，惟因時間隔得太久，到現在我仍然沒找到。乘高陽先生去世，謹草此文以為紀念。

（原載一九九二年六月十三日『台灣日報』）

最受歡迎的政治家

一個多月以前，日本『朝日新聞』作了一次一千年來日本政治家中誰最受歡迎的調查。結果是坂本龍馬得一千四百五十七票，位居第一；德川家康一千二百二十六票，排名第二。

第三位是織田信長，得一千一百六十四票；第四位是田中角榮，四百五十六票；第五位為吉田茂，四百三十八票；第六位是豐臣秀吉，三百八十二票；第七位是福澤諭吉，三百三十票；第八位是西鄉隆盛，二百三十三票；第九位為市川房枝，二百三十票；第十位伊藤博文，一百三十七票。在台灣比較為人們熟悉的佐藤榮作，排名第二十一位，得五十六票。

坂本龍馬為德川幕府末期的志士，成功於協調薩摩、長州兩藩的合作，匯集討伐德川幕府的勢力，終於打倒二百六十五年的德川幕府，開啟明治維新的人物。因作家司馬遼太郎有關他的傳記著作而更馳名於世。

德川家康是德川幕府的開創人，以忍耐和狡猾著名，今日在台灣也很流行他的全集。織田信長是日本戰國時代的諸侯，曾為德川家康的盟友，幾乎有統一天下之勢，但為其部下明智光秀所殺。

田中角榮是戰後日本第一位沒有唸大學而出任首相的人物，在田中手上日本與中共建交，以金權政治馳名，最後以購買洛克斐德飛機收賄案被判刑，告到最高法院，在審判期間去世。

吉田茂是被認為戰後日本最有作為，最有貢獻的政治家。在他任內完成與盟國簽訂舊金山和約和美日安保條約，使日本重獲獨立。豐臣秀吉是織田信長一手提拔的人，其次男秀賴，被德川家康所消滅。

福澤諭吉是德川幕府末期明治時代的啟蒙思想家，慶應大學的創辦人，今日日本一萬圓的鈔票就是使用他的肖像。著有『福翁自傳』、『勸學論』、『文明論之概略』等書，對思想之啟蒙，影響很大。

西鄉隆盛是明治維新的領導人之一，參加明治維新政府，推行廢藩置縣的工作，最後為下級武士推為領袖，反抗明治政府，終於自殺。市川房枝是此次列名十名以內的唯一女性。曾任參議院議員十八年，一生為婦女參政權和女權運動而奮鬥，為斯界的領袖，很受無黨無派人士的尊崇。

伊藤博文是甲午中日戰爭當時的首相，也是日本歷史上的第一位首相。對於日本內閣制度、制訂明治憲法等有極大的功勞。在韓國統監任內，被韓國人安重根暗殺於哈爾濱車站。

曾任美國總統的尼克森，就作為領導者的條件，曾舉出以下幾點：1.堅強的意志；2.很大的目的；3.要具遠見；4.相信自己；5.瞬間的判斷力；6.表演的才能；7.不拘泥於失敗；8.鼓勵群眾的力量；9.創造神話等等。

上述的政治家們，都具有或多或少的這些條件，尤其是田中角榮、吉田茂和福澤諭吉等人。特別是在民主政治的時代，要由選民以選票選出政治領導人，尼克森所提出的這些條件，是絕對不可或缺的。今日台灣活躍於政壇的，無論過去或現今，也大多屬於這一類型的人物。

（原載二〇〇〇年五月九日『中華日報』）

小淵葬禮　日本藐視我弔唁團

為參加六月八日日本前首相小淵惠三的公祭，筆者於六月六日往東京出發。當天國內報紙報導說，日本政府拒絕給予總統府秘書長張俊雄簽證，因此，臨時改由總統府資政彭明敏、辜振甫與立法院院長王金平，代表政府出席小淵的公祭。

六月七日上午，筆者往訪小淵夫人千鶴子女士於小淵公館，談了三個小時。筆者表示日本政府不應該拒絕張俊雄前來參加葬禮，小淵夫人完全贊同筆者的意見，因為這與政治無直接關係。

八日下午二時，在東京日本武道館舉行「故小淵惠三」內閣、自民黨聯合公祭，從一百七十九個國家、國際機構、地區來的弔唁團，包括美國總統柯林頓、韓國總統金大中、印尼總統瓦希德、中共副總理錢其琛等。

柯林頓是第一位外國代表獻花，依次唱名國家元首、副元首姓名；接下來點名國家或國際機構的領隊頭銜，對我國弔唁團則完全不提，真是豈有此理。我國弔唁團坐在中排外國弔唁團後面，但筆者始終沒看到他們獻花，因為人數太多了。

日本政府之所以這樣冷淡對待我國弔唁團，固然由於中共的阻擾，但主要還是由於日本外相河野洋平討好中共所導致。日本政府當局以「無邦交」的理由，拒絕張俊雄前往，以及在公祭大會上不唱名我國代表團，令筆者覺得日本政府藐視我國。

參加葬禮與政治無關。如再有類似事情，一定要先弄清楚對方將給我國怎樣的待遇，沒有確切的答覆和保證，大可不必那麼一廂情願去參與，以免受人侮辱。

（原載二〇〇〇年六年十七日『自由時報』）

懷念我友小淵惠三

五月十四日下午四時二十五分左右，我在北二高車上，接到日本共同通信社臺北分社負責人岡田充來電話說，小淵惠三前首相於今天下午四時零七分，與世長辭。

我於三十九年前，在小淵的故鄉群馬縣中之條，小淵教我怎樣打高爾夫球。今年四月二日下午，在寶山高爾夫球場與清水達夫打球時，岡田分社長打行動電話給我說，小淵病倒並住進順天堂大學附設醫院；今日仍然與清水到寶山去打高爾夫球，在回家的高速公路上，接到岡田的電話告訴小淵去世。真是令我感慨萬千。

我與小淵交往前後達四十一年。關於我與小淵的種種，我在五月七日『中央日報』的青春網路休閒站發表了一部分。最近我將我所寫有關我們兩個人的點點滴滴，以小淵為主的日本政情，加上我們兩個人的照片和有關資料，準備出版一本專書，以紀念小淵。

繼承小淵內閣的森喜朗內閣，目前預定於六月二十五日解散眾議院，舉行大選。六月二十五日是小淵的生日（他出生於一九三七年六月二十五日），我相信日本選民會支持因小淵內閣的政策和努力，日本經濟在逐漸復甦的森喜朗內閣。

小淵於一九六三年，以日本歷史上最年輕二十六歲當選眾議員，前首相橋本龍太郎也是以二十六歲於該時同時當選，迄今連選連任十二屆，曾任大平正芳內閣總務長官、竹下登內閣官房長官、橋本龍太郎內閣外相，自民黨幹事長、副總裁、總裁和首相。

小淵內閣成立於一九九八年七月三十日，結束於二〇〇〇年四月四日，前後六百一十六天。小淵內閣政績正在好轉時，小淵過勞病倒，以至離開人間，可謂為國為民、鞠躬盡瘁。做為一個政治家，我友小淵，應該亦可告慰，雖然家人皆極傷心。下次眾議院選舉，小淵的次女優子，一定會在群馬第五選區高票當選，以告其父在天之靈。

（原載二〇〇〇年五月十五日『中央日報』）

遽聞小淵首相積勞成疾有感

一九九八年七月，日本參議院選舉，自民黨慘敗，該黨總裁橋本龍太郎負起政治責任辭職，旋即舉行補選，外相小淵惠三當選繼任，繼而小淵當選內閣總理大臣。

小淵惠三的自民黨總裁任期到一九九九年九月（即橋本總裁所剩任期），改選後，小淵獲得連任，成立自民、自由、公明第二次小淵聯合內閣。但自由黨黨魁小澤一郎一再要求小淵在下一屆眾議院大選支援自由黨，因小淵無法全般答允，於今年四月一日，談判破裂，小澤自由黨宣布脫離小淵聯合內閣。當天晚上，小淵中風病倒，至今暈迷不省，很可能變成植物人，殊屬可惜。

小淵接任首相時，日本經濟正在谷底，所以小淵內閣以復甦經濟為最緊要課題。首先他致力於安定金融制度，投下大約六十兆日圓國家資金，國有化日本長期信用銀行等，因而避免了金融危機的爆發。

其次凍結財政結構改革法，致力於景氣的回升。一九九八年十一月，實施包括減稅的大型景氣對策。由於這樣大刀闊斧的積極政策，日本經濟三年來首次呈現正成長，去年的經濟成長可能為〇・六%，這可以說是小淵內閣的很大功績。不過也因此，小淵內閣竟舉債八十四兆日圓（到今年年底，日本的國債達到大約三百六十四兆日圓），為歷屆內閣中，發行國債最多的一個。再次是多年來的懸案——美日防衛合作新指針有關配套法案、有關中央政府省廳改革法案、情報（資訊）公開法、國旗國歌法等重要法案的通過，都是小淵內閣的政績。

與此同時，小淵首相引進了小澤一郎所建議，在國會的黨魁面對面的政策辯論；廢止政府委員（由中央政府高層事務官代理部會首長在國會答辯）制度；通過減少眾議院比例代表制的法定人數（由二百名減到一百八十名），這些都應該算是小淵內閣的成績。

小淵首相的病倒，說明日本政治家的過勞。美國總統，每年都有固定的假期；可是小淵的行程是算分鐘的，整年沒有休假，莫怪小淵說，他就任首相以後，他的身體已經不是他自己的身體了。他會病倒，早在我意料之中，不過是時間的問題，何況他有心臟病。

我與小淵締交四十一年，他從政三十六年多，今日竟以這樣方式來結束政治生涯，真是只有天曉得。本來我還有許多話要跟他說，但現在已經不可能了。日本作家佐野真一，下個月將出版有關小淵的傳記，這將是第一本關於小淵的日文書。

我自己也有意出版有關我們兩個人的專書，並將使用我倆的一些生活照片，以紀念小淵惠三的一生。

森喜朗繼承小淵出任自民黨總裁和首相，他與小淵是早稻田大學的先後同學。森喜朗內閣閣員全是小淵第二次內閣的原班人馬，其中好幾位是我的老朋友和好朋友，希望森內閣在下一屆眾議院大選獲得勝利，繼續執政，這對日本和我國都是有益處的。

（原載二〇〇〇年四月十六日『中央日報』）

影星翻身變大臣

最近出任日本自民、公明、保守三黨森喜朗第二次聯合內閣建設大臣的扇千景，原來是電影明星，扇千景是她的藝名，她原名林寬子，難能可貴的是，她還參加了我國世界林氏宗親會呢！

由於她的名字叫做扇千景，所以十六年前，在臺北歷史博物館舉行千支扇子展覽會時，當時的駐日代表馬樹禮先生，還特別邀請她前來臺北，參加剪綵，共襄盛舉。

扇千景現年六十七歲，當選參議員四次，曾由自民黨而新生黨、新進黨、自由黨和保守黨，現今是保守黨代表，同時也是跨黨派的日華議員懇談會副會長。

前年四月間，筆者曾奉陪馬樹禮先生伉儷前往廣島，參加首任自民黨日華議員懇談會會長故灘尾弘吉銅像的落成典禮，而後轉往東京。

在東京，日華議員懇談會山中貞則會長晚宴款待。扇千景、小澤辰男副會長等多人作陪。飯後扇議員提議說要講笑話，以幫助消化，輕鬆輕鬆，並開始說關於她自己的笑話。

她說，前幾年她先生被日本政府指定為「人間國寶」。她先生是中村雁治郎，為日本歌舞伎的權威演員。所謂「人間國寶」是活的國寶的意思。因此她的朋友便開她玩笑說，妳先生既然是人間國寶，妳要使用時，得經過政府的許可。

她回答說沒問題，但發生故障，送去修理時，政府要予以打折扣。筆者插嘴說，不是打折扣，應該全部予以免費。她說這個好。扇千景大臣就是這樣幽默的人。

此次日本政府改組，本來內定她出任文部大臣（教育部長），筆者傳真恭賀她要負「樹人」的大任，隔天她卻被發表建設大臣。因為前建設大臣中尾榮一以受賄罪嫌剛剛被捕，自民黨議員為了「避嫌」沒人肯出任，因而她遂變成了一匹「黑馬」。

（原載二〇〇〇年七月二十六日『中央日報』）

送老友一程——懷念日本前首相小淵惠三

六月六日，為了參加「故小淵惠三」內閣，自由民主黨聯合公祭，我搭乘日亞航班機前往東京。六月七日上午十點半，我帶著乾隆時代的華麗花瓶，往訪日本前首相小淵惠三夫人千鶴子女士，位於東京王子的公館。

與小淵夫人寒暄之後，我把帶去的花瓶包裝打開，與夫人將其擺在小淵靈前，與平成天皇、皇后所送的花並排，向小淵遺像燒香，跪在榻榻米上向其行三鞠躬禮，並照了好幾張像。爾後在客廳與小淵夫人前後談了三個小時。

小淵夫人送我小淵平常最喜歡戴的領帶一條，小淵每天上班、外出時戴的同樣袖扣和領帶夾，這是向東京著名的天賞堂特別訂做的，上面刻有總理府銀質徽章，領帶夾背後刻有 Prime minister K. Obuchi 字樣，和小淵生前最喜歡的一張照片，作為永久的紀念。

在這三個小時中，我們談了許多往事。她說她認識小淵比我慢三年。她認識他三十八年，我認識小淵四十一年。她還說一九六三年一月，小淵首次環遊世界，我們都到羽田機場送小淵，那時我所穿的綠色大衣，給她很深刻的印象。

在臺灣時，小淵寫信給我，希望我說服千鶴子跟他結婚。為此，在東京銀座的咖啡廳，那是下大雨的時候，我與千鶴子談了兩個多小時。我問她為什麼不願意與小淵結婚。她回答說，小淵父親競選國會議員，違反選罷法時，他母親常被警察帶去。她不希望扮演這樣的角色。

我向她保證，小淵將來競選，不會像他父親競選六次，落選四次，她不會被警察帶走。以小淵的條件，競選起來不會像他父親那麼辛苦。對於以上我所說的話，她說她已經忘記了。

小淵夫人說，過一段時間，她很想再到臺灣來，看看馬樹禮、李煥、宋時選諸位先生。因為她第一次出國就是到臺灣，所以印象特別深刻。她同時跟我說，她現今所住的房子已經有一百零五年的歷史，地震時非常可怕。她表示，兒女們要維護這樣大的房子和院子，在經濟上恐怕很困難，因此很想把它處理掉。

她又告訴我，她母親已經九十六歲，故不敢對其母親說小淵已病逝，但又要其母親投次女優子的選票。她母親一再問說小淵為什麼不競選，而由其女兒競選。不知她告訴了母親小淵已經去世了沒有？

六月八日下午二時，假日本武道館舉行了小淵的公祭。公祭開始時，先鳴放十九響禮砲。會場布置得很得體而嚴肅。我坐在日本國會議員席位後面，與住友商事株式會社社長宮原賢次坐在一起。我這次參加小淵葬禮，是小淵家透過葬儀委員長森喜朗首相邀請的。

美國總統柯林頓、大韓民國總統金中大、印尼總統瓦希德等，來自一百七十九個國家、地區的代表，和各國駐日本的大（公）使，以及日本各界的代表，大約六千人參加。日本天皇、皇后特別代表、皇太后代表最先行禮，然後由皇太子伉儷、文仁親王（天皇次子）伉儷、清子內親王（天皇長女）、正仁親王（天皇三子）、寬仁親王（王皇弟弟）等皇族依次獻花。

外國代表第一位獻花的是美國總統柯林頓、各國元首、副元首、首相、副首相、外相等等，依唱名順序獻花，但我國代表團未被唱名，被冷落。為此，回國後，我曾在『自由時報』投書，對日本當局表示不滿。這是日本外相河野洋平討好中共所造成的結果，而其表面理由是說因其與我國沒有邦交關係。

六月二十五日，日本舉行大選，小淵次女優子以十六萬三千九百九十一票，壓倒對手山口鶴男的三萬五千七百六十九票，光榮當選。隔日早晨，我與小淵夫人及優子通電話，恭賀優子當選。優子說，她很希望早日與我見面。我告訴她，九月初，我將帶領中國文化大學日本、政治、歷史三研究所學生到日本旅遊，屆時當去看她。

優子與乃父一樣，首次當選眾議員，是二十六歲四個月，她將進駐其父親的眾議員辦公室，秘書也都是原班人。希望優子繼承父親遺志，在日本政壇活躍，為日本這個國家社會貢獻心力。

（原載二〇〇〇年七月十六日『中央日報』）

前日本首相小淵惠三　平凡先生也有不平凡處

最近病倒剛卸任的日本首相小淵惠三，於一九三七年六月二十五日，出生於群馬縣吾妻郡中之條町。

出身貧苦畢業於早稻田大學英文科

一九一〇年冬天，小淵的祖父信平和祖母吉（日語音譯），從靠近新潟縣但仍然屬於群馬縣的吾妻郡參村蟻川，因無法還債，幾乎等於半夜偷搬到中之條。當時他祖父全家七口，住在一間六張榻榻米和一間三張榻榻米的房子，既沒有洗澡堂也沒有廁所。由於生活極端困苦。所以他祖母曾經想過要全家一起自殺。

唯因小淵父親光平非常堅強和爭氣，從七歲時就開始幫忙家事，同時送報、賣納豆、修理鋼筆等等，凡是能做的他都做。他父親從沒睡到太陽出來。一九二八年二月十一日，他父親二十一歲時，創立了小淵商店製絲所。這所公司後來改名光山社。一九二九年，光平與關千代結婚，育二男二女，小淵排名老三，因而命名「惠三」。

小淵進中之條小學，念中之條初中時轉到東京的學習院中學。如所周知，學習院在戰前是貴族學校，戰後改為私立。可能因為小淵父親只是小學畢業，覺得念好的學校很重要，才讓小淵轉到學習院中學。

學習院中學畢業後，小淵考上成立不久的東京都立北高等學校（高中）。高中時代的小淵，愛讀文學，尤其喜歡太宰治的作品，因此畢業高中兩年以後才考上早稻田大學的英文科。他進早稻田大學的一九五八年夏天，他父親因腦出血去世，享年五十四歲。

因緣際會從一尊不倒翁談起

現在，我想來寫些小淵與我的點點滴滴。

日本國會議員的選舉，每一位候選人都要在他（她）的競選總部，擺一尊很大的不倒翁，買回來後，要先在眼點眼睛，當選後再點上另外一個眼睛，以為慶祝。一九六三年小淵第一次競選和當選時所用的不倒翁，是我和他以及幾個朋友，到高崎的少林寺去買的。記得那是一九六二年的過年，冷得不得了，是深更半夜去的，尤其過那座大橋去少林寺時，真凍得要命。

一九六三年一月，小淵出發世界一周旅行，第一站前往臺灣，我介紹老友林鶴壽君陪他。小淵在臺北住重慶南路一段的成功湖旅館。鶴壽君告訴我說，他曾陪小淵去臺中霧峰拜訪早稻田大學的前輩，省議會議長黃朝琴，並在省議會門口照了一張像。小淵告訴我，他也曾訪問過合作金庫理事主席謝國城。黃朝琴是我們臺南縣的大前輩，謝國城曾首次擔任少棒的總領隊，在美國威廉波特我認識他。鶴壽還告訴我說，後來他到東京，打電話給小淵，小淵還帶他到小淵位於東京王子的家住一晚呢！小淵真是不忘恩的一個人。

說到王子的小淵家。它的面積大約有二百七十坪，是他父親買的。建築物是兩層樓，院子相當大。我在紐約，經過東京回臺北時，也住過一、二次。那時，小淵夫人還特地用信封，裝了一萬、五千、一千、五百、一百的鈔票，一共五萬圓給我做零用。可見小淵夫人用心之細。

一九八六年元月十六日，我回國服務時，當天小淵及其夫人特別抽空前來羽田機場相送，行前小淵還送我五十萬日幣，以為餞別。日本人對於遠行的親朋好友，有送「餞別」的風俗習慣，平常都送幾千，多時一、二萬。我對小淵對我送那麼多的餞別，終身難忘，非常感謝他和夫人。

三年前，我由東京大學獲得國際關係學博士學位時，小淵請我吃飯，並請五位與我很要好的眾參議員（眾議員、現任農業水產大臣的玉澤德一郎、曾任法務大臣的參議員前田勳男、曾任外務政務次官的參議員武見敬三、參議員佐藤道夫和山崎力），小淵夫人千鶴子送我十萬日圓，以為祝賀。我真是感謝小淵伉儷的盛情厚意。

曾與蔣孝武在圓山飯店吃飯

有一次小淵來臺灣訪問時，蔣孝武請他在圓山飯店吃飯。剛好我回國參加僑委會駐外人員會議（當時我任亞東關係協會東京辦事處僑務組長）住在北投僑園。蔣氏秘書來電話說，我是小淵的好朋友（這是馬樹禮先生告訴蔣氏的），要我一定參加這個餐會。作陪的有李煥、宋時選、宋楚瑜、白萬祥、馬英九等諸位先生。繼蔣氏致歡迎詞之後，小淵致謝詞，第一句話說：「我所以有今天陳鵬仁先生的功勞很大」，但擔任口譯者沒有把這句話口譯出來。

一九五二年春天，我擔任留日同學有史以來第一駕包機回國訪問團團長回國，該時曾經承蒙救國團招待，往訪花蓮。在花蓮我買了一幅用貝殼作的老虎畫，我在畫上用毛筆寫上「勇往邁進」四個字，拿去送給小淵，小淵把它掛在他的議員會館辦公廳相當長的一段時間。

我還在紐約時，記得是一九六七年夏天，小淵前來美國訪問到紐約，日本駐紐約總領事館招待小淵吃飯時，請我作陪。飯後到我家，同時到哥倫比亞大學和河邊公園散步，談得很多。

大約二十年前的冬天，陳履安先生擔任中國國民黨中央委員會副秘書長，負責政黨關係來日訪問時，馬樹禮代表要我約小淵，我們四個人到東京近郊的「三百人俱樂部」打高爾夫球。小淵的球技，跟我差不多。不過我首次拿球桿，是跟小淵到他家鄉中之條一個店裡的練習場，是他教我打的。這應該是三十九年前的事情。

民調小淵殿後顯然與事實不符

三年前的三月三十一日，我到東京時，欲去為小淵母親掃墓，因小淵母親於前一年去世。本來小淵夫人要陪我去，後來由其叔叔岩太郎陪我前往。到了小淵老家，他哥哥光平（繼承父親名字，成為第二代小淵光平）親自開車，我們三個人去祭拜小淵父母墓。然後去參觀小淵哥哥的町長辦公廳。最近，他哥哥第二次當選中之條町長（鎮長）。

當天晚上，由他哥哥自己開車，我們三個人前往穗高溫泉住了一晚。那天晚餐極為豐盛，他哥哥和叔叔喝了不少酒。第二天四月一日是中之條町新進職員開始上班的一天，故他哥哥一早就先回中之條，以便對新職員講話；我和岩太郎叔叔則參觀了水白博物館等之後，他叔叔送我到新幹線車站，我一個人先回東京。

一九九八年七月，參議院選舉，自民黨大敗，首相橋本龍太郎負起政治責任下台，自民黨改選總裁，我斷定第一輪投票，外相小淵可以當選。我在國內報紙寫了好幾篇文章都這樣說，在好幾個電視台的節目裡我也這樣表示。飛碟電台的周玉寇在電話訪問時問我說，日本報紙的民意調查小淵是最後一名，你為什麼說小淵一定會當選。我回答說：「民意調查是狗屁。這些被調查的根本沒有投票權。」

關於小淵當選自民黨總裁和首相的種種，我在報紙上已經寫了很多，不再重複，現在要說的是，目前，擔任小淵智囊之一的川勝平太教授，於三年前在慶應大學舉行第三屆近百年中日關係學術研討會時，在台上跟我坐在一起。他特別喜歡我所報告「日本對汪精衛工作」的論文（日文），他希望我能同意他將這篇論文作教材。而川勝與小淵認識，乃由於小淵發表就任首相演說時，川勝同意小淵使用川勝書上「富國有德」這句話。日本明治時代的口號是「富國強兵」；今日日本自不宜再使用「富國強兵」，乃改用「富國有德」希望日本往富而有道德的國家這個目標邁進。這是對的。

夫婦二人體貼細心有緣知心四十一年

我尊敬的英國文學家、政論家福田恆存去世，我特地趕往東京青山葬儀場參加告別式，與作家阿川弘之、前東京大學校長林健太郎、參議院議長原文平衛、東京大學名譽教授西義之等人在一起。在會場踫到當時擔任自民黨副總裁小淵，他見到我說：「我相信你一定會來參加」。福田夫人覺得很奇怪，小淵副總裁怎麼會來。原來，福田先生是我介紹給小淵的，小淵非常敬佩和喜歡福田恆存。此時，日本著名的文學雜誌『文學界』總編輯寺田英視，請我寫一篇關於福田先生的文章。我回國後馬上寫了「我對福田恆存先生的回憶」，刊登於一九九五年二月號的該雜誌。

前兩年，在臺北舉行了有關報業的國際會議。日本『產經新聞』論說委員長（總主筆）吉田信行，陪其社長前來開會。會後故宮博物院秦孝儀院長請他們吃飯，我應邀作陪。在餐會上，吉田說，七年前他還在擔任產經新聞社臺北分社社長與我餐敘時，對於我說在不久的將來，小淵會出任首相，以為我在開玩笑，……。

小淵還在念早稻田大學時，有時候穿著制服跟我出去，我帶他去東京築地華僑大廈（很老舊的大樓）的信光貿易公司，見過當時的社長徐朝琴和副社長李寬然。徐、李兩位以後看到小淵當選眾議員，並且步步高昇，非常高興。

我還記得，我與小淵去過位於東京車站，離八重洲出口不遠的建物大廈找他另外一位叔叔。小淵沒告訴我這位叔叔叫什麼名字。這位叔叔蠻威嚴的，不大說話，每次去，小淵的叔叔都給他用信封裝的零用錢。

在小淵還沒有當選國會議員以前，在一次餐會，我背了日本流行歌「支那之夜」的台詞給他聽。他喜歡得不得了，並希望我寫給他。因內容有戰爭的味道，所以當時我沒有寫。這個台詞相當長，而且很感人。難怪小淵那麼喜歡。去年十二月底，我回憶過去，想起這一件事，遂把它寫出來，大約五、六百字，寄到首相官邸去給她。

平凡先生的三大不平凡處

以上，我拉拉雜雜地寫了我與小淵交往的大致經過。想到那裡寫到那裡，沒有一個系統。我與小淵認識，完全是一種機緣，是一種緣分。我認為，小淵所以能夠出任首相應該基於以下幾個原因。

第一，他當選眾議員以後，參加了執政黨自民黨的最大派閥：佐藤榮作派、田中角榮派和竹下登派。在日本政壇，要出人頭地，如不參加大派閥（派系），幾乎是不可能的。小淵始終在自民黨最大派閥，與權力中心最靠近。

第二，他的做人圓融，絕少與人為爭位子正面衝突，故人緣好，沒有太多敵人，能接受人家的意見；協調能力強，所以能獲得同仁們的擁護。他是小淵派領袖

（會長），但他卻讓小淵派副會長橋本龍太郎出任自民黨總裁和首相。

第三，在政治手腕上很虛心，他請曾任首相的宮澤喜一出任他的閣員（大藏大臣即財政部長），和邀請經濟問題專家堺屋太一出任內閣經濟企畫廳長官（相當於我國行政院經建會主委），顯示他的政治智慧。

今年九月十九日，日本眾議院議員的任期將屆滿。小淵首相正在那裡思考何時解散眾議院辦理改選對自民黨最有利。有一說是本年度預算案通過後，前首相中曾根康弘持這種看法；但我認為七月底沖繩先進七個工業國家首腦會議以後的可能性比較大。

總之，今年的大選結果將決定小淵內閣的命運，如果獲勝，小淵內閣當然穩如泰山，如果敗戰了，只有「鞠躬下台」。我深信：日本選民一定會給小淵內閣很大的支持，因為這一年七個多月以來，小淵內閣的表現，有聲有色，尤其將近十年停滯的日本經濟，已經漸有起色，曙光在望。

我對於在日本的日本朋友和來臺灣觀光的日本人，經常都說些小淵內閣的所作所為，並請他們支持小淵內閣，他們都欣然同意予以支持。我希望我老友小淵惠三，憑持他剛當選眾議員當時我送給他的三句話：誠實、謙虛、果斷，繼續奮鬥下去，為日本創造更光輝的明天。我特地於四月四日趕往東京探望他的病況，但他已意識不明，陷入昏迷狀態。因已經過將近二十天，恐怕會變成植物人，真是「作事在人，成事在天」。

（原載二〇〇〇年五月八日『中央日報』）

胡秋原先生與我

我認識胡秋原先生，大約在民國四十一年左右，迄今已將近五十年。因我喜歡拜讀他的文章，故自動去拜訪和請教他。這時，我來往的前輩學人滿多，包括任卓宣、鄭學稼、阮毅成、戴杜衡、江觀綸、溫崇信、王撫洲、林衡道諸位先生。

秋原先生真正是學貫東西的大學者，是一位文學家、哲學家、歷史學家和政論家。他一下筆便數萬言，像他這樣思路分明，滔滔不絕，一氣呵成，能寫數萬言的學者，中外並不多見。人多說，胡先生的筆尖帶感情，誠非虛言。

由於我非常欣賞胡先生的作品，所以在留學日本期間，我曾把先生的「中國之悲劇」、「我為什麼反共」、「毛澤東有『思想嗎』」、「中共與太平軍」、「給日本國民的公開信」譯成日文，分別在日文雜誌發表，後來與任卓宣先生的「新民主主義批判」，加上我三篇拙作，以『中國之悲劇』為書名，於一九七六年，由東京社團法人世界情勢研究會出版社出版單行本，頗獲日本讀書界好評。

記得一九六一年春天，當時擔任中國國民黨中央三組主任的馬樹禮先生來日本考察，在東京黨部舉行一次留學生座談會。座談會之後，馬先生要我留下來跟他個別談話。馬先生告訴我說，是胡秋原先生特別介紹我。

從此以後，我經常與馬先生取得密切聯繫；在紐約期間，我組織紐約台灣同鄉福利會，創辦『中華青年』季刊，從事愛國活動，都是在馬先生指導之下進行的。

而此時最值得一提的，就是我們留美學生，在華盛頓召開反共愛國會議時，特別由國內邀請胡先生前來作專題演講。那時胡先生出國有困難，故我特別請馬先生為他解決了這個問題。演講時，胡先生提出一個令人興奮和難忘的口號，就是「反共就是愛國」、「愛國必須反共」。胡先生的精采演講，使與會的所有留學生元氣百倍，信心大增。

反共愛國會議後，胡先生來紐約我家住了幾天。胡先生不管請客或作客，是從不講客套的。他什麼菜都吃，而且吃好了就站起來離開座位，也不說一聲「你們慢慢用」，並去漱口。他漱口是滿大聲的。真是非常特別。同時一坐下來就看書刊，或討論問題，極其健談，聲音又大，好像年輕人在爭論的樣子。我很喜歡他這種毫無拘束的作風。

胡先生有時候給我寫信。他字寫得很大，字形極為特別，開始時不容易看懂，後來習慣就好了。我時或為他找日文資料，並時為他所主持的『中華雜誌』和『世界評論』寫文章。

最後我要特別感謝胡先生的是，一九六六年我要由東京轉到紐約繼續求學時，簽證需要二千四百美元保證金。我因錢不夠，遂與胡先生商量。他立刻要他的大千金采禾小姐和女婿羅茂能先生替我寄來一份二千四百美元的存款證明。我到紐約之後，馬上簽字把錢歸還他們。在這裡，我要再一次謝謝他們的協助。

現在秋原先生還是那麼健康和開朗，我以能與胡先生認識交往為榮；願秋原先生活到一百二十歲，繼續指導我們。

（原載一九九九年七月卅一日『中華日報』）

值得學習的風範—馬樹禮先生

在我一生，對我影響最大的有兩位先生。一位是任卓宣先生；另一位是馬樹禮先生。任先生對我的讀書、寫作有決定性的影響；馬先生是我為人、處事的「指南針」。關於任先生的事，因我己經寫過、故今天我想來談談馬先生的為人、處事。

大約三十年前，我認識馬樹禮先生於東京。那時馬先生是中國國民黨中央三組主任，負責海外黨務工作，他到日本視察，舉辦留學生座談會，當時，馬先生還特別對我說，是胡秋原先生介紹的。

從此以後，我與馬先生保持很密切的聯繫。在日本留學期間，我回國省親時，我一定去看他。一九六六年初，我從東京到紐約繼續讀書，與馬先生的關係更加密切。

我在紐約時，與朋友們創立紐約台灣同鄉福利會，積極為紐約地區的台灣同鄉服務，並創辦『中華青年』季刊，這可能是在美國最早的台灣同鄉組織和刊物。這時，我與馬先生的來往更多。『中華青年』雜誌一本二角五分美幣，在紐約唐人街賣得很不錯。

一九七二年，我國與日本斷交，馬先生奉命出任亞東關係協會駐日代表，我應馬代表之邀，前往東京負責日本的黨務工作，一年三個月以後，我轉任亞東關係協會東京辦事處僑務組組長，負責日本的僑務工作。

在馬先生負責駐日工作的十二年，我一直追隨馬先生。而在這三十年當中，我覺得馬樹禮先生真是現代中國人的楷模。我因為非常尊敬馬先生，所以馬先生要我從紐約到東京去幫他時，我一口答應，而且我沒有問他將給我什麼職位，更不知道其待遇如何。

我覺得馬先生的為人、處事的最大長處是：

（一）大公無私。馬先生在做人處事上，確實做到大公無私的境地。譬如在東京期間，與日本各界人士禮尚往來很多，但日本人送來的禮品，除水果、鮮花以外，不管大小，全部由總務登記保管，到年關除夕，由全體員工，包括其他單位人員，大家摸彩，馬先生當然也摸一分，從不據為己有。又如功在國家的顧祝同將軍及其家人到日本觀光旅行時，馬先生自己掏腰包招待他們。

（二）忠黨愛國。這與大公無私，可以說是一體之兩面。正因為他是名副其實地忠黨愛國，所以才能真正成為大公無私的人。馬先生在印尼工作時，曾經因為印尼政府的親共政策而坐過牢。他在反共復國工作上，堅忍不拔，中共在大陸迫害馬先生的親人，希望影響馬先生，但馬先生還是基於「大義滅親」的精神，堅持到底。馬先生之出任三民主義統一中國大同盟主任委員不是偶然的。

（三）為人仁慈。馬先生非常愛護部下和同胞。這也是他的大公無私的作風所使然。馬先生在東京工作十二年，結果幾乎令每個同仁都覺得「馬先生對我最好」。這是極其難得的。為人仁慈令人覺得他和藹可親。日本政要，常給人們「驕傲」印象的藤尾正行議員，有時候會自動打電話給馬先生說「想到公館去吃炸醬麵」。

馬先生將由立法院領得的三百七十萬元退休金，捐出二百七十萬元（十萬美元），加上其他善心人士的捐款，以他父親名義在美國，為中國大陸留學生設立一百萬美元的獎學金；其餘的一百萬元則以他母親名義，在淡江大學大陸研究所設立獎學金，以造就大陸問題的專家。這與其他人在那裏斤斤計較退休金，實在有天壤之別。

（四）領導有方。今日國內報紙皆以頭條新聞報導，日本決與我國加強務實交流關係。其所以有這種景況，因素雖然很多，但與馬先生在日本十二年打下來的基礎有很大的關係。我國駐外機構雖然那麼多，但真正能夠做到統一指揮的，恐怕只有在日本。馬先生在東京時，同事們皆不分彼此，全力以赴，互相支援。而馬先生在領導上最大的特點是，讓你放心去做，有問題或發生問題時，他會替你負責。因此，他的部下便願意而且敢大膽去辦事。並且，馬先生對人誠懇，講話算數，為人人所信賴，故辦起事來，非常順利，部下們之所以服他，理由在此。

（五）記憶力強。馬先生今年秋天將滿八十二歲，但他的記憶力，恐怕不比任何年輕人差。人、事，其來龍去脈，都記得清清楚楚。幾十年前的事情，他記得非常清楚。在東京時，常常碰到這種場面：一件公事（公文），主辦人已經忘掉了，可是他卻記得一清二楚。我絕少碰到像馬先生那樣記憶力強的人。這是非常難得的。

馬先生還沒回國擔任中國國民黨中央黨部祕書長之前，我曾經私下對他說，他回國做祕書長最適當。當時他對我說以後不要再說這種話，恐怕引起誤解。蔣經國先生後來找他回來接任祕書長，這是蔣先生對他的信任和欣賞。

馬先生辦事考慮非常周詳，對人極其周到，但又很講是非，是就是是，非就是非，絕不因人情而改變其立場和態度。雖然如此，他卻給跟他一起的每個人一種說不出來的溫暖和親切感。我喜歡他的這種氣氛，更想學習他的這種風範。國家需要他，人民更需要這種絕對清廉而愛國家愛民族的人，真希望他能活到一百二十歲。八〇、五、五

（原載一九九一年五月廿一日『中華日報』）

胡蘭成眼中的張愛玲

一九六〇年代，筆者留學日本，半工半讀，時或翻譯批判共產主義的文章發表於香港和臺灣的中文報刊，同時翻譯介紹中國文化和反共的文章登於東京的日文雜誌。

與此同時，我也常常出席日本人的各種集會，因而認識了胡蘭成。那時胡蘭成六十歲左右，經常穿著中國長衫，長衫變成他的一種標誌，在東京顯得特別醒目。

有一次他告訴我說：他的日本朋友有剛淘汰的報館機器，如拿到臺灣去算是蠻好的，你可以此來辦報紙或開印刷廠，將來賺了錢再付機器的款項。

我說我的目的是來求學，而且剛來日本不久，辦報或開印刷廠將來還有機會，故我謝謝他的建議。他又說，他很欣賞我的文章，有胡適之的氣概（其實我並不喜歡胡適之），並希望我把他的文章譯成日文，因為專門替他翻譯的池田篤紀的文章，往往會走樣，惟因我不大喜歡胡蘭成的文章，所以沒有答應他的請求。

胡蘭成曾任汪精衛政權的宣傳部政務次長和法制局長。他與張愛玲結婚時，胡三十八歲，張二十三歲。胡蘭成說，為顧及日後時局變動不致連累張愛玲，沒有舉行儀式，只寫婚書為定。文曰：

胡蘭成張愛玲簽訂終身，結為夫婦，願使歲月靜好，現世安穩。

上兩句是張愛玲撰的，後兩句是胡蘭成寫的。張愛玲的印度朋友炎櫻小姐旁證簽了名。

胡蘭成說，張愛玲從不悲天憫人，不同情誰，完全不慈悲佈施；她非常自私，臨事心狠手辣。她的自私是一個人在良辰佳節上了大場面，自己的存在份外分明；她的心狠手辣是因她一點委屈也受不得。與此同時，張愛玲又非常順從，順從在她是心甘情願的喜悅。胡蘭成說，張愛玲像小孩，所以她不喜歡小孩，也不喜歡小狗和小貓。但她卻喜歡聞氣味，油漆、汽油味她都喜歡聞。她喝濃茶，吃油膩熟爛東西。她極少買東西，但飯桌上的她絕不吝嗇，同時每天一定要吃點心。她最喜歡買衣料和胭脂花粉。

張愛玲使初次看到她的人覺得不順眼，她從來不迎合人家，也不要人家迎合她，她更不會遷就別人。她用錢都按照自己預算，處理事情有自己的條理，且不受欺侮。有一次有人搶她手上的小饅頭，一半落地，一半她仍拿回來。

她與她姑姑分房同居，在金錢上算得清清楚楚，與炎櫻難得一起去喝咖啡吃點心，必先講明誰付錢。她視錢如命，每用錢都很理直氣壯，不管慷慨或節儉，皆無絲毫誇張。她從不牽愁惹恨，要就是大哭一場。

胡蘭成說，張愛玲極不喜歡跟他人見面。日本宇垣一成陸軍大將訪問上海時，聽胡蘭成談起張愛玲，很想與她認識，但被張愛玲謝絕了。

胡蘭成說他從來沒看過張愛玲買書，她的房裏也不堆書。胡蘭成由池田篤紀借來日本版畫、浮世繪等畫冊，張愛玲看了喜歡，池田說要送給她，但她卻不要。張愛玲不看理論性的書，也不喜歡歷史。

張愛玲對於批評她的報刊文章，只要看到，都剪下來；寫給她的信，不管捧她的或罵她的，也都保存起來，但她卻一概不管不回，也不參考。她說：「我是但凡人家說我好，說得不對我亦高興。」張愛玲論人，把聰明擺在第一。

張愛玲非常愛胡蘭成，她說：「你這個人嘎，我恨不得把你包包起，像個香袋兒，密密的針線縫縫好，放在衣箱裏藏藏好。」她用手指撫胡蘭成的眉毛說「你的眉毛」，摸到眼睛說「你的眼睛」，撫到嘴巴說「你的嘴。你的嘴角這裏的渦我喜歡，」並叫他「我蘭成」。

胡蘭成很欣賞張愛玲的聰明和才華，他說張愛玲對他的影響很大。他說：「我在愛玲這裏，是重新看見了我自己與天地萬物，現代中國與西洋可以只是一個海晏河清。」他又說：「我在愛玲這裏亦有看見自己的屍身的驚。我若沒有她，後來亦寫不成『山河歲月』。」

但胡蘭成個性走到那裡，愛到那裡，張愛玲受不了胡蘭成這種「博愛」作風，故兩個人終於分手了，胡蘭成死在東瀛；張愛玲作古於美國大陸。

（原載一九九一年十一月廿三日『台灣日報』）

國家圖書館出版品預行編目資料

近代中日關係研究 第二輯：紐約・東京・臺北 / 陳鵬仁 著. -- 初版. -- 臺北市：蘭臺出版社, 2022.11
冊； 公分--（近近代中日關係研究第二輯；8）
ISBN 978-626-95091-9-5(全套：精裝)

1.CST: 中日關係 2.CST: 外交史

643.1 111011488

近代中日關係研究第二輯 8

紐約・東京・臺北

作　　者：陳鵬仁
主　　編：張加君
編　　輯：沈彥伶
美　　編：淩玉琳、陳勁宏、塗宇樵
校　　對：楊容容、古佳雯
封面設計：陳勁宏
出　　版：蘭臺出版社
地　　址：臺北市中正區重慶南路1段121號8樓之14
電　　話：(02) 2331-1675 或 (02) 2331-1691
傳　　真：(02) 2382-6225
E - MAIL ：books5w@gmail.com或books5w@yahoo.com.tw
網路書店：http://5w.com.tw/
https://www.pcstore.com.tw/yesbooks/
https://shopee.tw/books5w
博客來網路書店、博客思網路書店
三民書局、金石堂書店
經　　銷：聯合發行股份有限公司
電　　話：(02) 2917-8022　　傳真：(02) 2915-7212
劃撥戶名：蘭臺出版社　　帳號：18995335
香港代理：香港聯合零售有限公司
電　　話：(852) 2150-2100　　傳真：(852) 2356-0735
出版日期：2022年11月 初版
定　　價：新臺幣12000元整（精裝，套書不零售）
ISBN：978-626-95091-9-5

版權所有・翻印必究

近代中日關係史 第一輯

精選二十世紀以來最重要的史料、研究叢書，從日本的觀點出發，探索這段動盪的歷史。是現今學界研究近代中日關係史不可或缺的一套經典。

一套10冊，陳鵬仁編譯

定價：12000元（精裝全套不分售）

ISBN：978-986-99507-3-2

9 789869 950732 12000

蘭臺出版社

電話：886-2-331-1675 E-mail：books5w@gmail.com 公司網址：http://bookstv.com.tw

傳真：886-2-382-6225 公司地址：台北市中正區重慶南路一段121號8樓14 http://www.5w.com.tw